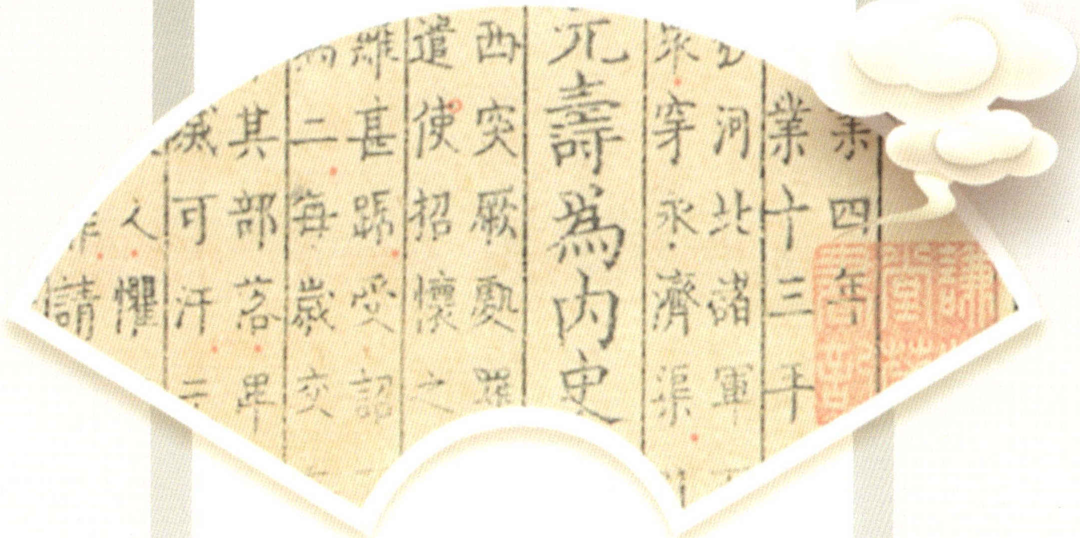

册府千华

——吉林省珍贵古籍特展图录

赵瑞军 主编

吉林大学出版社·长春·

图书在版编目（CIP）数据

册府千华：吉林省珍贵古籍特展图录 / 赵瑞军主编. --
长春：吉林大学出版社, 2019.10
ISBN 978-7-5692-5770-0

Ⅰ.①册… Ⅱ.①赵… Ⅲ.①古籍－介绍－中国
Ⅳ.①Z835

中国版本图书馆CIP数据核字(2019)第243762号

书　　名：册府千华——吉林省珍贵古籍特展图录
CE FU QIAN HUA——JILIN SHENG ZHENGUI GUJI TEZHAN TULU

作　　者：赵瑞军　主编
策划编辑：曲天真
责任编辑：宋睿文
责任校对：代景丽
装帧设计：刘　瑜
出版发行：吉林大学出版社
社　　址：长春市人民大街4059号
邮政编码：130021
发行电话：0431-89580028/29/21
网　　址：http://www.jlup.com.cn
电子邮箱：jdcbs@jlu.edu.cn
印　　刷：吉广控股有限公司
开　　本：880mm×1230mm　1/16
印　　张：10.5
字　　数：160千字
版　　次：2019年10月　第1版
印　　次：2019年10月　第1次
书　　号：ISBN 978-7-5692-5770-0
定　　价：200.00元

编委会

前　言

习近平总书记指出，一个国家、一个民族的强盛，总是以文化兴盛为支撑的，中华民族伟大复兴需要以中华文化发展繁荣为基础。

古代文献典籍是中华优秀传统文化的重要载体之一，是民族凝聚力和创造力的重要源泉，是珍贵的人类文化遗产。白山黑土，皑皑雪乡，几千年的历史长河孕育出吉林独具特色的文化风土。自2007年“中华古籍保护计划”实施以来，吉林省古籍保护中心在吉林省委省政府、省文化和旅游厅的领导和国家古籍保护中心的指导下，按照“保护为主，抢救第一，合理利用，加强管理”的工作方针，在古籍普查、古籍修复、人才培养、古籍整理研究等方面取得了一系列成果，为本省古籍保护工作的进一步推进奠定了坚实基础，至今吉林省共有8家收藏单位的429部古籍入选《国家珍贵古籍名录》。

为贯彻落实党的十九大报告精神，弘扬中华优秀传统文化，展示吉林省珍藏古籍和古籍保护工作成果，国家图书馆（国家古籍保护中心）、吉林省文化和旅游厅主办，吉林省图书馆、东北师范大学图书馆、长春市图书馆、吉林省社会科学院图书馆、长春中医药大学图书馆、延边朝鲜族自治州图书馆共同承办此次展览，以吉林省入选《国家珍贵古籍名录》的古籍为主，展示珍贵古籍文献85部，旨在引导观众走进中华优秀传统文化的世界，享受精彩纷呈的精神盛宴。

前　言

习近平总书记指出，一个国家、一个民族的强盛，总是以文化兴盛为支撑的，中华民族伟大复兴需要以中华文化发展繁荣为基础。

古代文献典籍是中华优秀传统文化的重要载体之一，是民族凝聚力和创造力的重要源泉，是珍贵的人类文化遗产。白山黑土，皑皑雪乡，几千年的历史长河孕育出吉林独具特色的文化风土。自2007年“中华古籍保护计划”实施以来，吉林省古籍保护中心在吉林省委省政府、省文化和旅游厅的领导和国家古籍保护中心的指导下，按照“保护为主，抢救第一，合理利用，加强管理”的工作方针，在古籍普查、古籍修复、人才培养、古籍整理研究等方面取得了一系列成果，为本省古籍保护工作的进一步推进奠定了坚实基础，至今吉林省共有8家收藏单位的429部古籍入选《国家珍贵古籍名录》。

为贯彻落实党的十九大报告精神，弘扬中华优秀传统文化，展示吉林省珍藏古籍和古籍保护工作成果，国家图书馆（国家古籍保护中心）、吉林省文化和旅游厅主办，吉林省图书馆、东北师范大学图书馆、长春市图书馆、吉林省社会科学院图书馆、长春中医药大学图书馆、延边朝鲜族自治州图书馆共同承办此次展览，以吉林省入选《国家珍贵古籍名录》的古籍为主，展示珍贵古籍文献85部，旨在引导观众走进中华优秀传统文化的世界，享受精彩纷呈的精神盛宴。

目录

壹

宋本

西山先生真文忠公读书记甲集三十七卷乙集下二十二卷丁集二卷

（宋）真德秀撰 宋开庆元年（1259）福州官刻元明递修本 吉林省图书馆

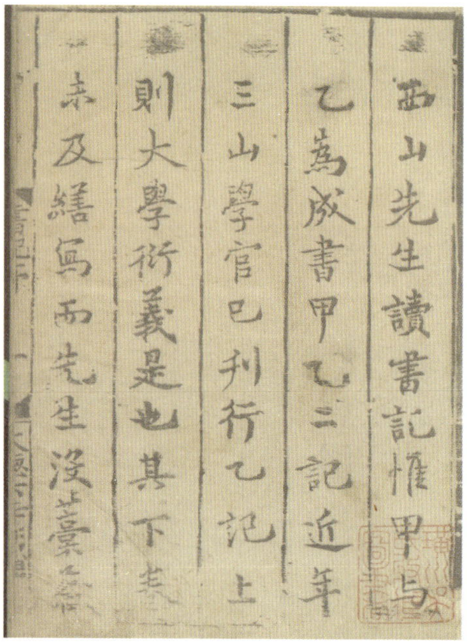
西山先生讀書記惟甲與
乙為成書甲乙二記近年
三山學官已刊行乙記上
則大學衍義是也其下卷
未及繕寫而先生沒藁

真德秀（1178—1235），字希元，号西山，人称西山先生。福建蒲城人。庆元五年（1199）进士，官至参知政事、资政殿学士。学承朱熹，与魏了翁齐名。南宋著名理学家。他对理学的最大贡献，在于确立理学之正宗地位，以致影响此后学术思想之发展达五六百年。谥文忠，又称真文忠公。南宋嘉熙三年（1239），真德秀配祀朱子。元代皇帝赐匾“西山书院”，追封为福国公。明代将他从祀孔庙，为他修建了大儒坊，祭田永免差徭，凡嫡系子孙也一概免除差徭。

真氏学宗朱熹，论大义、处贫贱、处生死、安义命，可谓自身心性命及先儒授受源流，无不胪晰。此书综合四书、五经、子史、周、张、程、朱诸儒论说，分门别类，参注己见，勒以成篇。内容言天地阴阳、性命道德，可视为宋代理学之总集，为治宋明理学者必读之书。

据此本书序可知，此书足本有甲乙丁三集。此本出自福州学官。馆藏此本丁集二卷及甲乙二集部分为抄配。

《中国古籍善本书目》中子部五百八十九号著录该书。曾经清藏书家吴铨收藏。吴铨字容斋，号璜川，苏州人。清朝雍正中为吉安知府，归隐后日以校书、藏书为乐。

钤：璜川吴氏收藏图书、禹城滦氏珍藏。

《国家珍贵古籍名录》编号：00613

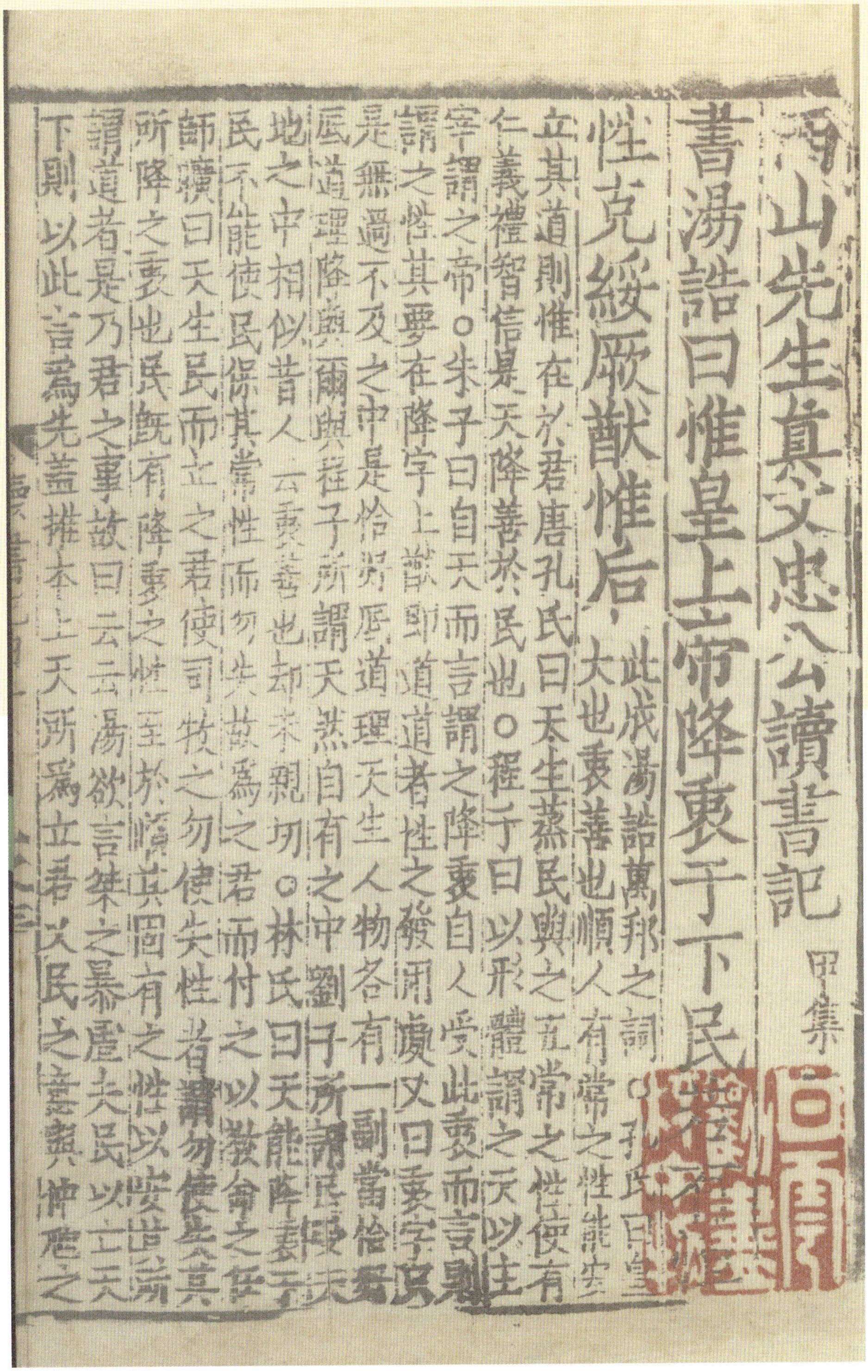

西山先生真文忠公讀書記 甲集

書湯誥曰惟皇上帝降衷于下民若有恒

性克綏厥猷惟后 此成湯誥萬邦之詞○孔氏曰皇大也衷善也順人有常之性能安

立其道則惟在於君唐孔氏曰天生蒸民與之五常之性使有仁義禮智信是天降善於民也○程子曰以形體謂之天以主宰謂之帝○朱子曰自天而言謂之降衷自人受此衷而言則謂之性其要在降字上衷即道道者性之發用處又曰衷字是無過不及之中是恰好底道理天生人物各有一副當恰好底道理降與爾與程子所謂天然自有之中劉子所謂民受天地之中相似昔人云衷善也却未親切○林氏曰天能降衷于民不能使民保其常性而勿失故爲之君而付之以教命之任師曠曰天生民而立之君使司牧之勿使失性者蓋分任其責所降之衷也民既有降衷之性至於曠其固有之性以安其所謂道者是乃君之事故曰云云湯欲言桀之暴虐夫民以上天下則以此言爲先蓋推本上天所爲立君以民之意與其德配之

通鉴纪事本末四十二卷

（宋）袁枢撰 宋宝祐五年（1257）赵与篙刻元明递修本

吉林省图书馆

自中国第一部编年体通史《资治通鉴》问世以来，依托通鉴既衍生出阐述义理的纲目、纲目发明、纲目补遗，续写通鉴的外纪、长编等，也有另有创新的节要、纪事本末等。

袁枢（1131—1205），字机仲，南宋建安（今福建建瓯）人。宋孝宗隆兴元年（1163）进士，历任温州判官、严州教授、太府丞兼国史院编修、大理少卿、工部侍郎兼国学祭酒、右文殿修撰、江陵知府等职。他晚年喜易，著有《易学索引》《周易辩异》等书。

袁枢以司马光《资治通鉴》卷帙浩博，加之编年体裁的逐年分割，一时难知某事之始末，于是区别门目、以类排纂。每事各详起讫，自为标题；每篇各编年月，自为首尾，遂成《通鉴纪事本末》。

在袁枢的影响下，明、清两代许多学者仿照他的体例编纂了不少纪事本末体史书。例如：《绎史》《左传纪事本末》《宋史纪事本末》《元史纪事本末》《明史纪事本末》等。

《通鉴纪事本末》有宋淳熙二年（1175）严陵郡庠刻本，本馆所藏为宋宝祐五年（1257）赵与篙刻元明递修本。

钤：日省斋。

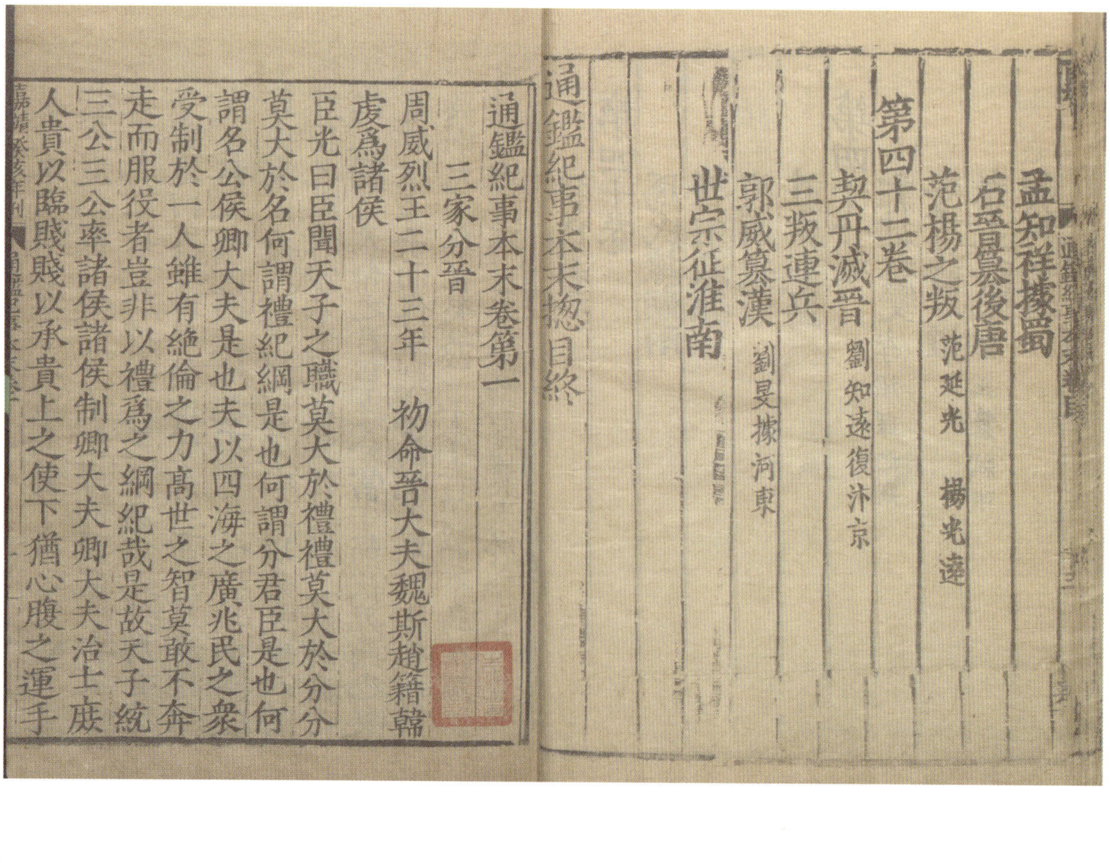
孟知祥據蜀
石晉篡後唐
范楊之叛 范延光 楊光遠
第四十二卷
契丹滅晉 劉知遠復汴京
三叛連兵
郭威篡漢 劉旻據河東
世宗征淮南
通鑑紀事本末揔目終

通鑑紀事本末卷第一
三家分晉
周威烈王二十三年 初命晉大夫魏斯趙籍韓
虔爲諸侯
臣光曰臣聞天子之職莫大於禮禮莫大於分分
莫大於名何謂禮紀綱是也何謂分君臣是也何
謂名公侯卿大夫是也夫以四海之廣兆民之衆
受制於一人雖有絕倫之力高世之智莫敢不奔
走而服役者豈非以禮爲之綱紀哉是故天子統
三公三公率諸侯諸侯制卿大夫卿大夫治士庶
人貴以臨賤賤以承貴上之使下猶心腹之運手

《国家珍贵古籍名录》编号：02825

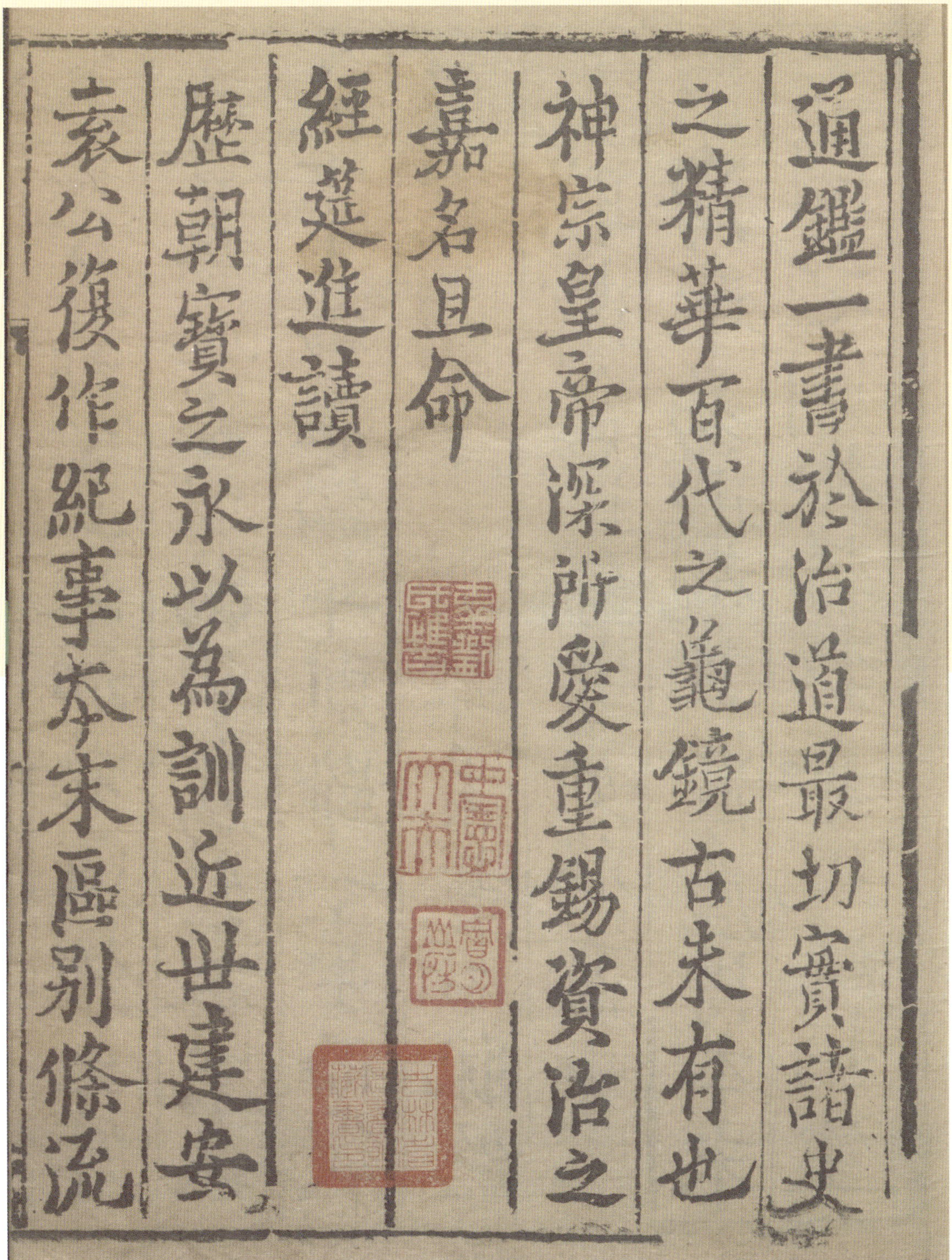
通鑑一書於治道最切實諸史
之精華百代之龜鏡古未有也
神宗皇帝深所愛重錫資治之
嘉名且命
經筵進讀
歷朝寶之永以為訓近世建安
袁公復作紀事本末區別條流

三国志六十五卷

（晋）陈寿撰（南朝宋）裴松之注 宋衢州州学刻元明递修本 吉林省图书馆

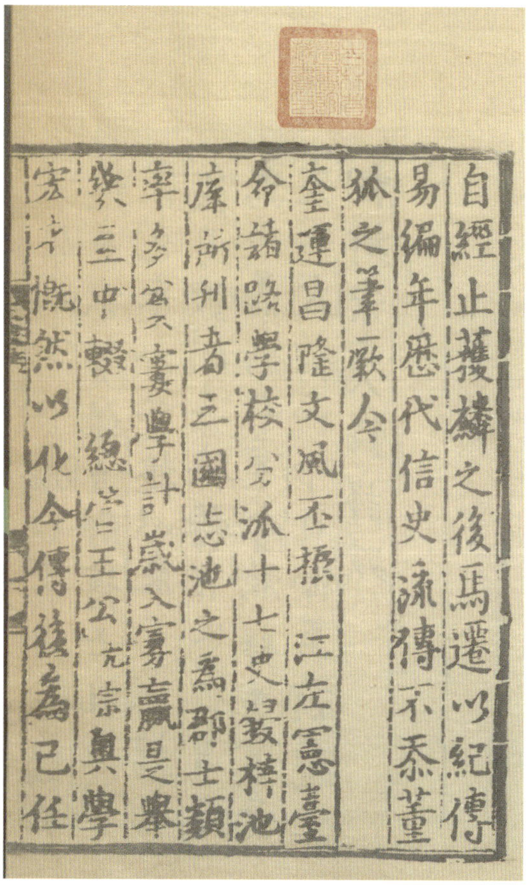

自經止獲麟之後馬遷以紀傳
易編年歷代信史流傳不忝董
狐之筆歟今
奎運昌隆文風丕振 江左憲臺
命諸路學校分派十七史鋟梓池
庠所刊者三國志池之爲郡士類
寧[illegible]寡學計歲入寡嬴是舉
癸[illegible]三中[illegible]總[illegible]王公[illegible]與學
[illegible]慨然以化今傳[illegible]爲己任

陈寿（233—297），字承祚，巴西郡安汉县（今四川南充）人。三国时蜀汉及西晋时著名史学家。少时好学，师事同郡学者谯周。在蜀汉时曾任主簿、散骑黄门侍郎等职，蜀降晋后，历任著作郎、太子中庶子等职，屡遭遣黜。元康七年（297）病逝，享年六十五岁。

裴松之（372—451），字世期，河东闻喜（今山西闻喜）人。南朝宋著名史学家，与儿子裴骃、曾孙裴子野被称为“史学三裴”。官至太中大夫。元嘉二十八年（451），因病去世，终年八十岁。裴松之为《三国志》作补注，也称裴注，是陈寿《三国志》不可缺少的组成部分。

《三国志》记载魏、蜀、吴三国鼎立时期史事，分《魏书》三十卷、《吴书》二十卷、《蜀书》十五卷三部分，记载从董卓之乱开始到晋武帝太康元年（280）间九十年的历史。与《史记》《汉书》《后汉书》合称“前四史”。裴松之为之作注，增补缺漏，纠正谬误，史料价值极高。《三国志》是一部史学巨著，也是一部文学巨著。

吉林省图书馆馆藏的南宋衢州本《三国志》为官刻，现存世大约六部，版刻字体为欧体。经元、明多次补版重修。

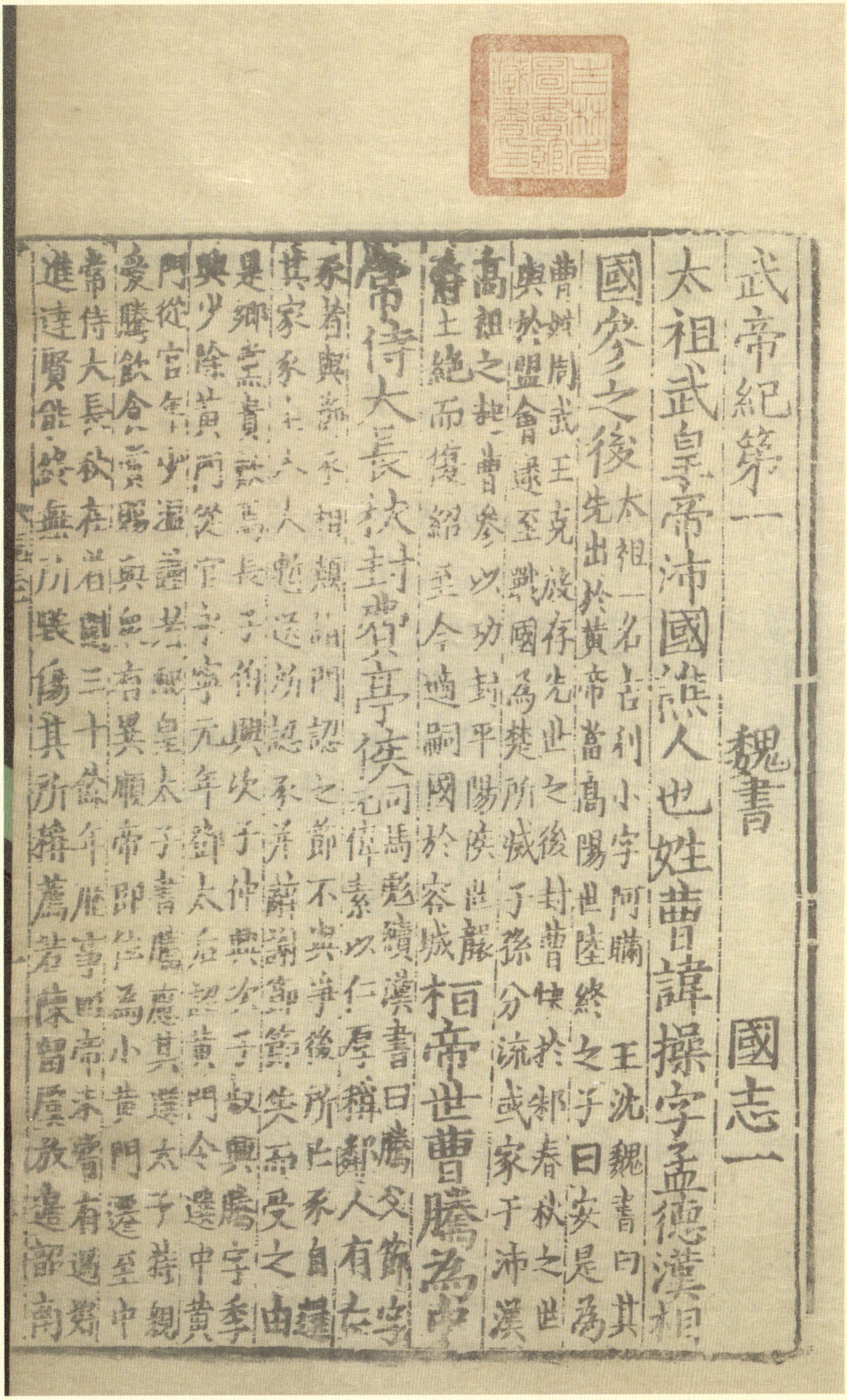
武帝紀第一　魏書　國志一

太祖武皇帝沛國譙人也姓曹諱操字孟德漢相國參之後太祖一名吉利小字阿瞞王沈魏書曰其先出於黃帝當高陽世陸終之子曰安是為曹姓周武王克殷存先世之後封曹俠於邾春秋之世與於盟會逮至戰國為楚所滅子孫分流或家于沛漢高祖之起曹參以功封平陽侯世襲爵土絕而復紹至今適嗣國於容城桓帝世曹騰為中常侍大長秋封費亭侯司馬彪續漢書曰騰父節字元偉素以仁厚稱鄰人有亡豕者與節豕相類詣門認之節不與爭後所亡豕自還其家豕主人大慙送所認豕并辭謝節節笑而受之由是鄉黨貴歎焉長子伯興次子仲興次子叔興騰字季興少除黃門從官永寧元年鄧太后詔黃門令選中黃門從官年少溫謹者配皇太子書騰應其選太子特親愛騰飲食賞賜與眾有異順帝即位為小黃門遷至中常侍大長秋在省闥三十餘年歷事四帝未嘗有過好進達賢能終無所毀傷其所稱薦若陳留虞放邊韶南

《国家珍贵古籍名录》编号：07037

国语补音三卷

（宋）宋庠撰 宋刻元明递修公文纸印本 吉林省图书馆

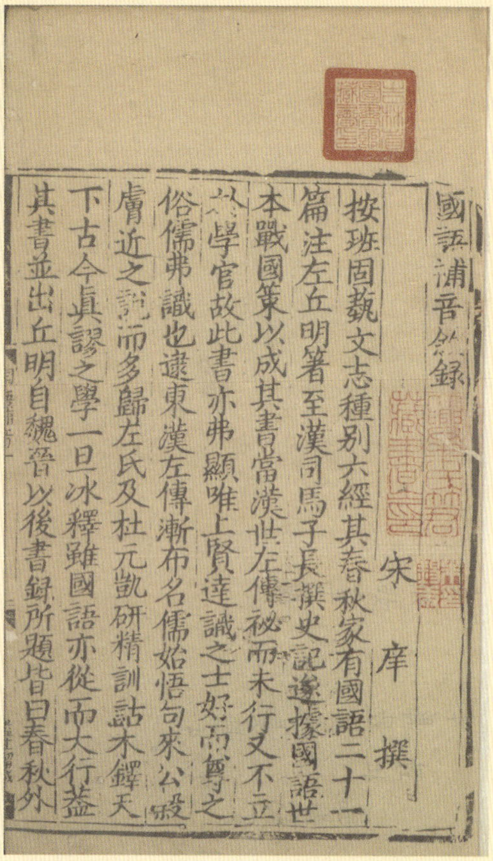
國語補音敘録
宋庠撰
按班固藝文志種别六經其春秋家有國語二十一篇注左丘明著至漢司馬子長撰史記遂據國語世本戰國策以成其書當漢世左傳祕而未行又不立於學官故此書亦弗顯唯上賢達識之士好而尊之俗儒弗識也逮東漢左傳漸布名儒始悟向來公穀膚近之說而多歸左氏及杜元凱研精訓詁木鐸天下古今真謬之學一旦冰釋雖國語亦從而大行蓋其書並出丘明自魏晉以後書録所題皆曰春秋外

宋庠（996—1066），初名郊，字伯庠，改名庠，字公序，祖籍安州安陆，后迁徙至开封雍丘（今河南省杞县）。其弟是北宋文学家、宰相、工部尚书宋祁。天圣二年（1024）状元，官至兵部侍郎、同平章事，以司空致仕，谥号元献。宋庠与弟宋祁时称“二宋”。

《国语》记述了西周末年至春秋时期各国的历史，开创了以国分类的国别史体例，对后世影响很大。其成书以来，东汉郑众、贾逵，魏晋王肃、唐固、虞翻、韦昭、孔晁等为之作注。唐宋以来，各家之注多亡佚。北宋时，宋庠曾整理《国语》及韦昭《国语解》，并作《国语补音》三卷。

吉林省图书馆所藏三卷《国语补音》是宋刻元明递修公文纸印本。

钤：吴同远印、公望、盱眙吴氏望三益斋藏书之印、椒华吟舫、大兴朱氏竹君藏书之印、朱印锡庚。

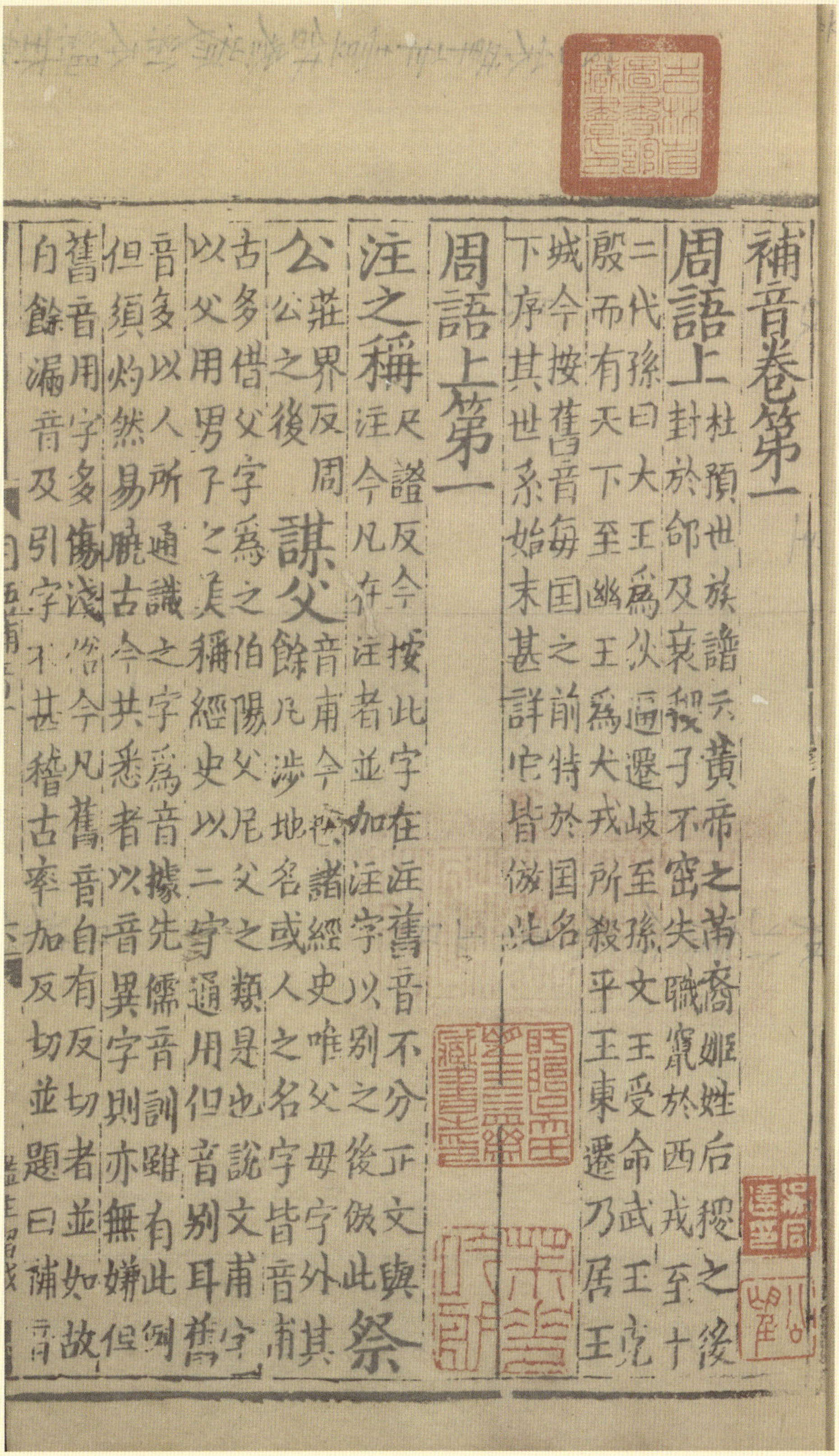
補音卷第一

周語上杜預世族譜云黃帝之苗裔姬姓后稷之後封於邰及衰稷子不窋失職竄於西戎至十二代孫曰大王為狄逼遷岐至孫文王受命武王克殷而有天下至幽王為犬戎所殺平王東遷乃居王城今按舊音每国之前特於国名下序其世系始末甚詳它皆倣此

周語上第一

注之稱尺證反今按此字在注舊音不分正文與注今凡在注者並加注字以別之後倣此

祭公莊界反周公之後

謀父音甫今按諸經史唯父母字外其餘凡涉地名或人之名字皆音甫古多借父字為之伯陽父尼父之類是也說文甫字以父用男子之美稱經史以二字通用但音別耳舊音多以人所通識之字為音據先儒音訓雖有此例但須灼然易曉古今共悉者以音異字則亦無嫌但舊音用字多傷淺俗今凡舊音自有反切者並如故自餘漏音及引字不甚稽古率加反切並題曰補音

《国家珍贵古籍名录》编号：07100

资治通鉴纲目五十九卷

（宋）朱熹撰 宋刻元修本 存一卷：三十七 吉林省图书馆

朱熹是南宋著名理学家、教育家，一生编著过《资治通鉴纲目》《宋八朝名臣言行录》《伊洛渊源录》等多部史书，创立了我国纲目编年体史书新体裁，开拓了史学研究的新领域，他用理学统率史学，这一思想被后世奉为圭臬，捧为正统，影响深远。

《资治通鉴纲目》乃其史学著作之一。仿《春秋左传》体例，大字书写史要，小字双行分注史实。此书一问世，即传刻流行。

钤：谦牧堂藏书记、兼牧堂书画记。

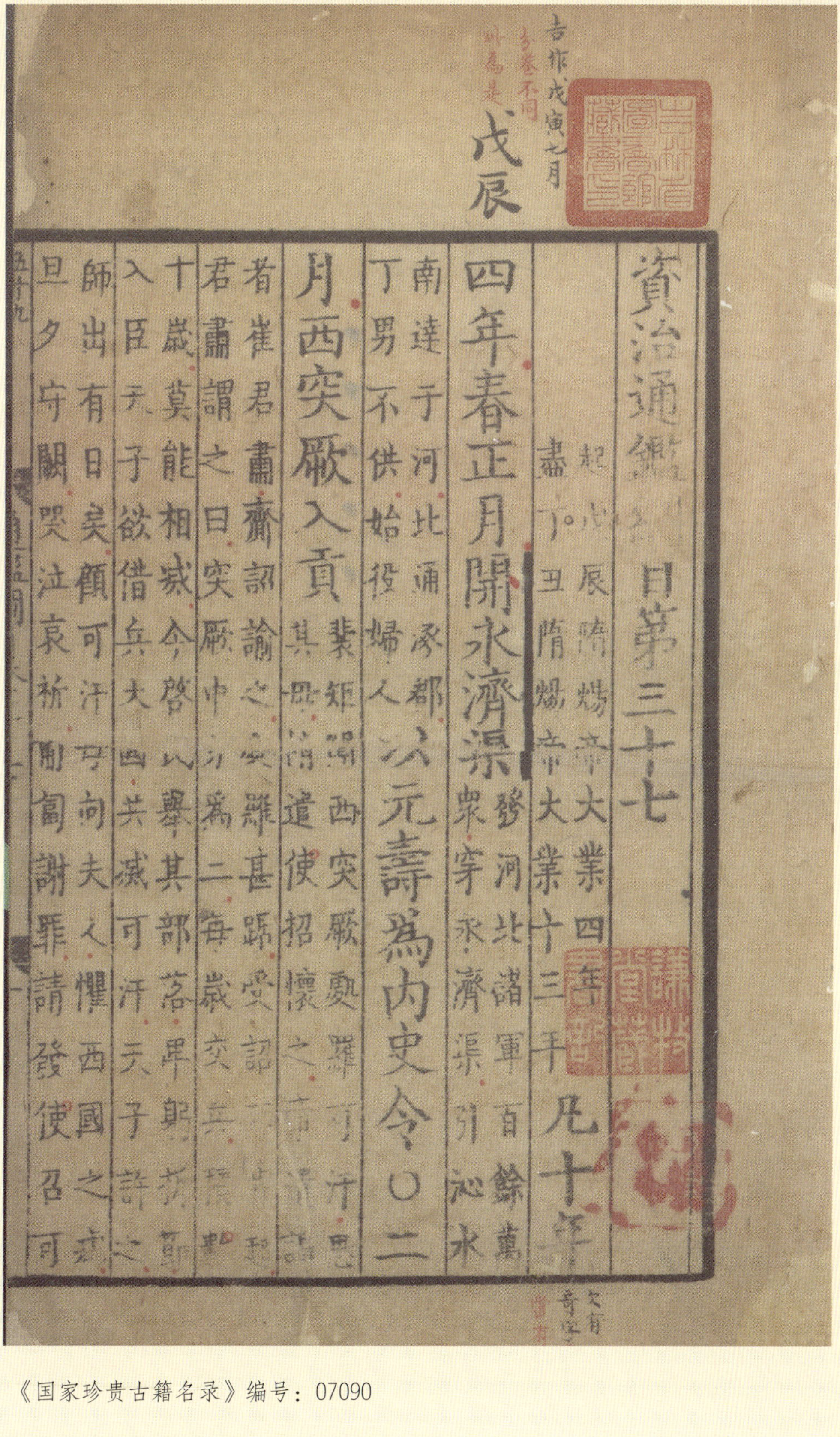
戊辰

資治通鑑綱目第三十七

起戊辰隋煬帝大業四年盡丁丑隋煬帝大業十三年凡十年

四年春正月開永濟渠發河北諸軍百餘萬衆穿永濟渠引沁水南達于河北通涿郡丁男不供始役婦人以元壽為內史令○二月西突厥入貢裴矩聞西突厥處羅可汗思其母請遣使招懷之帝遣司朝謁者崔君肅齎詔諭之處羅甚踞受詔不起君肅謂之曰突厥中分為二每歲交兵積數十歲莫能相滅今啓民舉其部落卑躬折頸入臣天子欲借兵大國共滅可汗天子許之師出有日矣顧可汗母向夫人懼西國之滅旦夕守闕哭泣哀祈匍匐謝罪請發使召可

《国家珍贵古籍名录》编号：07090

宋书一百卷

（梁）沈约 宋刻宋元明递修本 吉林省图书馆

沈约（441—513），字休文，吴兴武康（今浙江湖州德清）人。南朝文学家、史学家。历仕宋、齐、梁三朝。沈约笃志好学，博通群籍，擅长诗文。著作除《宋书》外，多已亡佚。

沈约，南朝宋人。入梁奉诏据前人史书撰写《宋书》，此本为南宋初年杭州刻本，后经宋、元、明三代修补、抽换版片，即“三朝递修本”。除宋元时期刻工外，还有明弘治、嘉靖补刊刊工姓名。齐永明五年（487），沈约奉诏撰《宋书》。他依据何承天、苏宝生、徐爰等修撰的《宋书》及其他记述宋代历史的书籍，增补宋末十几年的事迹，只用一年时间，到永明六年（488）二月完成，其中本纪十卷、列传六十卷，志三十卷。记载东晋义熙元年（405）至南朝宋升明三年（479）的历史。

《宋书》现存的主要版本有：宋元明三朝递修本（简称三朝本）、明北监本（简称监本）、毛氏汲古阁本（简称毛本）、武英殿本（简称殿本）、金陵书局本（简称局本）。馆藏为宋刻宋元明递修本。

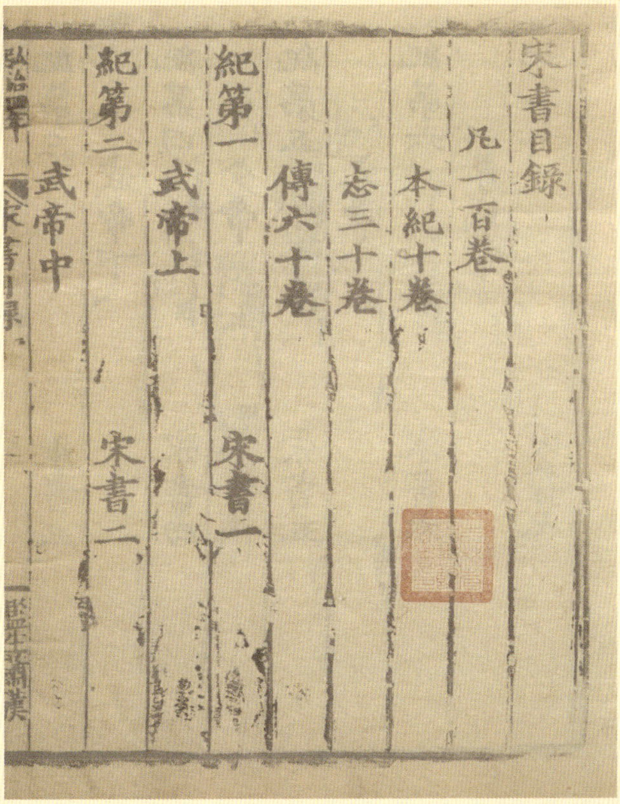
宋書目錄
凡一百卷
本紀十卷
志三十卷
傳六十卷
紀第一
武帝上　宋書一
紀第二
武帝中　宋書二

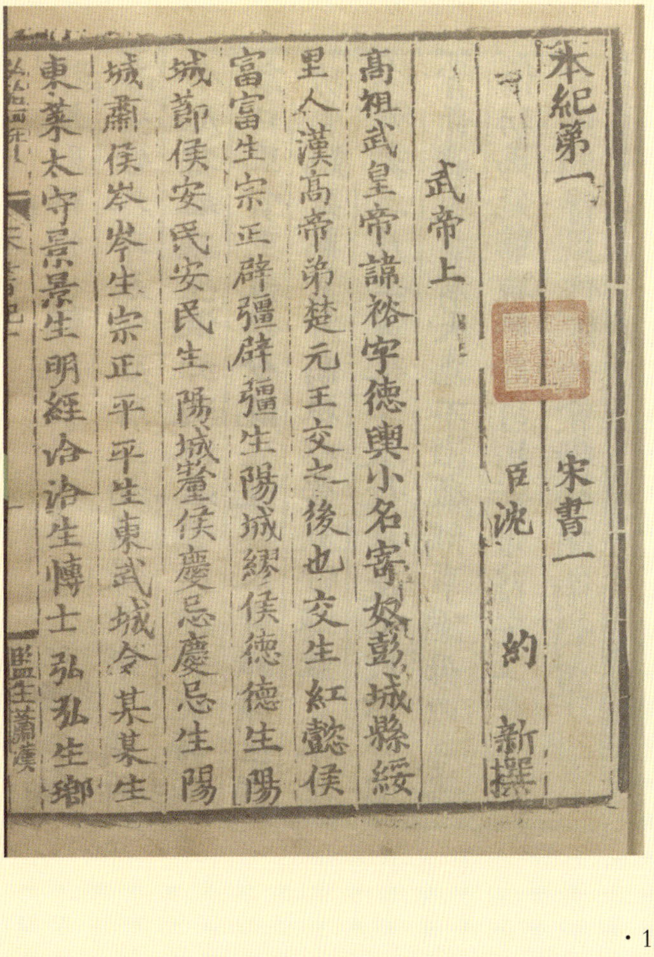
本紀第一　宋書一
武帝上　臣沈約新撰
高祖武皇帝諱裕字德輿小名寄奴彭城縣綏
里人漢高帝弟楚元王交之後也交生紅懿侯
富富生宗正辟彊辟彊生陽城繆侯德德生陽
城節侯安民安民生陽城釐侯慶忌慶忌生陽
城肅侯岑岑生宗正平平生東武城令某某生
東萊太守景景生明經洽洽生博士弘弘生鄉

《国家珍贵古籍名录》编号：02712

南齐书五十九卷

（梁）萧子显撰 宋刻元明递修本

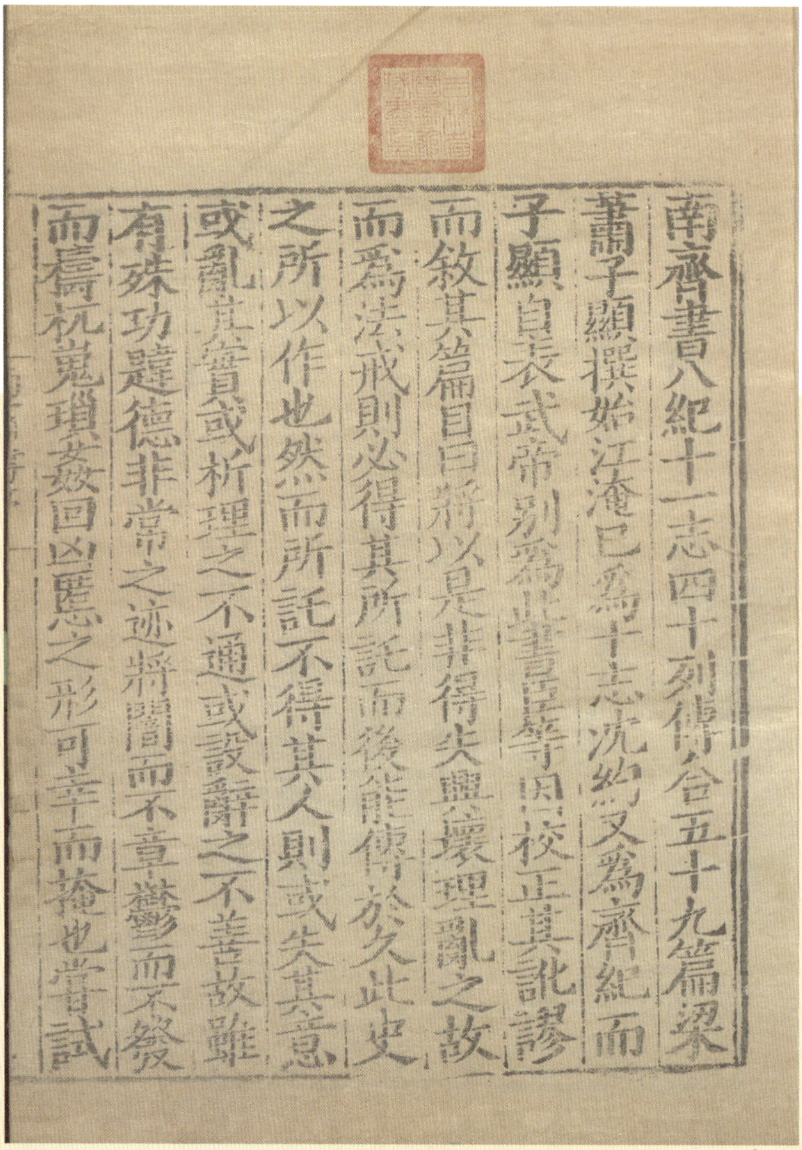

南齊書八紀十一志四十列傳合五十九篇梁
蕭子顯撰始江淹已爲十志沈約又爲齊紀而
子顯自表武帝別爲此書臣等因校正其訛謬
而叙其篇目曰將以是非得失興壞理亂之故
而爲法戒則必得其所託而後能傳於久此史
之所以作也然而所託不得其人則或失其意
或亂其實或析理之不通或設辭之不善故雖
有殊功韙德非常之迹將闇而不章鬱而不發
而檮杌嵬瑣姦回凶慝之形可幸而揜也嘗試

萧子显（489—537），字景阳，南朝梁人。历史学家、文学家。著有《南齐书》。

《南齐书》原有六十卷，现存五十九卷，其中帝纪八卷，志十一卷，传四十卷。《四库全书总目》疑原书第六十卷为子显叙传，末附以表，与李延寿《北史》例同。今并其表佚之，故缺一卷。

《南齐书》记述南朝白齐高帝建元元年（479）至齐和帝中兴二年（502）的历史。文笔流畅，叙事完备。

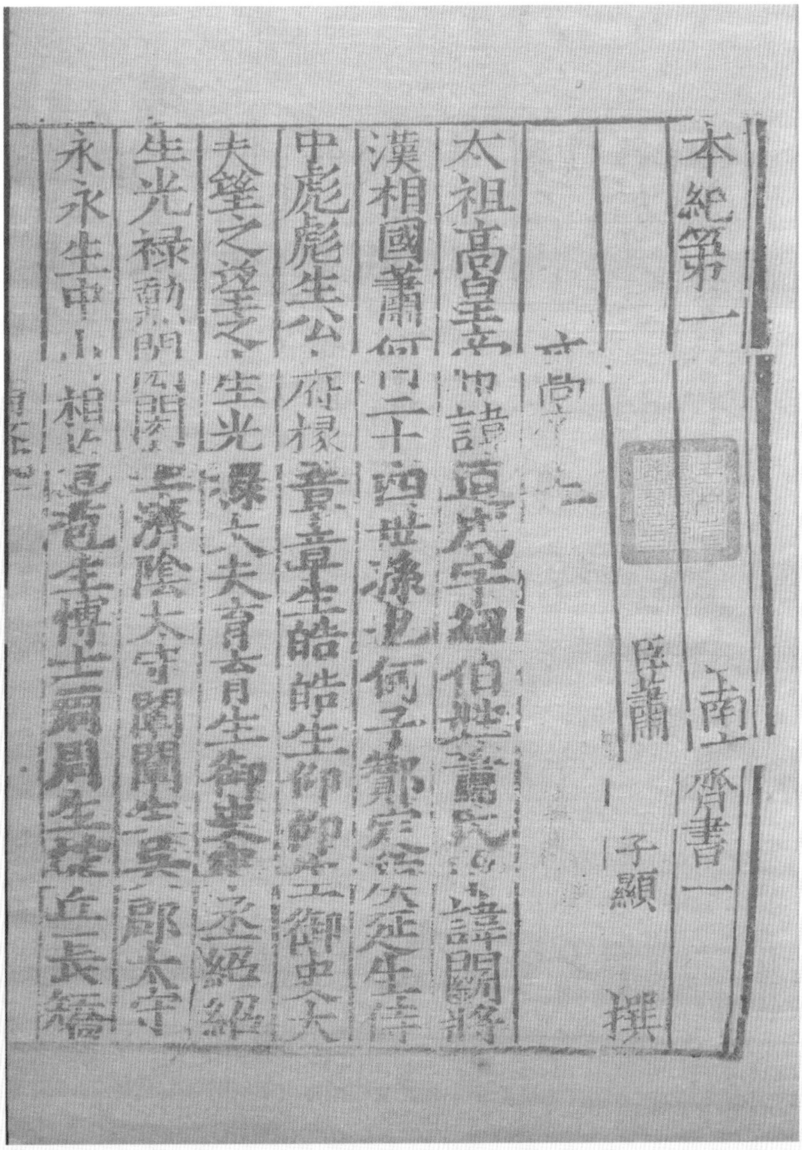
本紀第一　南齊書一
臣蕭子顯　撰
高帝上
太祖高皇帝諱道成字紹伯姓蕭氏小諱鬬將
漢相國蕭何二十四世孫也何子酇定侯延生侍
中彪彪生公府掾章章生皓皓生仰仰生御史大
夫望之望之生光祿大夫育育生御史中丞紹紹
生光祿勳閎閎生濟陰太守闡闡生吳郡太守
永永生中山相苞苞生博士周周生蛇丘長矯

《国家珍贵古籍名录》编号：02724

陈书三十六卷

（唐）姚思廉撰 宋刻宋元明递修本 吉林省图书馆

姚思廉，名简，以字行。唐京兆万年人。《旧唐书》有传。

《陈书》记载了南朝陈武帝陈霸先即位至后主陈叔宝亡国前后三十三年间的历史。编纂历时七十余年，主要由姚思廉及其父姚察完成。姚察字伯审，仕梁、陈、隋三朝，喜著述。《陈书》有传。成书于唐贞观年间。刘知几《史通·古今正史》称之“就加删改，粗有条实”。

此本为眉山七史本，亦称蜀大字本，为现存《陈书》最早版本。

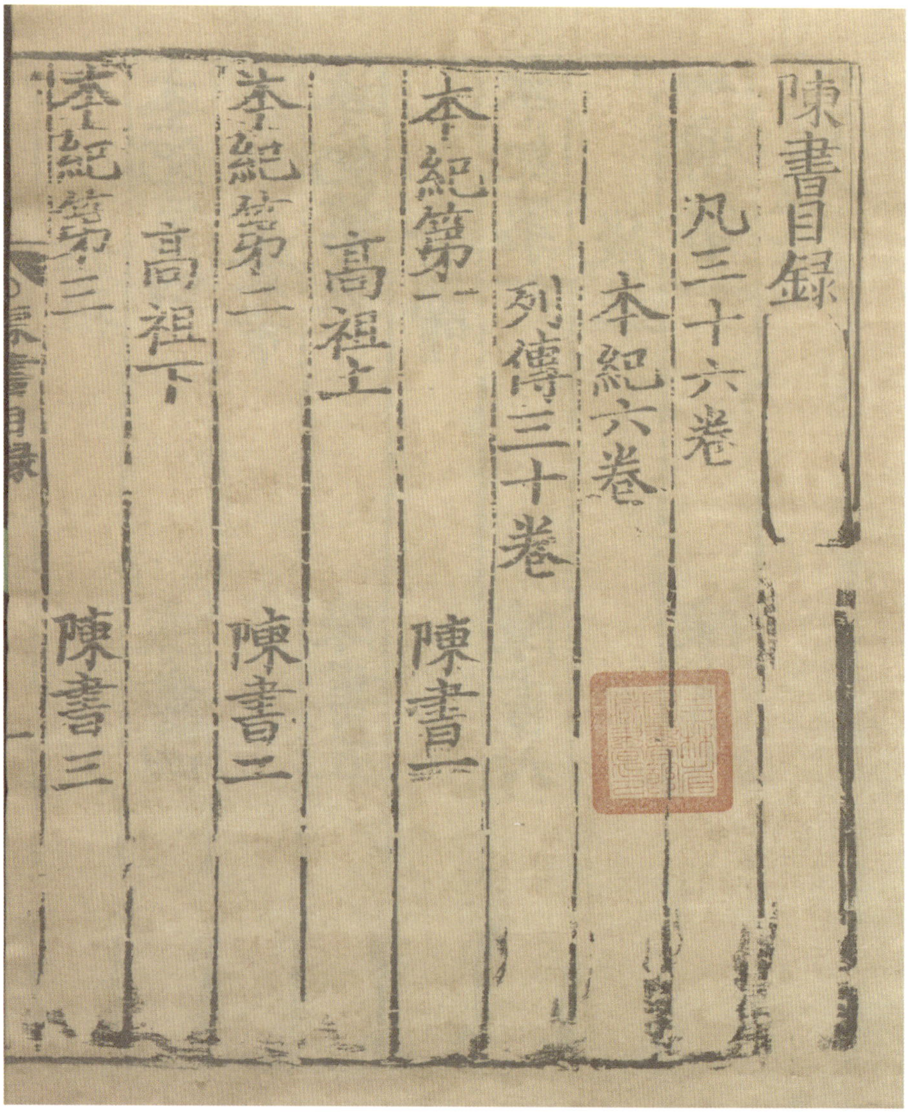
陳書目録

凡三十六卷

本紀六卷

列傳三十卷

本紀第一　高祖上　陳書一

本紀第二　高祖下　陳書二

本紀第三　陳書三

紀第一　陳書一

散騎常侍姚　思廉　撰

高祖上

高祖武皇帝諱霸先字興國小字法生吳興長城下若里人漢太丘長陳寔之後也世居潁川寔玄孫準晉太尉準生匡匡生達永嘉南遷為丞相掾歷太子洗馬出為長城令悅其山水遂家焉嘗謂所親曰此地山川秀麗當有王者興二百年後我子孫必鍾斯運達生康復為丞相

嘉靖九年補刊　陳書紀一　七

《国家珍贵古籍名录》编号：07050

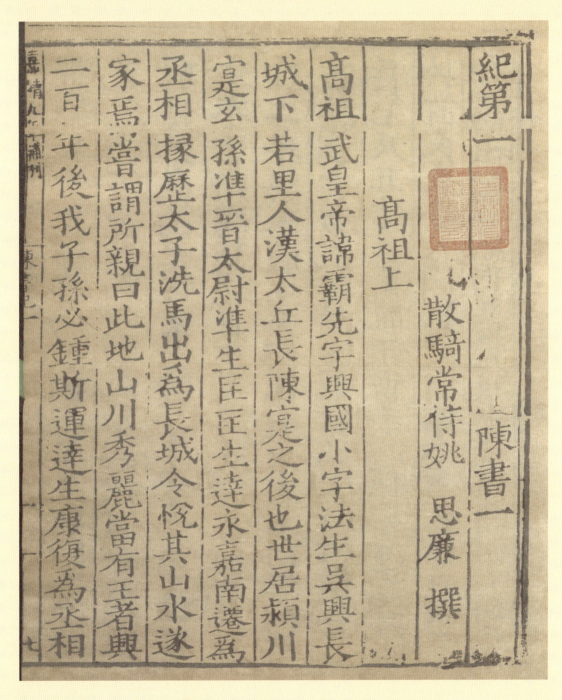

魏书一百十四卷

（北齐）魏收撰 宋刻宋元明递修本 吉林省图书馆

魏收（507—572），字伯起，小字佛助。钜鹿郡下曲阳县（今河北晋州）人。南北朝时期史学家、文学家，北魏骠骑大将军魏子建之子。

《魏书》记载了鲜卑拓跋部早期至公元550年东魏被北齐取代这一阶段的历史。共一百二十四卷，本纪十二卷，列传九十二卷，志二十卷。

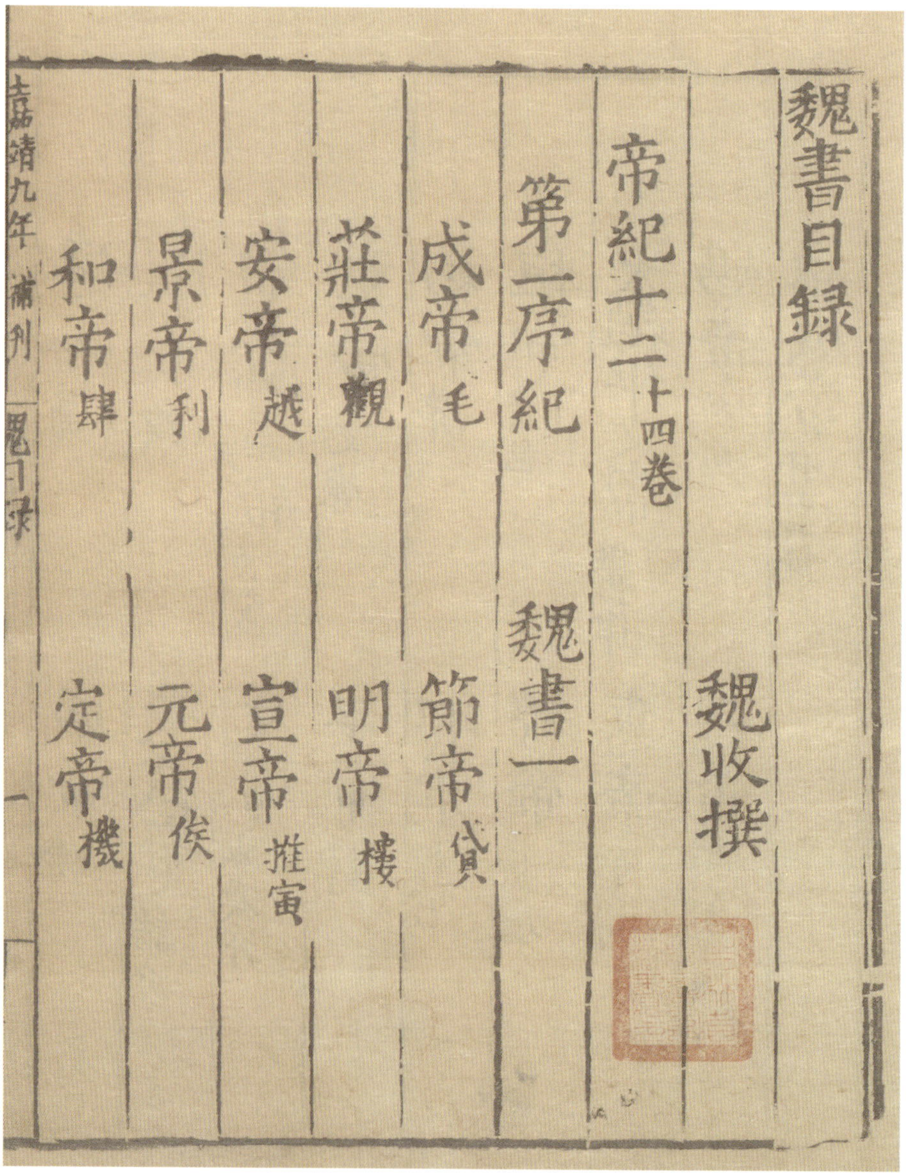
魏書目録　　魏收撰

帝紀十二 十四卷

第一序紀　　魏書一

成帝毛　　節帝貸

莊帝觀　　明帝樓

安帝越　　宣帝推寅

景帝利　　元帝俟

和帝肆　　定帝機

嘉靖九年補刊　魏目録　一

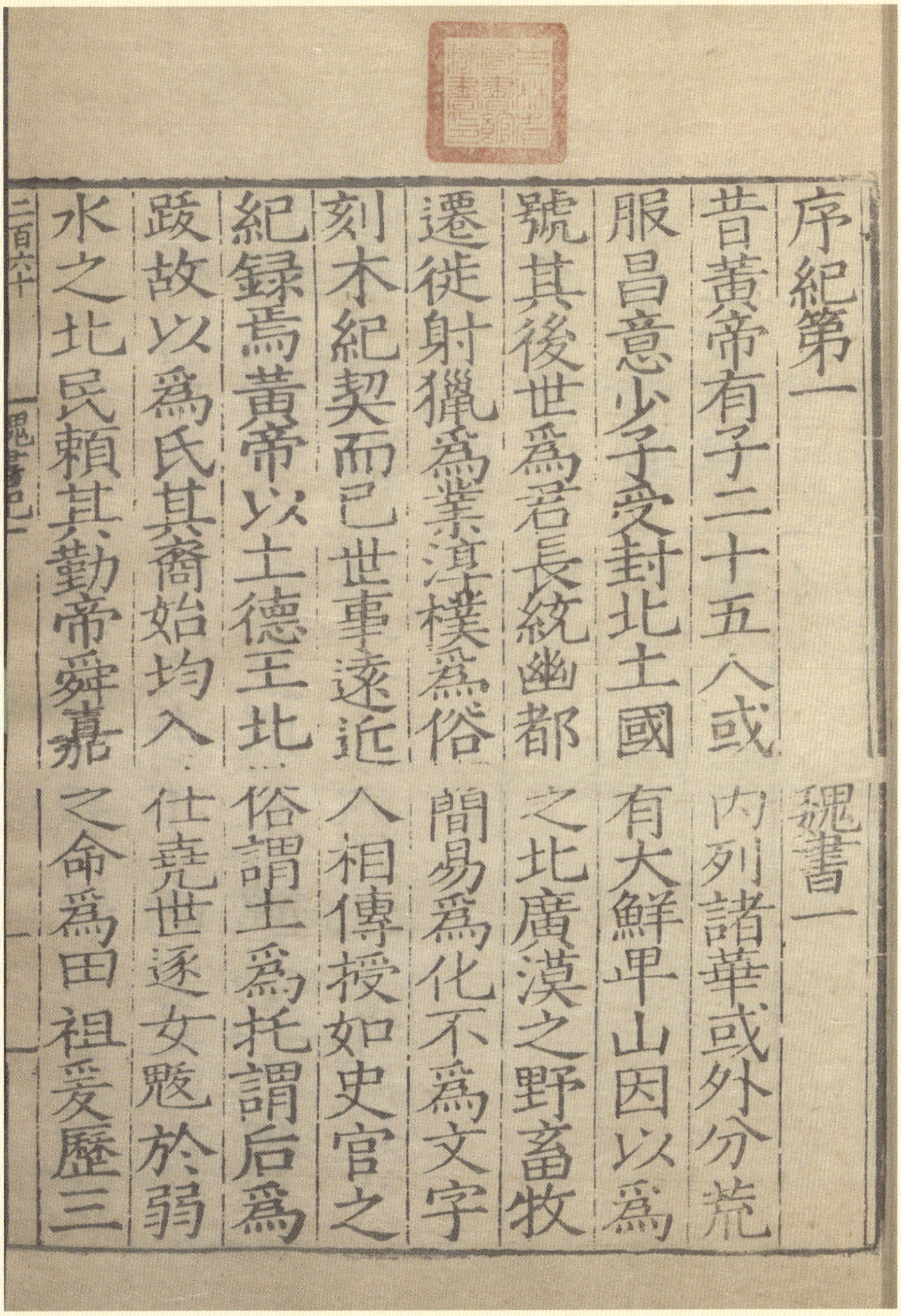
魏書一

序紀第一

昔黃帝有子二十五人或內列諸華或外分荒服昌意少子受封北土國有大鮮卑山因以爲號其後世爲君長統幽都之北廣漠之野畜牧遷徙射獵爲業淳樸爲俗簡易爲化不爲文字刻木紀契而已世事遠近人相傳授如史官之紀録焉黃帝以土德王北俗謂土爲托謂后爲跋故以爲氏其裔始均入仕堯世逐女魃於弱水之北民賴其勤帝舜嘉之命爲田祖爰歷三

《国家珍贵古籍名录》编号：07054

周书五十卷

（唐）令狐德棻等撰 宋刻宋元明递修本 吉林省图书馆

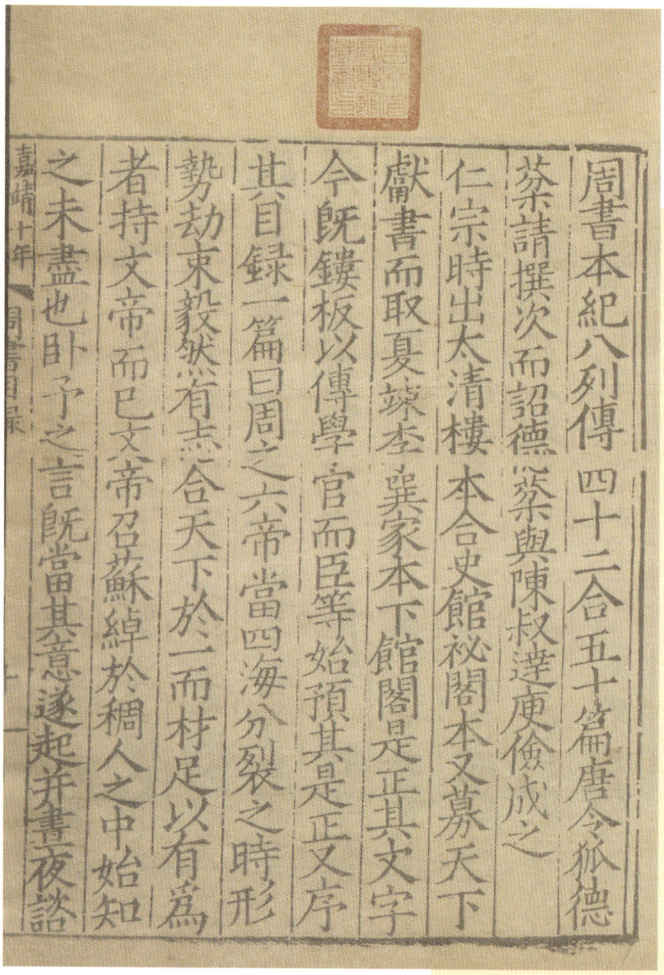

周書本紀八列傳四十二合五十篇唐令狐德
棻請撰次而詔德棻與陳叔達庾儉成之
仁宗時出太清樓本合史館祕閣本又募天下
獻書而取夏竦李巽家本下館閣是正其文字
今既鏤板以傳學官而臣等始預其是正又序
其目錄一篇曰周之六帝當四海分裂之時形
勢劫束殺然者亦合天下於一而材足以有爲
者持文帝而已文帝召蘇綽於稠人之中始知
之未盡也卧予之言旣當其意遂起並晝夜諮

嘉靖十年　周書目錄

令狐德棻（583—666），宜州华原（今陕西省铜川市耀州区）人，“博涉文史，早知名”。隋大业末年被任命为药城长，因世乱而未去就职。入唐后，先后担任秘书丞、礼部侍郎兼修国史、秘书少监等职。晚年，“尤勤于著述，国家凡有修撰，无不参预”。在其所修诸史中，最能反映其历史编纂思想的论著莫过于《周书》。

《周书》是记载宇文氏建立北周的经过及北周历史的发展演变的纪传体史书。该书经历两次修撰始成。第一次在武德五年（622），唐高祖责成令狐德棻、陈叔达和庾俭同修周史。受诏后，由于文献缺失，未能成书。第二次是贞观三年（629），唐太宗诏修梁、陈、齐、周、隋五代史，令狐德棻与岑文本、崔仁师负责撰北周史，成书于贞观十年（636）。全书共五十卷，本纪八卷，列传四十二卷。

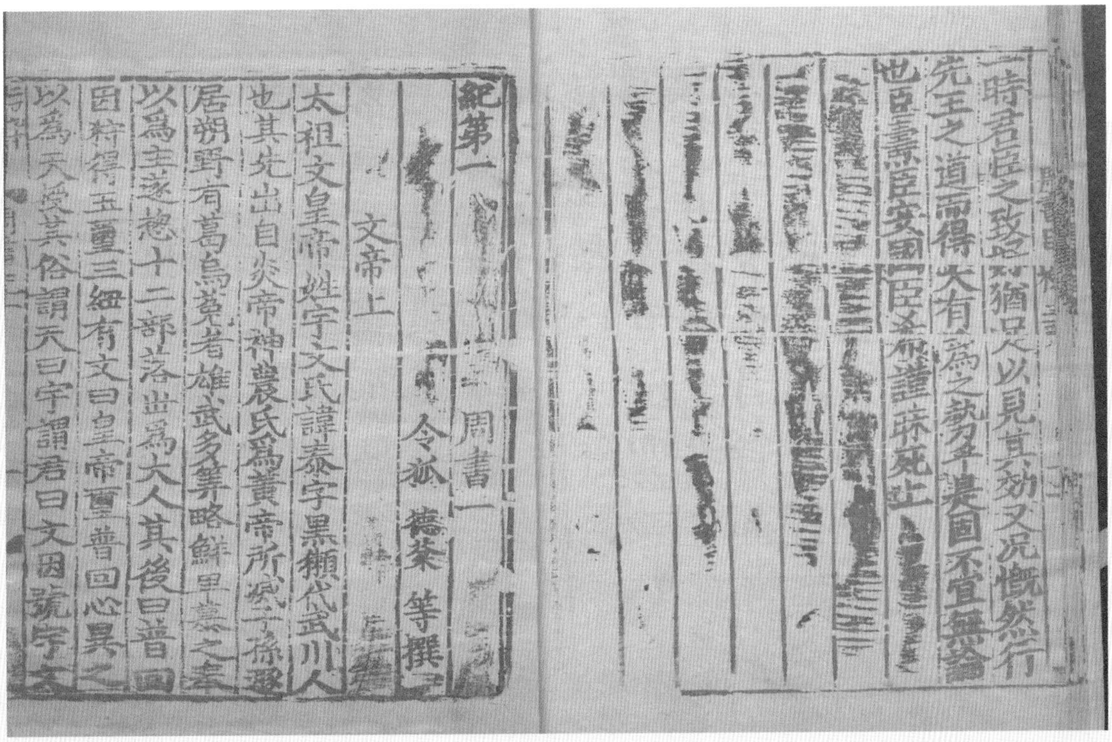

紀第一　周書一

文帝上　令狐德棻等撰

太祖文皇帝姓宇文氏諱泰字黑獺代武川人也其先出自炎帝神農氏爲黃帝所滅子孫遯居朔野有葛烏菟者雄武多筭略鮮卑慕之奉以爲主遂總十二部落世爲大人其後曰普回因狩得玉璽三紐有文曰皇帝璽普回心異之以爲天授其俗謂天曰宇謂君曰文因號宇文

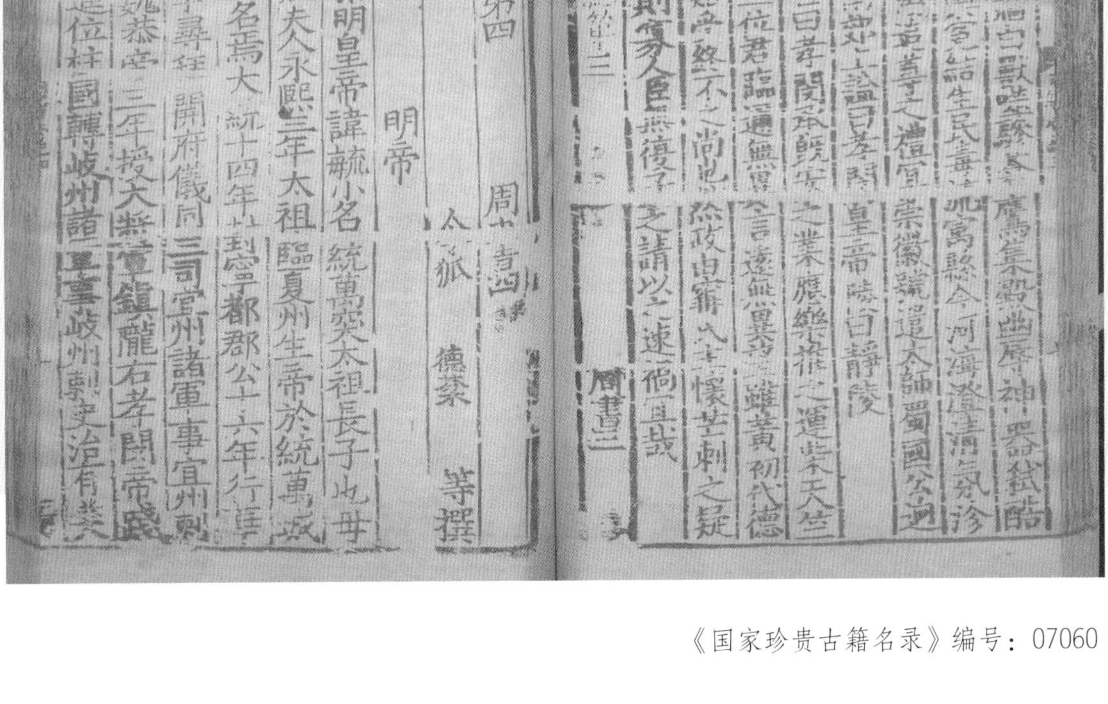

紀第四　周書四

明帝　令狐德棻等撰

世宗明皇帝諱毓小名統萬突太祖長子也母曰姚夫人永熙三年太祖臨夏州生帝於統萬城因以名焉大統十四年封寧都郡公十六年行華州事尋拜開府儀同三司宜州諸軍事宜州刺史魏恭帝三年授大將軍鎮隴右孝閔帝踐祚進位柱國轉岐州諸軍事岐州刺史治有美

《国家珍贵古籍名录》编号：07060

宗镜录一百卷

（宋）释延寿撰 宋福州东禅寺刻崇宁藏本 存一卷（二十三） 东北师范大学图书馆

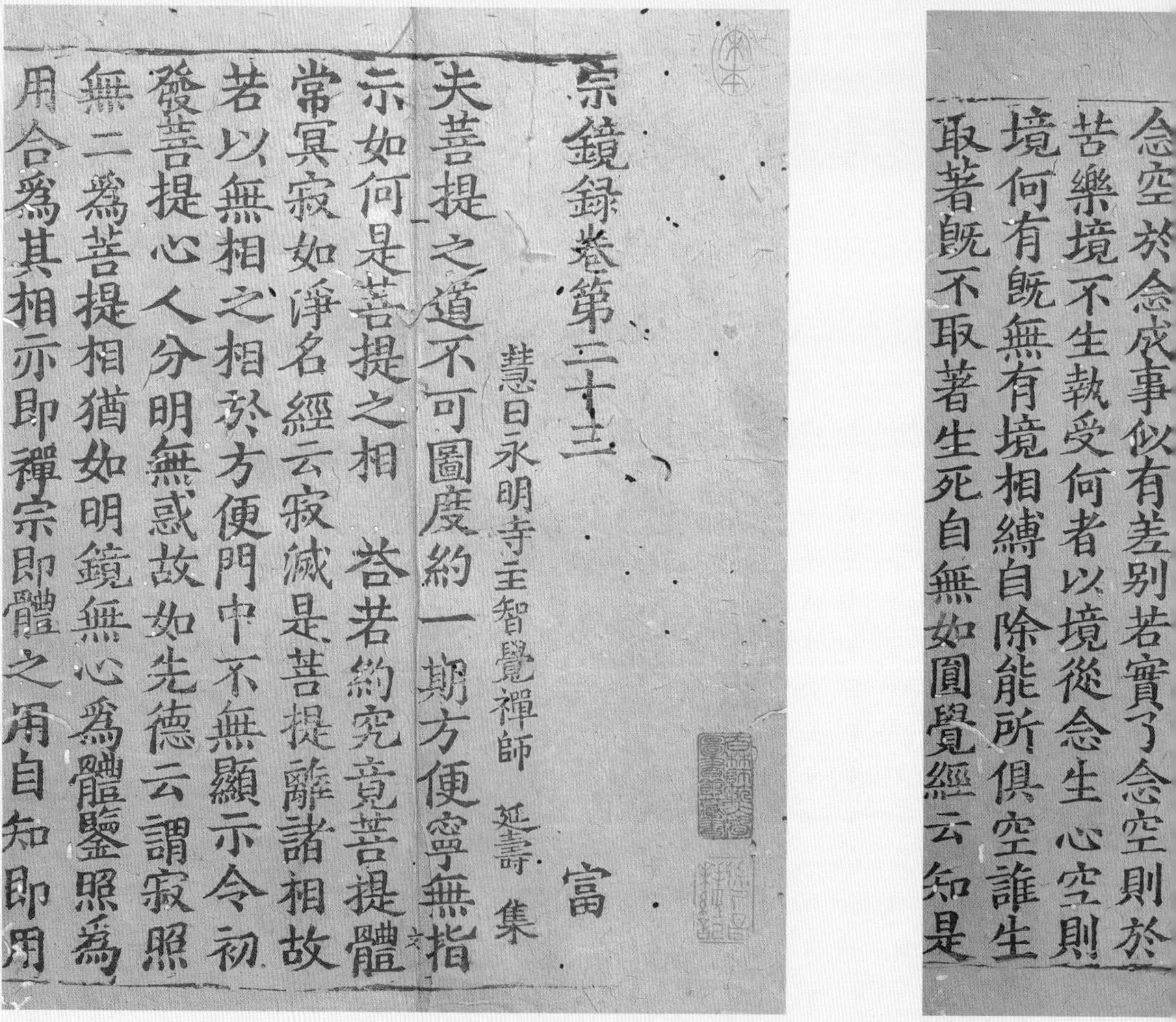

宗鏡錄卷第二十三　富

慧日永明寺主智覺禪師　延壽　集

夫菩提之道不可圖度約一期方便寧無指示如何是菩提之相　荅若約究竟菩提體常冥寂如淨名經云寂滅是菩提離諸相故若以無相之相於方便門中不無顯示令初發菩提心人分明無惑故如先德云謂寂照無二爲菩提相猶如明鏡無心爲體鑒照爲用合爲其相亦即禪宗即體之用自知即用

念空於念成事似有差别若實了念空則於苦樂境不生執受何者以境從念生心空則境何有既無有境相縛自除能所俱空誰生取著既不取著生死自無如圓覺經云知是

释延寿（904—975），一名永明延寿。五代宋初高僧。俗姓王，字仲玄，号抱一子，临安府余杭（今属杭州）人。曾于建隆二年（961）应吴越王钱俶之请，驻锡永明寺。提倡“禅净双修”，主张“祖佛同诠”“禅教一体”。被奉为净土宗六祖之一。著有《万善同归集》等。《宗镜录》为延寿的代表作，内容为延寿的修行体验与佛学研究心得，全书百卷约八十多万字。此本为北宋刻本《崇宁藏》零种，只存一卷（第二十三卷）。《崇宁藏》全藏已不存，国内只存零种，珍藏于国家图书馆、北京师范大学图书馆、上海图书馆、山西省博物院、南京图书馆、山东省博物院、辽宁省图书馆、齐齐哈尔市图书馆、天津图书馆、东北师范大学图书馆等馆。美国、日本也有收藏，日本所藏相对完整。本馆所藏堪称东北师大图书馆的镇馆之宝。

钤：宋本、徐乃昌拜经记。

《国家珍贵古籍名录》编号：07164

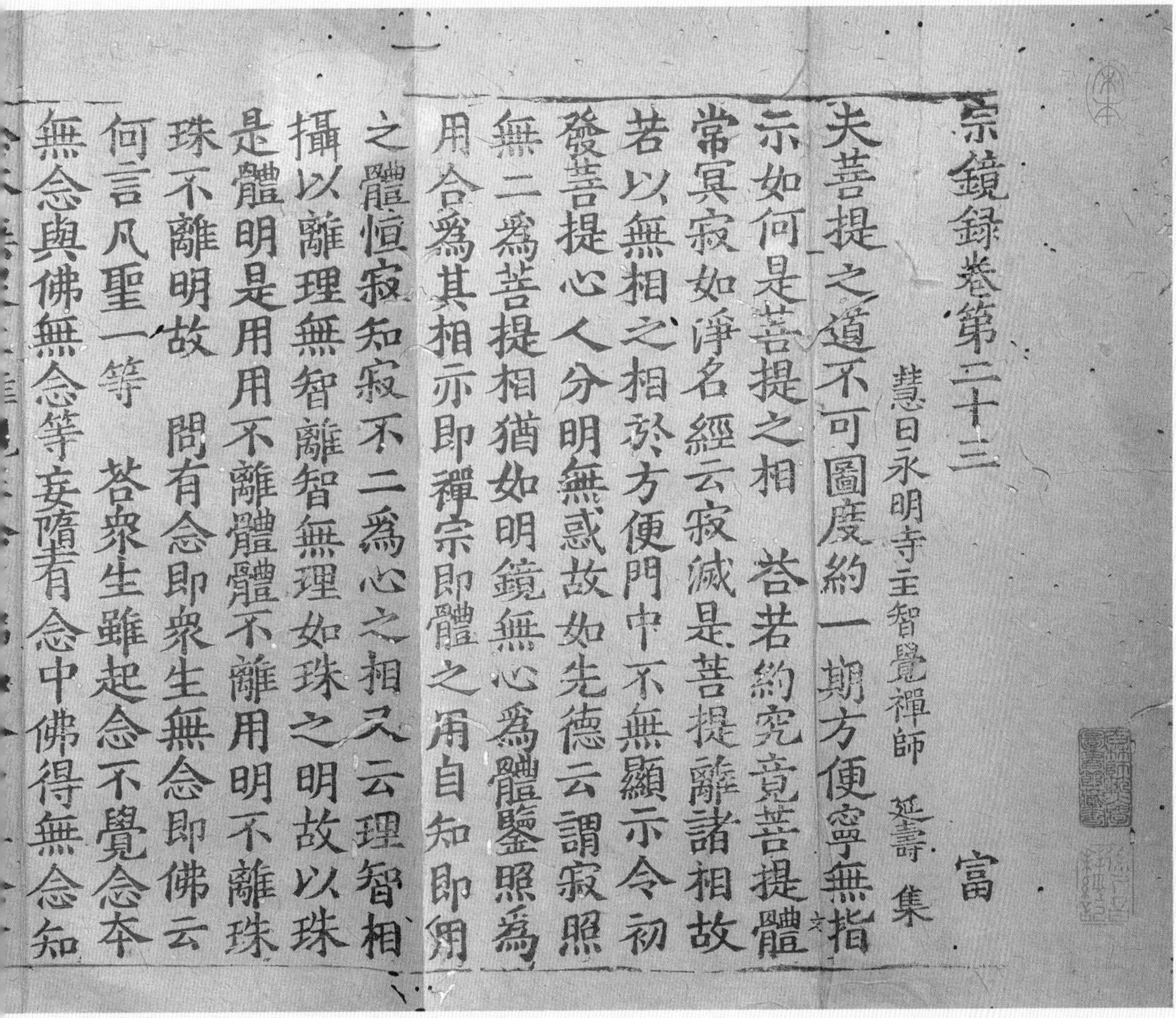
宗鏡録卷第二十三　富
慧日永明寺主智覺禪師　延壽　集
夫菩提之道不可圖度約一期方便寧無指
示如何是菩提之相　答若約究竟菩提體
常冥寂如淨名經云寂滅是菩提離諸相故
若以無相之相於方便門中不無顯示令初
發菩提心人分明無惑故如先德云謂寂照
無二爲菩提相猶如明鏡無心爲體鑒照爲
用合爲其相亦即禪宗即體之用自知即用
之體恒寂知寂不二爲心之相又云理智相
攝以離理無智離智無理如珠之明故以珠
是體明是用用不離體體不離用明不離珠
珠不離明故　問有念即衆生無念即佛云
何言凡聖一等　答衆生雖起念不覺念本
無念與佛無念等妄隨有念中佛得無念知

贰 元本

春秋属辞十五卷

（元）赵汸撰 元至正二十四年（1364）休宁商山义塾刻明弘治六年（1493）高忠重修本（目录有抄配） 吉林省图书馆

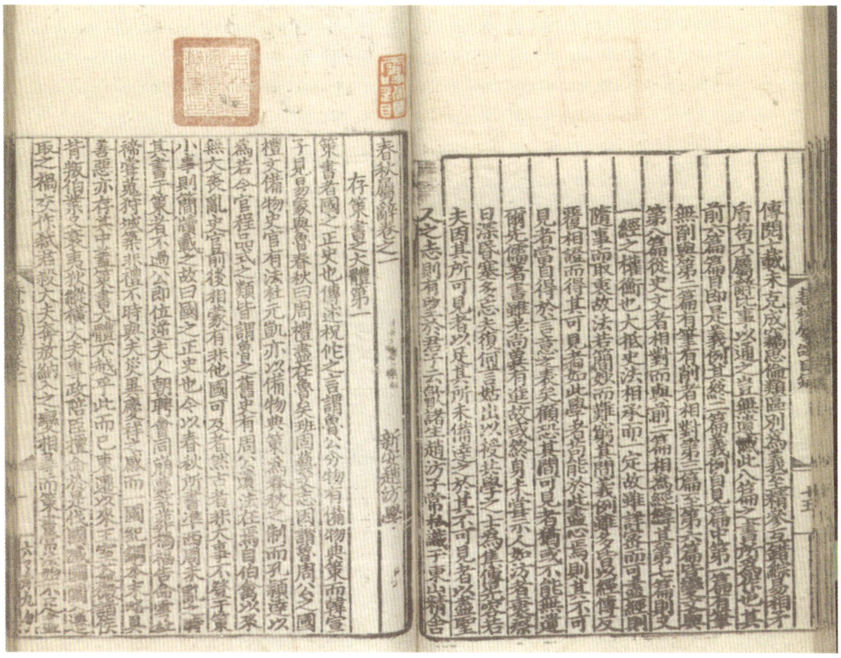

赵汸，字子常，元明间徽州休宁人，于诸经造诣精深，无不通贯，尤邃于《春秋》。初以闻于黄泽者，为《春秋师说》三卷，复广之为《春秋集传》十五卷。因《礼记经解》有“属辞比事，春秋教也”之语，乃复著《春秋属辞》八篇十五卷。又以学《春秋》必考《左传》事实以为先，乃复著《春秋左氏补注》十卷。朱元璋既定天下，诏修《元史》，征汸预其事。

元至正年间，休宁商山义塾受命刻梓赵汸有关《春秋》著作，始于元至正二十年，迄于至正二十三年。《春秋属辞》一书则于至正二十四年完成。后又经明弘治六年重修，故此书著录为“元至正二十至二十四年商山义塾刻明弘治六年高忠重修本”。

是书白纸印本，老装旧函。全书版面清爽，品相极佳。其开版极为精雅，字体笔画舒展，版心为细黑口，下记刻工名与字数，版心狭小，极有宋版遗风。清末知名藏书家陆心源曾评论此书：“字皆赵体，刻手甚工，即通志堂刻本所祖”。（《仪顾堂续跋》卷三）

《国家珍贵古籍名录》编号：02612

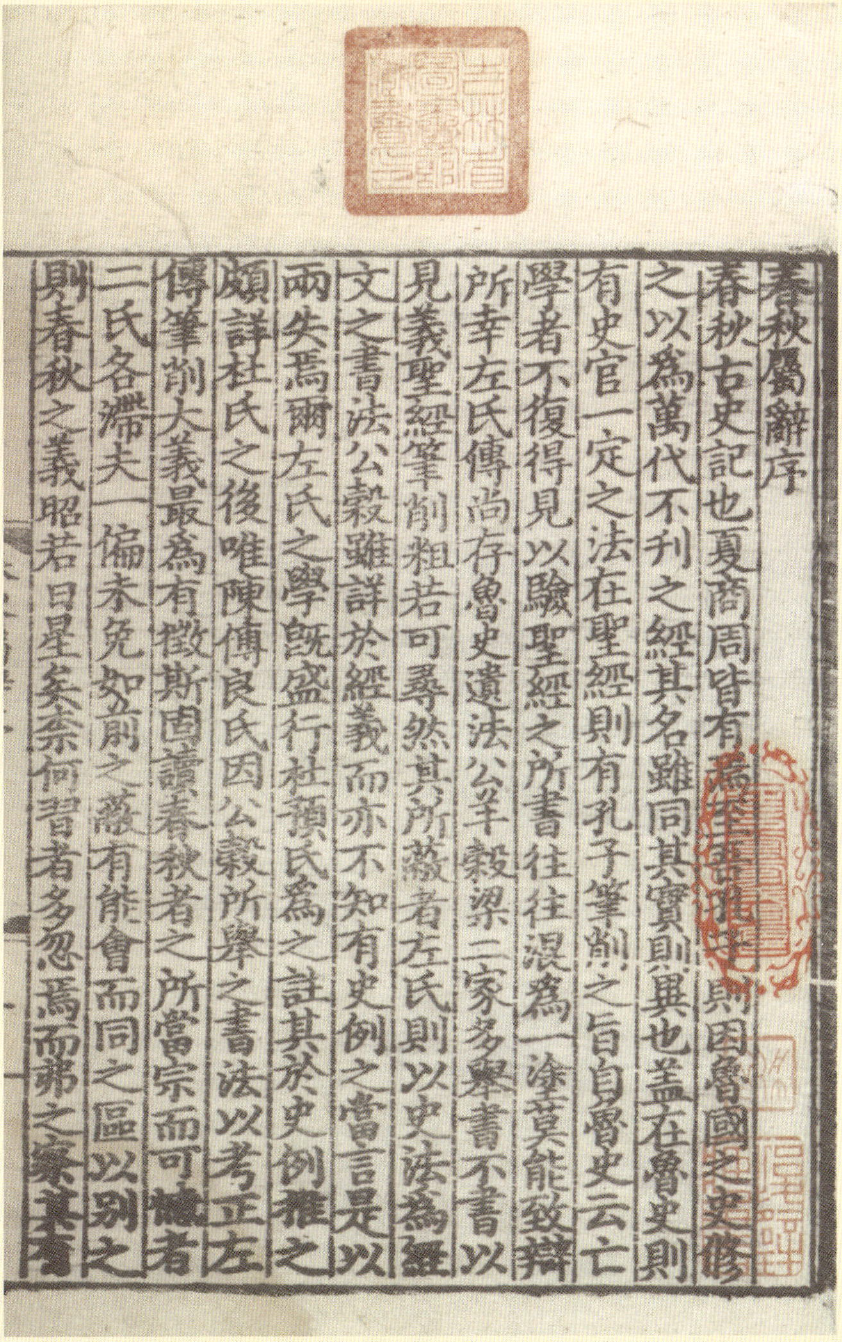
春秋屬辭序
春秋古史記也夏商周皆有焉[illegible]則因魯國之史修
之以爲萬代不刊之經其名雖同其實則異也蓋在魯史則
有史官一定之法在聖經則有孔子筆削之旨自魯史云亡
學者不復得見以驗聖經之所書往往混爲一塗莫能致辯
所幸左氏傳尚存魯史遺法公羊穀梁二家多舉書不書以
見義聖經筆削粗若可尋然其所蔽者左氏則以史法爲經
文之書法公穀雖詳於經義而亦不知有史例之當言是以
兩失焉爾左氏之學既盛行杜預氏爲之註其於史例推之
頗詳杜氏之後唯陳傅良氏因公穀所舉之書法以考正左
傳筆削大義最爲有徵斯固讀春秋者之所當宗而可憾者
二氏各滯夫一偏未免如前之蔽有能會而同之區以別之
則春秋之義昭若日星矣奈何習者多忽焉而弗之察其有

通志二百卷

（宋）郑樵撰 元大德三山郡庠刻元明递修本 吉林省图书馆

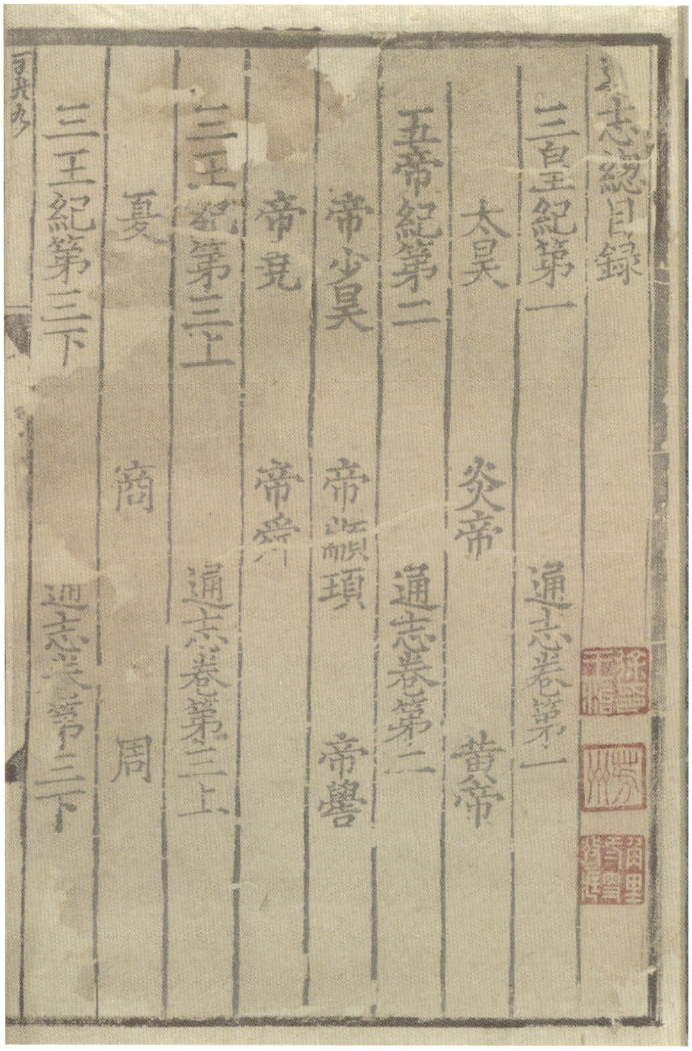
通志總目錄
三皇紀第一 通志卷第一
太昊 炎帝 黄帝
五帝紀第二 通志卷第二
帝少昊 帝顓頊 帝嚳
帝堯 帝舜
三王紀第三上 通志卷第三上
夏 商 周
三王紀第三下 通志卷第三下

郑樵（1103—1162），字渔仲，宋兴华军莆田（今福建莆田）人。郑樵“欲读古人之书，欲通百家之学，欲讨六艺之文而为羽翼”，隐居夹漈山讲学、著述数十年，人称夹漈先生，著述宏富，惜今多不传。

郑樵一生专心于著述，《通志》为其晚年所撰，为纪传体通史，与唐杜佑《通典》、元马端临《文献通考》并称“三通”，影响极大。

此本系元大德（1297—1307）三山郡庠刊刻，为元代官刻官印之书，元明递修。为《通志》现存最早版本。

钤：四明卢氏抱经楼藏书印。

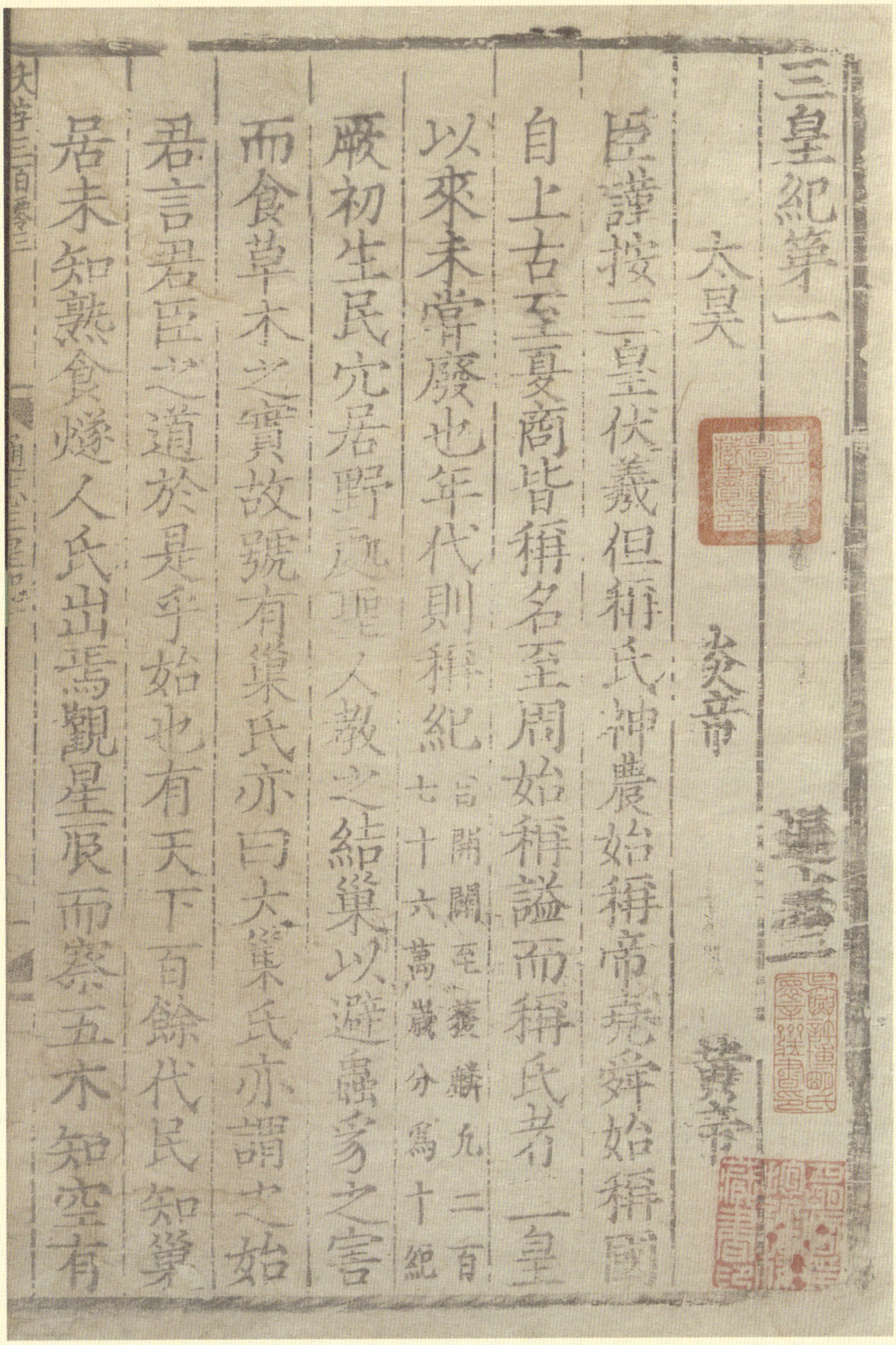
三皇紀第一
太昊　炎帝　黄帝
臣謹按三皇伏羲但稱氏神農始稱帝堯舜始稱國自上古至夏商皆稱名至周始稱謚而稱氏者一皇以來未嘗廢也年代則稱紀自開闢至獲麟凡二百七十六萬歲分爲十紀
厥初生民穴居野處聖人教之結巢以避蟲豸之害而食草木之實故號有巢氏亦曰大巢氏亦謂之始君言君臣之道於是乎始也有天下百餘代民知巢居未知熟食燧人氏出焉觀星辰而察五木知空有

《国家珍贵古籍名录》编号：02640

后汉书九十卷

（南朝宋）范晔撰（唐）李贤注 志三十卷（晋）司马彪撰（梁）刘昭注 元大德九年（1305）宁国路儒学刻明递修本（卷六至七配嘉靖南监本，十四至十五、三十、四十一至四十四、六十九、七十、七十四下至七十七配宋刊元修本，志卷三至四、八至十三配嘉靖南监本）吉林省图书馆

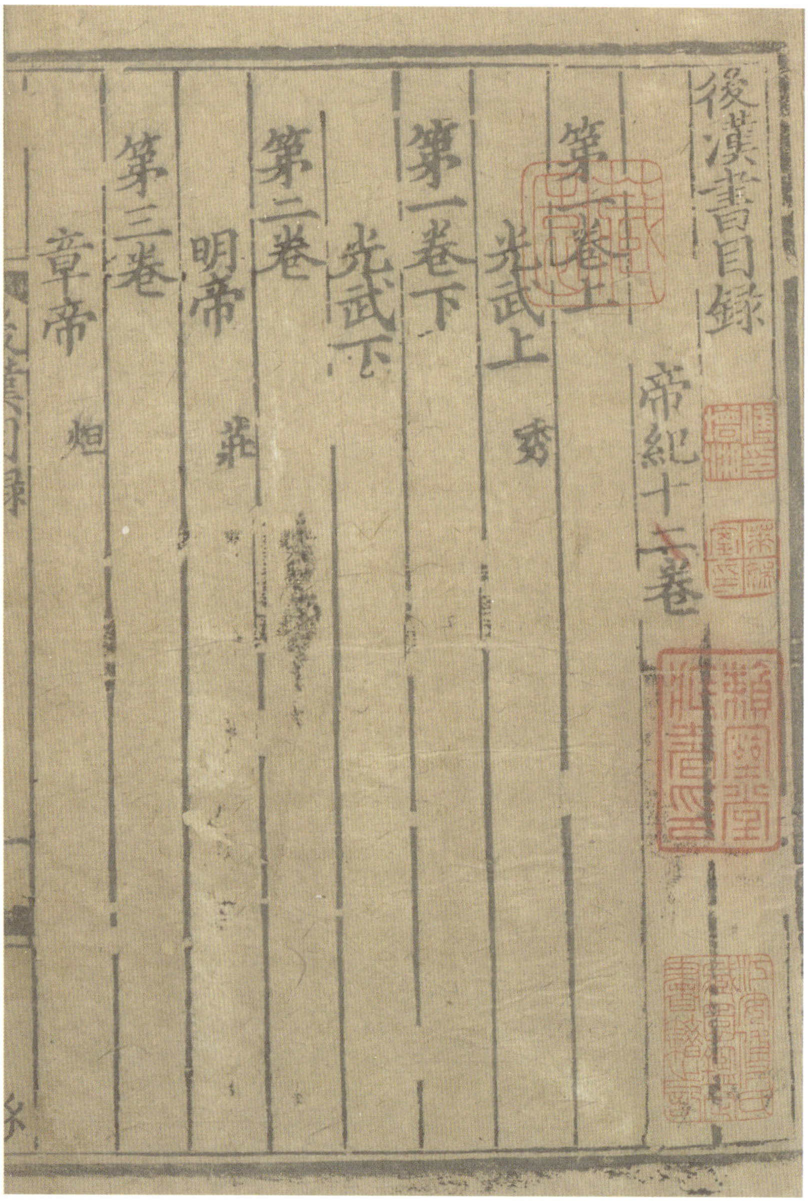
後漢書目録
帝紀十二卷
第一卷上
光武上 秀
第一卷下
光武下
第二卷
明帝 莊
第三卷
章帝 炟

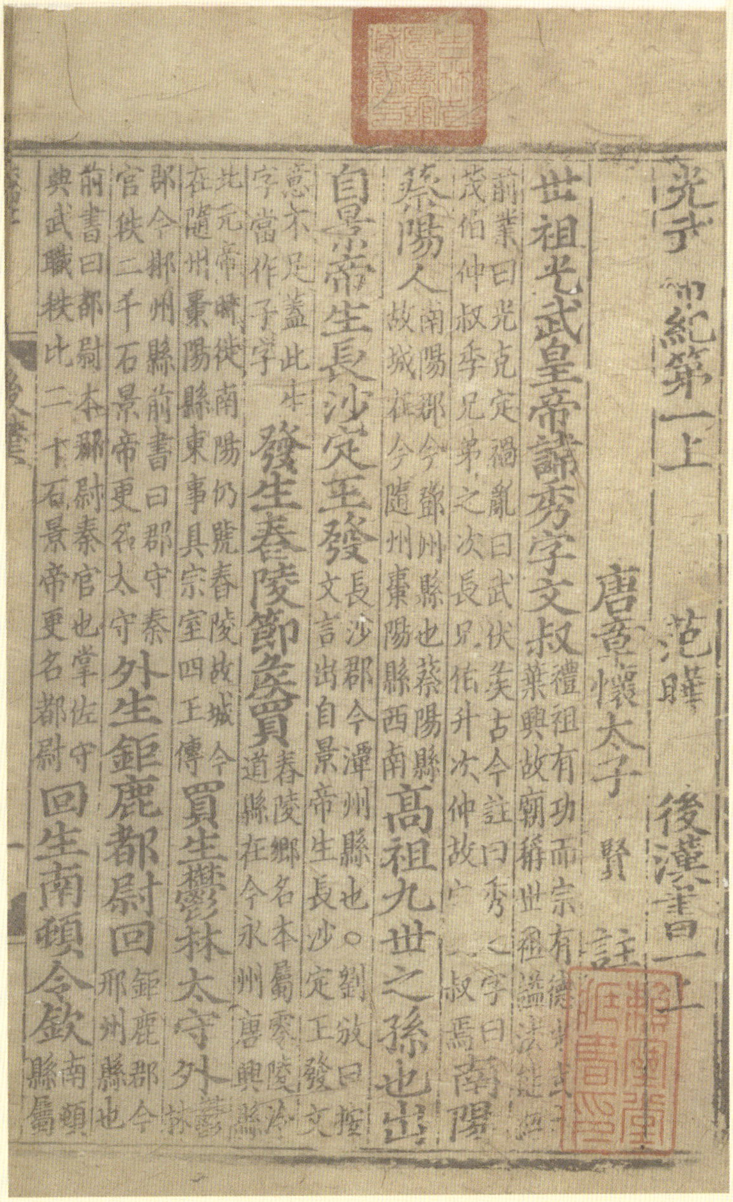

光武帝紀第一上　范曄　後漢書一上

唐章懷太子賢註

世祖光武皇帝諱秀字文叔禮祖有功而宗有德光武中興故廟稱世祖謚法能紹前業曰光克定禍亂曰武伏侯古今注曰秀之字曰茂伯仲叔季兄弟之次長兄伯升次仲故字文叔焉南陽

蔡陽人南陽郡今鄧州縣也蔡陽縣故城在今隨州棗陽縣西南高祖九世之孫也出

自景帝生長沙定王發長沙郡今潭州縣也劉攽曰按文言出自景帝生長沙定王發

意本不足蓋此本字當作子字發生舂陵節侯買舂陵鄉名本屬零陵泠道縣在今永州唐興縣

光武帝時徙南陽仍號舂陵故城在今隨州棗陽縣東事具宗室四王傳買生鬱林太守外

郡今郡州縣前書曰郡守秦官秩二千石景帝更名太守外生鉅鹿都尉回鉅鹿郡今邢州縣也

前書曰郡尉本郡尉秦官也掌佐守典武職秩比二千石景帝更名都尉回生南頓令欽南頓縣屬

《国家珍贵古籍名录》编号：02686

范晔（398—445），字蔚宗，顺阳（今河南南阳淅川）人，出身士族家庭。南朝史学家、文学家。范晔才华横溢，史学成就突出。其《后汉书》博采众书，结构严谨、属词丽密，与《史记》《汉书》《三国志》并称“前四史”。

《后汉书》记事上起汉光武帝刘秀建武元年（25），下迄汉献帝建安二十五年（220），囊括东汉一百九十五年的史事。书中分十纪、八十列传和八志。

元大德间曾有九路儒学刻十七史，《后汉书》为其一。现国家图书馆、上海图书馆、辽宁省图书馆、北京大学图书馆、日本滋贺大学附属图书馆等亦有收藏。

唐书二百二十五卷

（宋）欧阳修 宋祁等撰 元大德九年（1305）建康路儒学刻明成化弘治嘉靖南京国子监递修本 吉林省图书馆

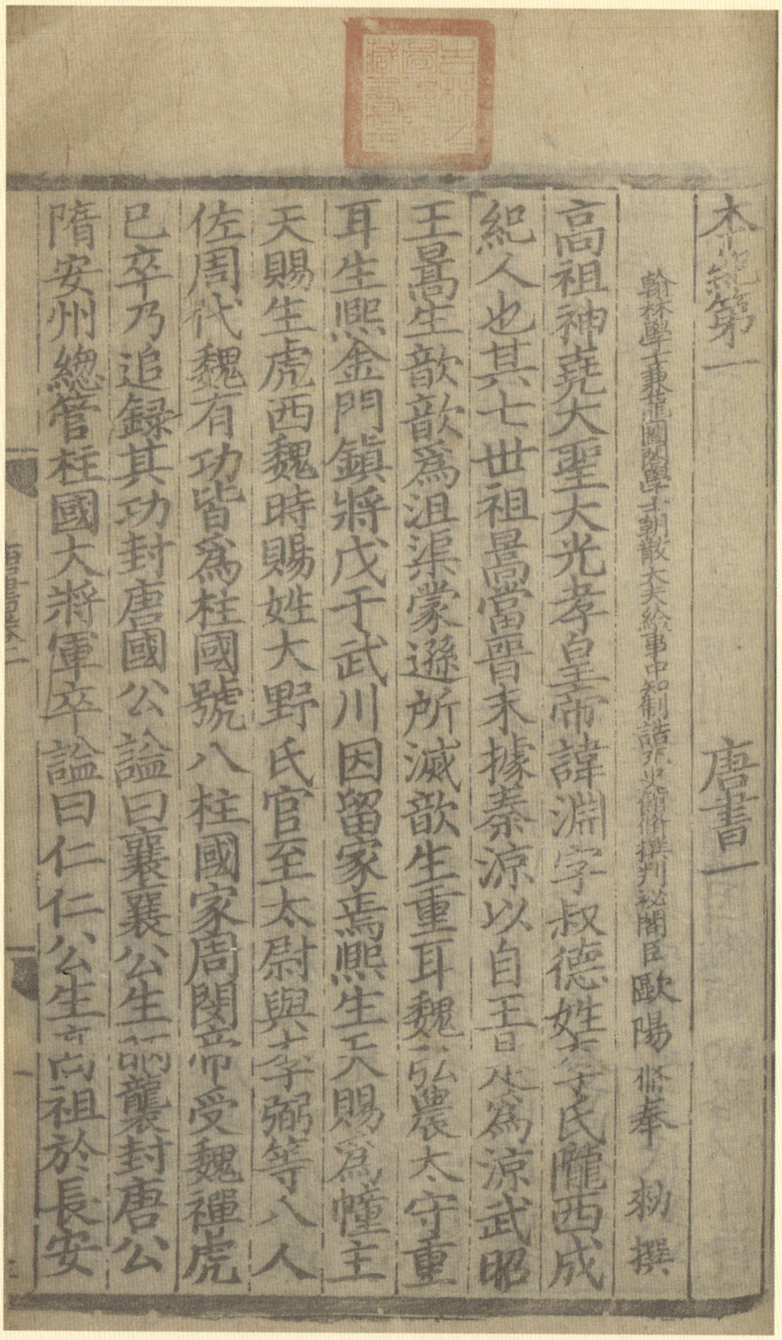

本紀第一　唐書一

翰林學士兼龍圖閣學士朝散大夫給事中知制誥充史館修撰判秘閣臣歐陽脩奉　勑撰

高祖神堯大聖大光孝皇帝諱淵字叔德姓李氏隴西成紀人也其七世祖暠當晉末據秦涼以自王是爲涼武昭王暠生歆歆爲沮渠蒙遜所滅歆生重耳魏弘農太守重耳生熙金門鎮將戍于武川因留家焉熙生天賜爲幢主天賜生虎西魏時賜姓大野氏官至太尉與李弼等八人佐周代魏有功皆爲柱國號八柱國家周閔帝受魏禪虎已卒乃追錄其功封唐國公謚曰襄襄公生昞襲封唐公隋安州總管柱國大將軍卒謚曰仁仁公生高祖於長安

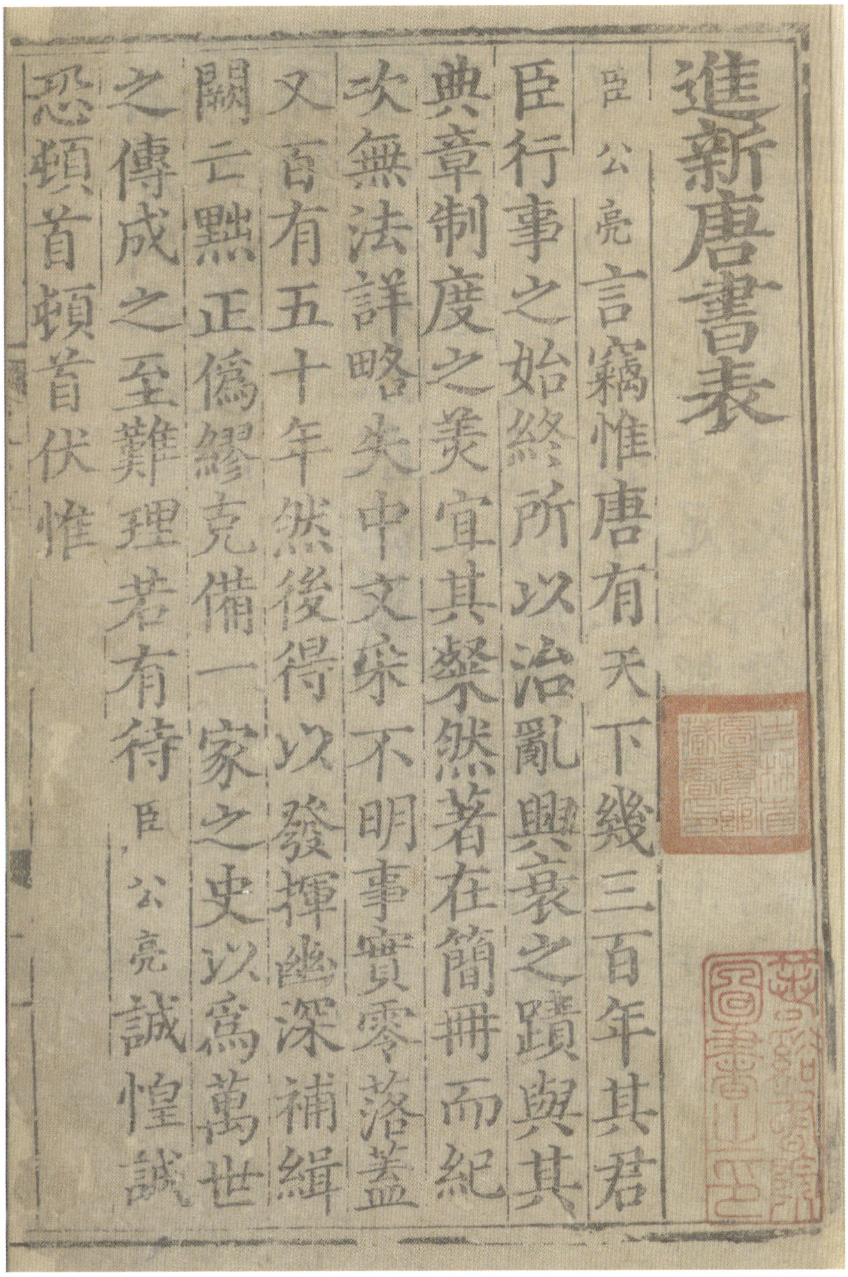
進新唐書表
臣公亮言竊惟唐有天下幾三百年其君
臣行事之始終所以治亂興衰之蹟與其
典章制度之美宜其粲然著在簡冊而紀
次無法詳略失中文采不明事實零落蓋
又百有五十年然後得以發揮幽深補緝
闕亡黜正僞繆克備一家之史以爲萬世
之傳成之至難理若有待臣公亮誠惶誠
恐頓首頓首伏惟

《国家珍贵古籍名录》编号：02766

《唐书》中国古代纪传体史书。《唐书》原有后晋刘昫本，后宋仁宗下诏重修，称《新唐书》，欧阳修等撰。《新唐书》修成后，自宋至清初一直占有正统地位，官私刻本众多。

馆藏此本《唐书》为元大德九年（1305）建康路儒学刻本，版片后收入明南京国子监，经成化、弘治、嘉靖递修而成，属于南监本二十一史中的一种。“史亦以明南监本二十一史为善，其版杂凑宋监元学而成，惟版自明以来，递有修补。”

仪礼图十七卷、旁通图一卷

（宋）杨复撰 元刻明修本 柯逢时跋

《国家珍贵古籍名录》编号：06988

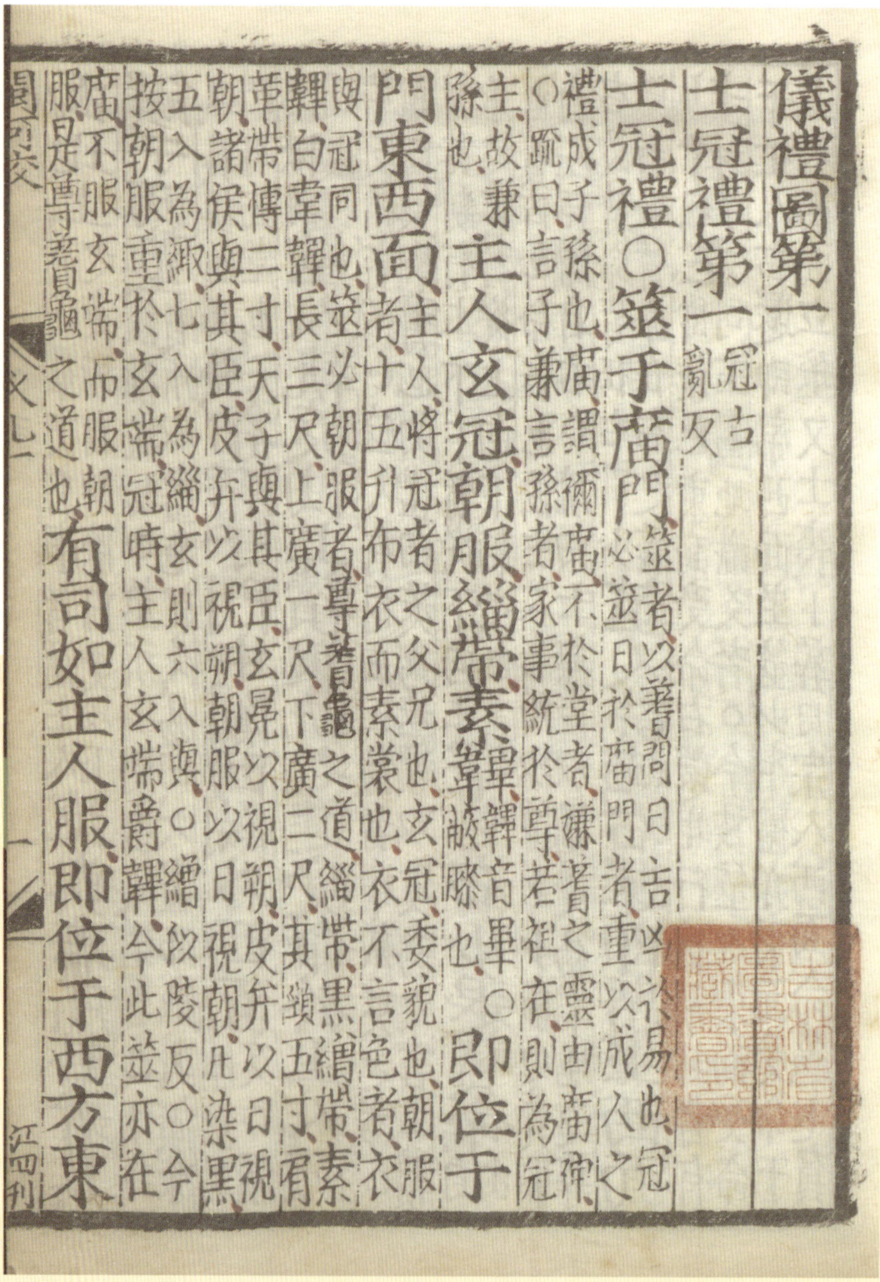
儀禮圖第一

士冠禮第一 冠古亂反

士冠禮○筮于廟門 筮者以蓍問日吉凶於易也冠必筮日於廟門者重以成人之禮成子孫也廟謂禰廟不於堂者嫌蓍之靈由廟神○疏曰言子兼言孫者家事統於尊若祖在則為冠主故兼孫也 主人玄冠朝服緇帶素韠 韠音畢韠蔽膝也 ○即位于門東西面 主人將冠者之父兄也玄冠委貌也朝服者十五升布衣而素裳也衣不言色者衣與冠同也筮必朝服者尊蓍龜之道緇帶黑繒帶素韠白韋韠長三尺上廣一尺下廣二尺其頸五寸肩革帶博二寸天子與其臣玄冕以視朔皮弁以日視朝諸侯與其臣皮弁以視朔朝服以日視朝凡染黑五入為緅七入為緇玄則六入與○緇側陵反○今按朝服重於玄端冠時主人玄端爵韠今此筮亦在廟不服玄端而服朝服是尊蓍龜之道也 有司如主人服即位于西方東

《仪礼》又名《礼》《士礼》或《礼经》，是春秋、战国礼崩乐坏之际，好古怀旧之人将记忆中有关烈士至于王朝举行的各种典礼记载下来而形成的文本。十三经之一。内容记载周代的冠、婚、丧、祭、乡、射、朝、聘等各种礼仪，以记载士大夫的礼仪为主。

杨复，字志仁，一字茂才，福建福州人，受业于朱熹，颇有才智，尤善于考索，真德秀督闽，为其修建贵德堂，以供杨复著述讲学，学者称信斋先生。

《仪礼图》十七卷，附《旁通图》一卷，成书于绍定元年（1228），为杨氏遂朱熹之意，录取《仪礼》十七篇经文，又节取前儒旧说，疏通其意，各详其仪节、陈设之方位，系之以图，凡二百有五；又分《宫庙门》《冕弁门》《牲鼎礼器门》，作图二十五幅，名为《仪礼・旁通图》附于后。书中图大多循经而绘，古礼之梗概，于此书可睹其大端，对后学颇有启发，多有裨益。

馆藏本由晚清著名藏书家柯逢时题识。柯逢时（1845—1912），一作凤逊，字逊庵，懋修，号巽庵，别号息园，是湖北省大冶市金牛镇袁铺村老鸦泉湾人。光绪九年（1883）取进士，点翰林，改庶吉士，授翰林院编修。

钤：逊盦审定。

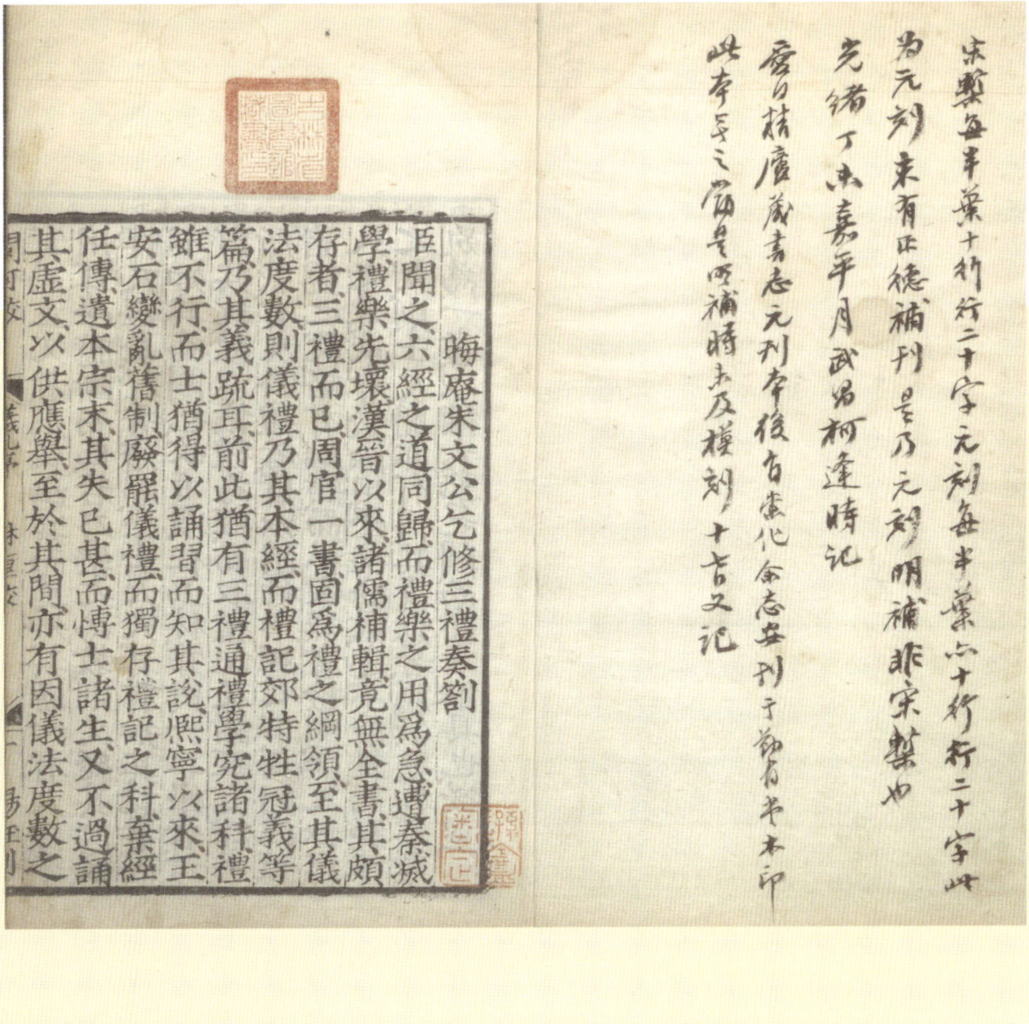
宋槧每半葉十行行二十字元刻每半葉六十行行二十字此
為元刻來有正德補刊是乃元刻明補非宋槧也
光緒丁亥嘉平月武昌柯逢時記
震日精廬藏書志元刊本後有崇化余志安刊于勤有堂木印
此本無之當是所補時未及摹刻十吉又記

晦庵朱文公乞修三禮奏劄
臣聞之六經之道同歸而禮樂之用為急遭秦滅
學禮樂先壞漢晉以來諸儒補輯竟無全書其頗
存者三禮而已周官一書固為禮之綱領至其儀
法度數則儀禮乃其本經而禮記郊特牲冠義等
篇乃其義疏耳前此猶有三禮通禮學究諸科禮
雖不行而士猶得以誦習而知其說熙寧以來王
安石變亂舊制廢罷儀禮而獨存禮記之科棄經
任傳遺本宗末其失已甚而博士諸生又不過誦
其虛文以供應舉至於其間亦有因儀法度數之

附释音春秋、左传注疏六十卷

（晋）杜预注 （唐）孔颖达疏 （唐）陆德明释文 元刻明修本 吉林省图书馆

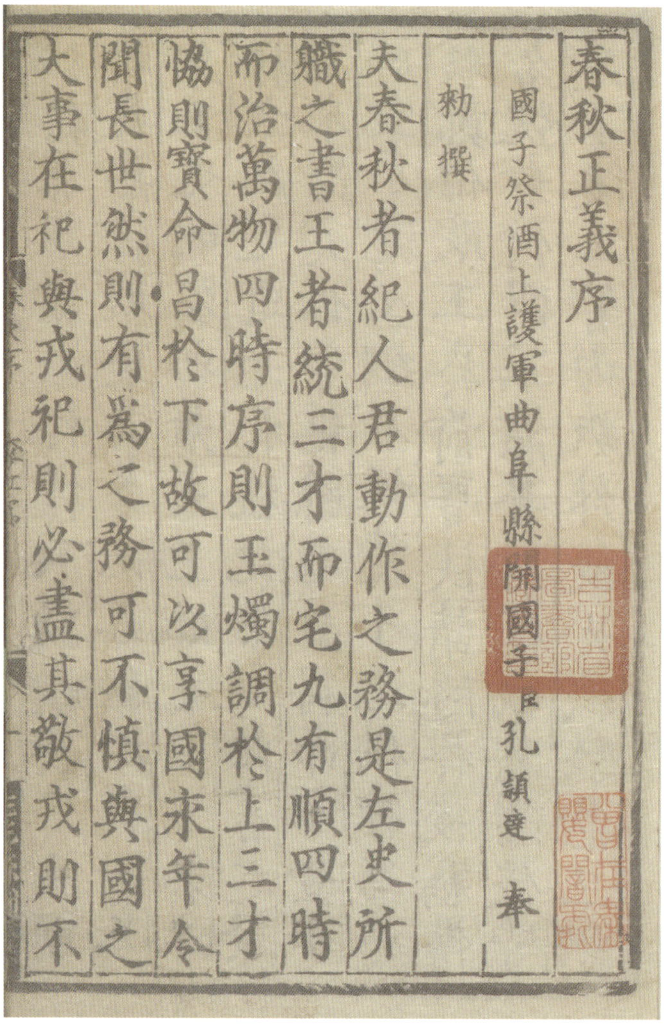
春秋正義序

國子祭酒上護軍曲阜縣開國子臣孔頴達奉

勑撰

夫春秋者紀人君動作之務是左史所
職之書王者統三才而宅九有順四時
而治萬物四時序則玉燭調於上三才
協則寶命昌於下故可以享國永年令
聞長世然則有爲之務可不慎與國之
大事在祀與戎祀則必盡其敬戎則不

《春秋》是记述春秋时代二百多年史事的最早的编年史书，晋杜预为之作《注》，唐代孔颖达为之作《疏》，唐陆德明作《释文》。

历代注解《春秋》的著作很多，《左传》与《公羊传》《谷梁传》合称“春秋三传”，晋朝杜预注《左传》是现存最早的《左传》注。至唐，孔颖达又为之作注，是现在最通行的注疏本。

此书流传有序，曾经清独山莫友芝、江都秦氏琳琅仙馆所递藏。莫友芝（1811—1871），贵州独山人，精于诗、金石考据之学，工真、行、篆、隶书，著述甚富，清中期著名藏书家。莫棠为莫友芝之侄，亦好藏书。“曾在秦婴闇处”为江都秦氏琳琅仙馆印章，琳琅仙馆为清江都秦嘉谟藏书处。

钤：独山莫氏图书、独山莫棠字曰楚生、黎阳、曾在秦婴闇处。

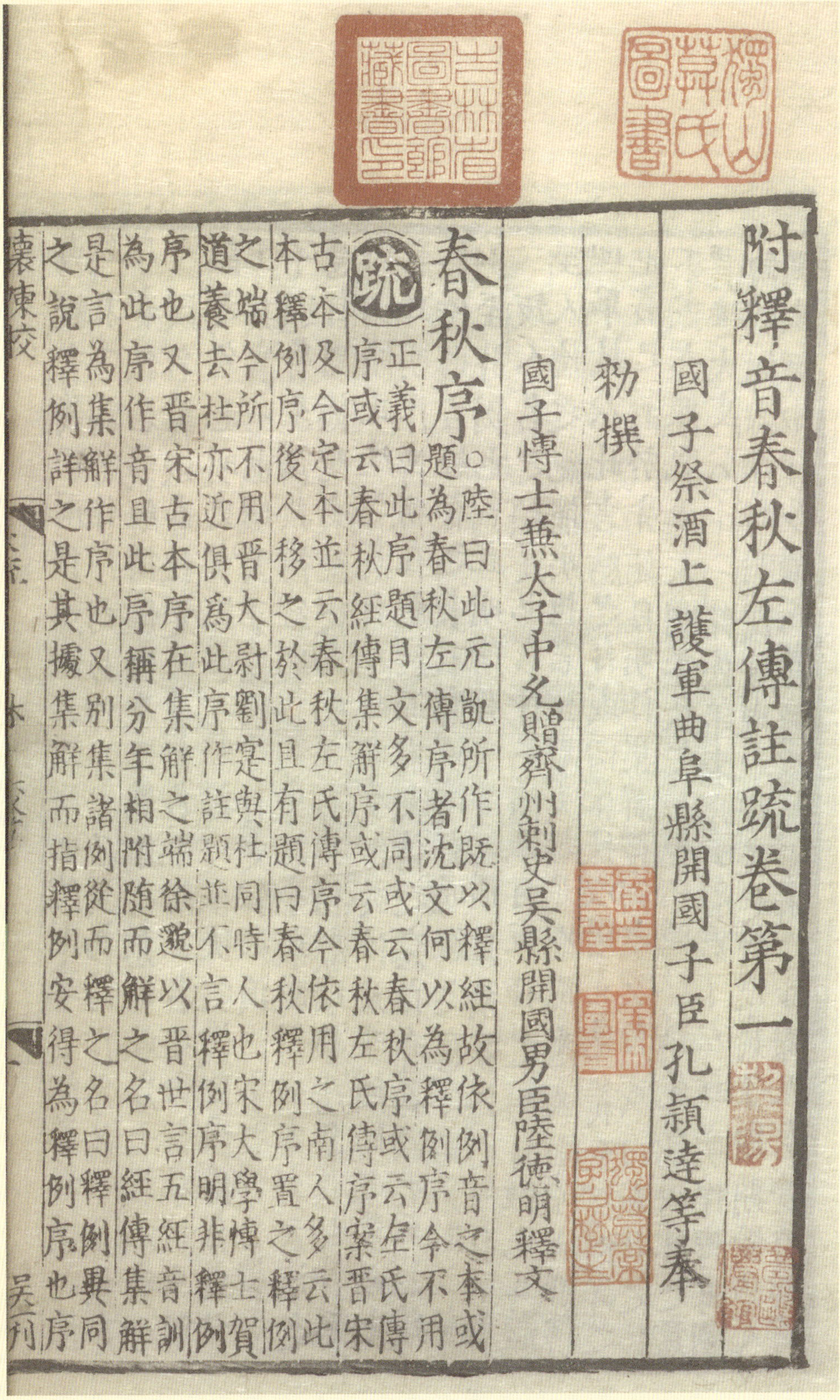
附釋音春秋左傳註疏卷第一
國子祭酒上護軍曲阜縣開國子臣孔穎達等奉
勑撰
國子博士兼太子中允贈齊州刺史吳縣開國男臣陸德明釋文
春秋序 題○陸曰此元凱所作既以釋經故依例音之本或為春秋左傳序者沈文何以為釋例序今不用
䟽 正義曰此序題目文多不同或云春秋序或云左氏傳序或云春秋經傳集解序或云春秋左氏傳序案晉宋古本及今定本並云春秋左氏傳序今依用之南人多云此本釋例序後人移之於此且有題曰春秋釋例序置之釋例之端今所不用晉大尉劉寔與杜同時人也宋大學博士賀道養去杜亦近俱為此序作註題並不言釋例序明非釋例序也又晉宋古本序在集解之端徐邈以晉世言五經音訓為此序作音且此序稱分年相附隨而解之名曰經傳集解是言為集解作序也又別集諸例從而釋之名曰釋例異同之說釋例詳之是其據集解而指釋例安得為釋例序也序
褱陳校
吳刊

《国家珍贵古籍名录》编号：06996

南史八十卷

（唐）李延寿撰 元大德十年（1306）刻本 明嘉靖递修本 吉林省图书馆

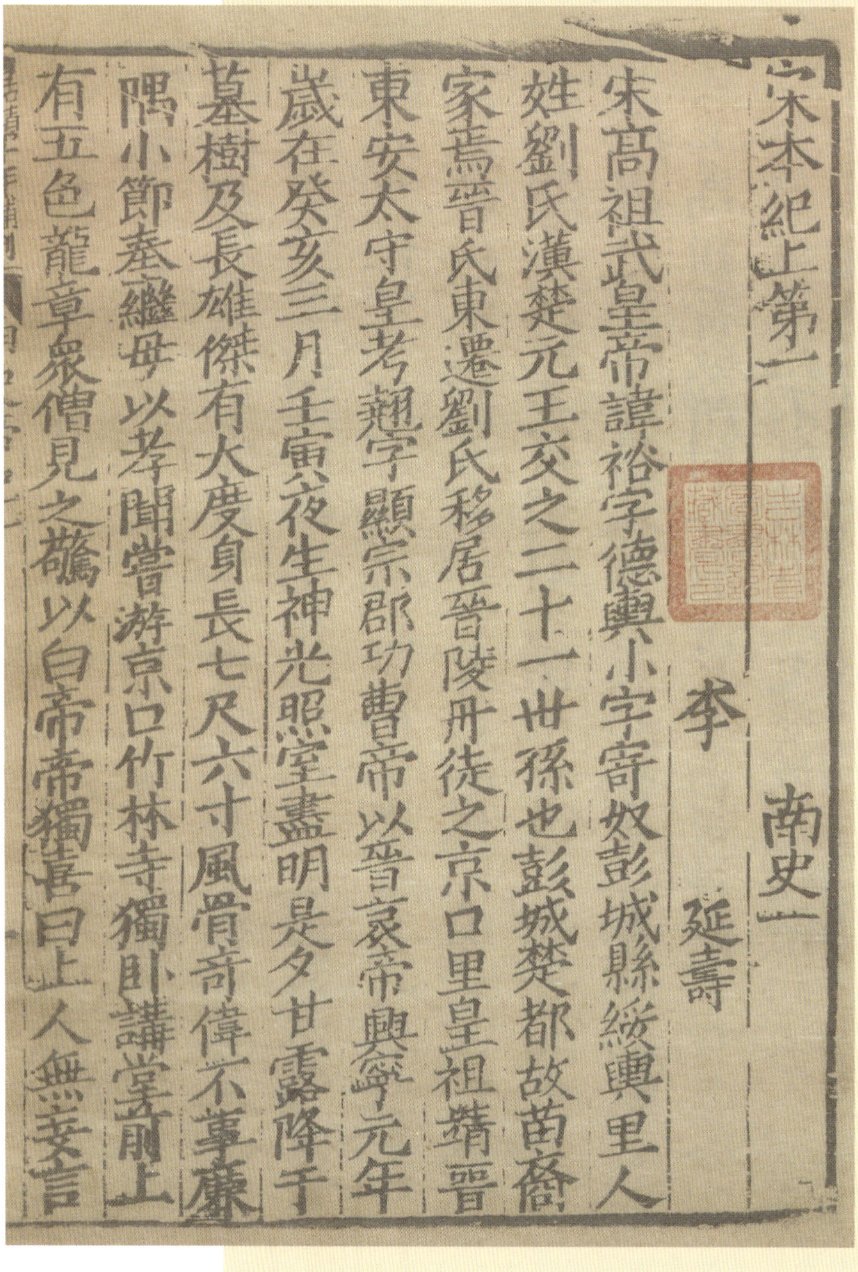

宋本紀上第一　南史一

李　延壽

宋高祖武皇帝諱裕字德輿小字寄奴彭城縣綏輿里人姓劉氏漢楚元王交之二十一世孫也彭城楚都故苗裔家焉晉氏東遷劉氏移居晉陵丹徒之京口里皇祖靖晉東安太守皇考翹字顯宗郡功曹帝以晉哀帝興寧元年歲在癸亥三月壬寅夜生神光照室盡明是夕甘露降于墓樹及長雄傑有大度身長七尺六寸風骨奇偉不事廉隅小節奉繼母以孝聞嘗游京口竹林寺獨卧講堂前上有五色龍章衆僧見之驚以白帝帝獨喜曰上人無妄言

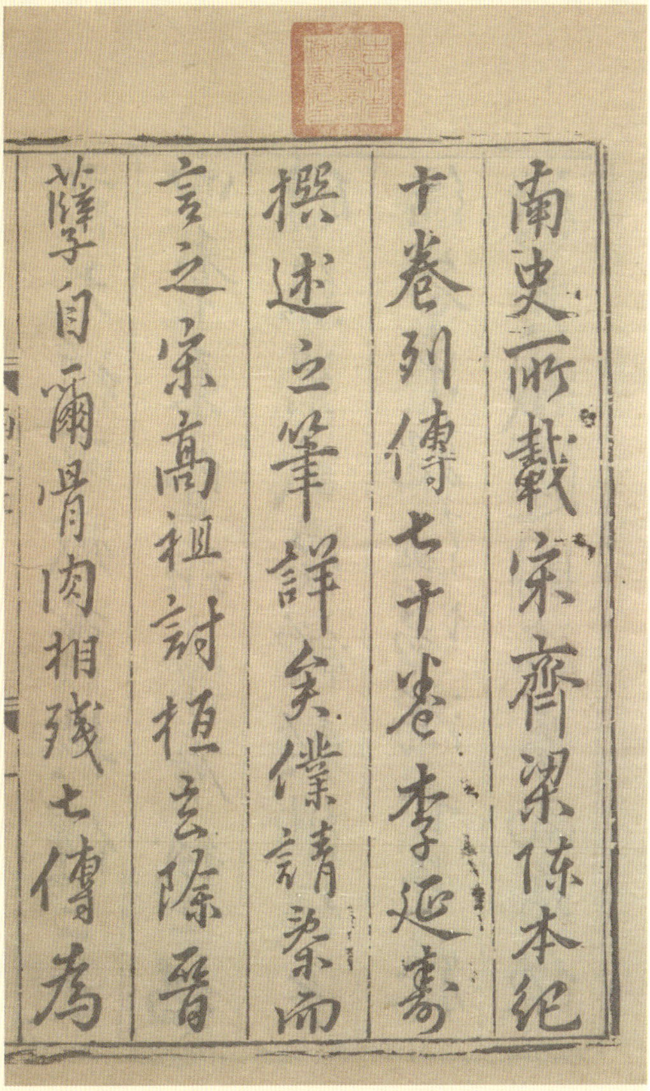
南史所載宋齊梁陳本紀十卷列傳七十卷李延壽撰述立筆詳實僕請參而言之宋高祖討桓玄除晉孽自爾骨肉相殘七傳為

《国家珍贵古籍名录》编号：07027

李延寿，字遐龄，生卒年不详。唐代相州（今河南安阳）人，史学家。任东宫典膳丞、崇贤馆学士、御史台主簿，兼直国史符玺郎、兼修国史等职。参加唐代官修史书《隋书》《五代史志》《晋书》和当代国史的修撰。还撰写《太宗政典》三十卷。李延寿承其父李大师遗志，以十六年修成《南史》《北史》。

李延寿采用纪传体通史的体例，分别对南北朝史事做贯通的叙述。他把南朝宋、南齐、梁、陈四代史事编成《南史》，上起宋武帝刘裕永初元年（420），至陈后主陈叔宝祯明三年（589），共一百六十九年，是中国历代官修纪传体史书。全书共八十卷，含本纪十卷，列传七十卷，记载南朝宋、齐、梁、陈四国近一百七十年史事。

《南史》文字简明，事增文省，在史学上占有重要地位。其不足处在于作者突出门阀士族地位，过多采用家传形式。例如，将不同朝代的一族一姓人物不分年代，集中于一篇中叙述，实际成为大族族谱。以王、谢等大家为主，《列传》多附传，附传的人物多属家族成员。

资治通鉴二百九十四卷

（宋）司马光撰 元刻本 存三卷（二百二十七至二百二十八、二百七十一） 吉林省图书馆

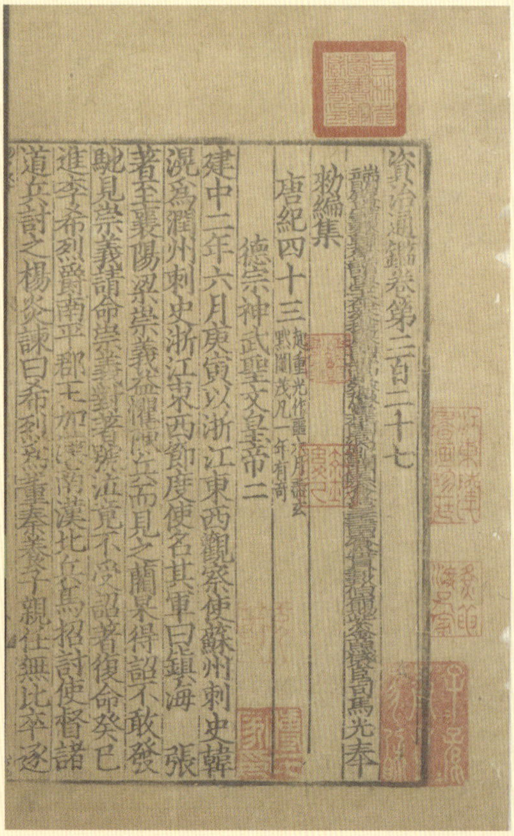

資治通鑑卷第二百二十七

端明殿學士[illegible]臣司馬光奉

勑編集

唐紀四十三 起重光作噩六月盡玄默閹茂九月凡一年有奇

德宗神武聖文皇帝二

建中二年六月庚寅以浙江東西觀察使蘇州刺史韓滉為潤州刺史浙江東西節度使名其軍曰鎮海 張著至襄陽梁崇義益懼陳兵而見之蘭杲得詔不敢發貺見崇義請命崇義對著號泣竟不受詔著復命癸巳進李希烈爵南平郡王加漢南漢北兵馬招討使督諸道兵討之楊炎諫曰希烈為董秦養子親任無比卒逐

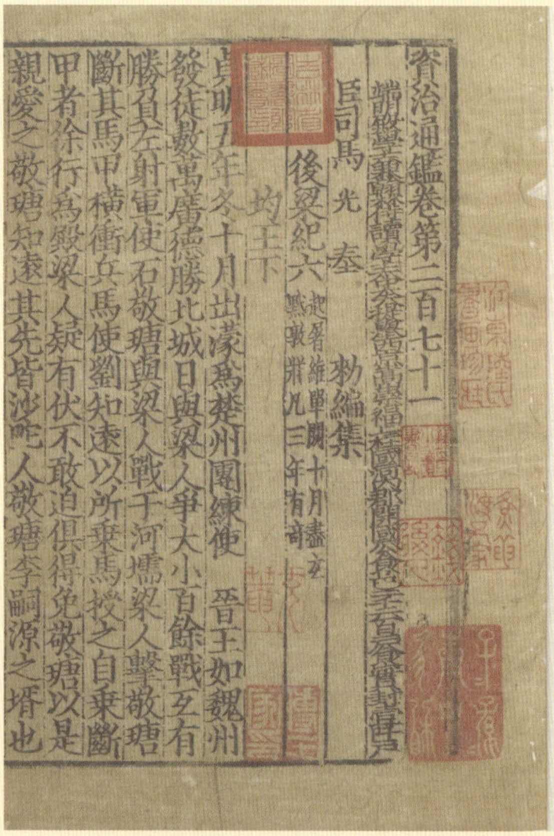

資治通鑑卷第二百七十一

端明殿學士兼翰林侍讀學士太中大夫提舉萬壽觀公事兼提舉崇福宮上柱國河內郡開國公食邑二千六百戶食實封壹伯戶

臣司馬光 奉 勑編集

後梁紀六 起著雍單閼十月盡玄默敦牂九月凡三年有奇

均王下

貞明五年冬十月出濠為楚州團練使 晉王如魏州發徒數萬廣德勝北城日與梁人爭大小百餘戰互有勝負左射軍使石敬瑭與梁人戰于河壖梁人擊敬瑭斷其馬甲橫衝兵馬使劉知遠以所乘馬授之自乘斷甲者徐行為殿梁人疑有伏不敢迫俱得免敬瑭以是親愛之敬瑭知遠其先皆沙陀人敬瑭李嗣源之壻也

《资治通鉴》是北宋时期政治家、史学家司马光主持编纂的第一部大型编年体历史著作。“专取关国家盛衰，系生民休戚，善可为法，恶可为戒者”来突出其“鉴前世之兴衰，考当今之得失”的编纂目的。该书从治平四年（1066）到元丰七年（1084）成书，历时十九年，总字数约三百万。《资治通鉴》通贯一千三百多年，上接孔子之《春秋》，起自周威烈王二十三年（前403），下迄五代周世宗显德六年（959），跨越一千三百六十二年。

该书注校本很多，著名的有元朝胡三省的注本、明朝胡应麟的《通鉴地理通释》、清朝胡克家翻刻元刊胡三省注本等。

本馆所藏为元刻本，存三卷，分别为卷二百二十七、二百二十八和卷二百七十一。

钤：钱受之读书记。

《国家珍贵古籍名录》编号：07076

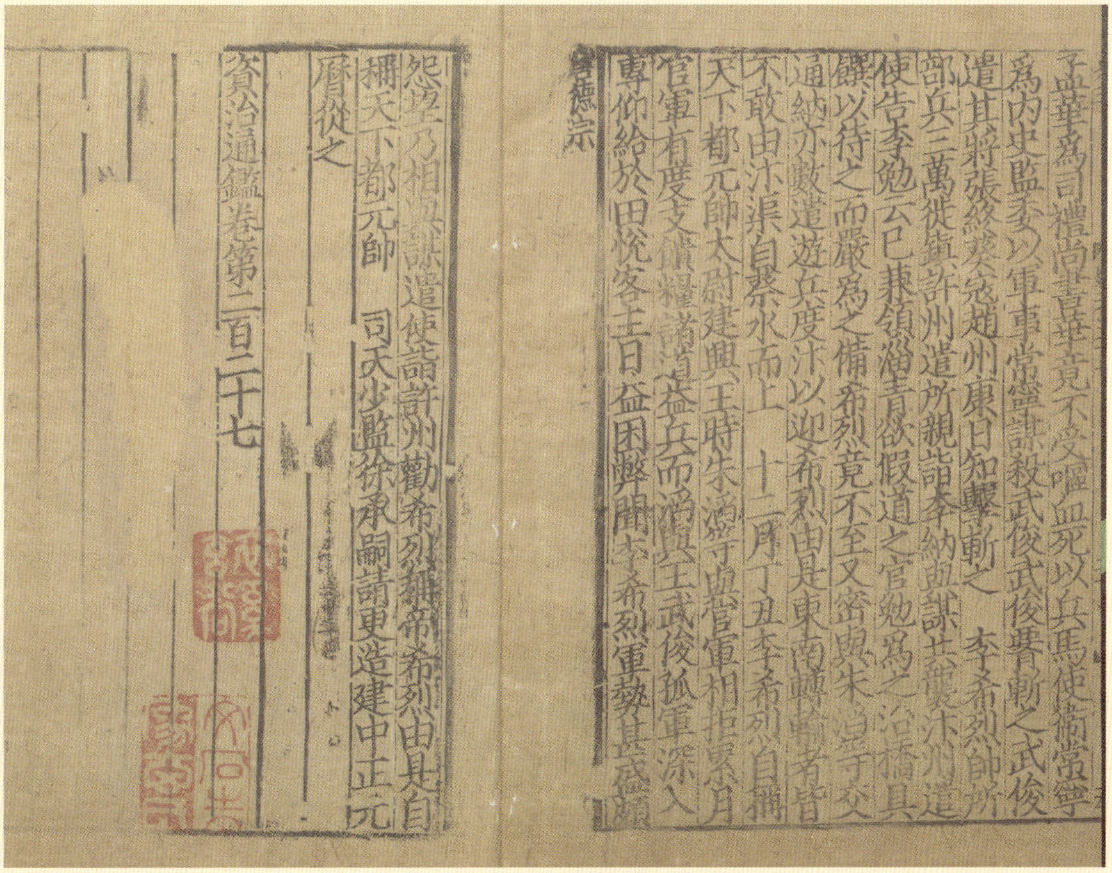
子華爲司禮尚書華竟不受嘔血死以兵馬使衛常寧
爲内史監委以軍事常寧謀殺武俊武俊擒斬之武俊
遣其將張終葵寇趙州康日知擊斬之　李希烈帥所
部兵三萬徙鎮許州遣所親詣李納與謀共襲汴州遣
使告李勉云已兼領淄青欲假道之官勉爲之治橋具
饌以待之而嚴爲之備希烈竟不至又密與朱滔等交
通納亦數遣遊兵度汴以迎希烈由是東南轉輸者皆
不敢由汴渠自蔡水而上　十二月丁丑李希烈自稱
天下都元帥太尉建興王時朱滔等與官軍相拒累月
官軍有度支饋糧諸道益兵而滔與王武俊孤軍深入
專仰給於田悅客主日益困弊聞李希烈軍勢甚盛頗
唐德宗
怨望乃相與謀遣使詣許州勸希烈稱帝希烈由是自
稱天下都元帥　司天少監徐承嗣請更造建中正元
曆從之
資治通鑑卷第二百二十七

范文正公政府奏议二卷、年谱一卷、年谱补遗一卷

（宋）范仲淹撰　元元统二年（1334）范氏褒贤世家岁寒堂刻本　存三卷（奏议上、年谱一卷、年谱补遗一卷）　吉林省图书馆

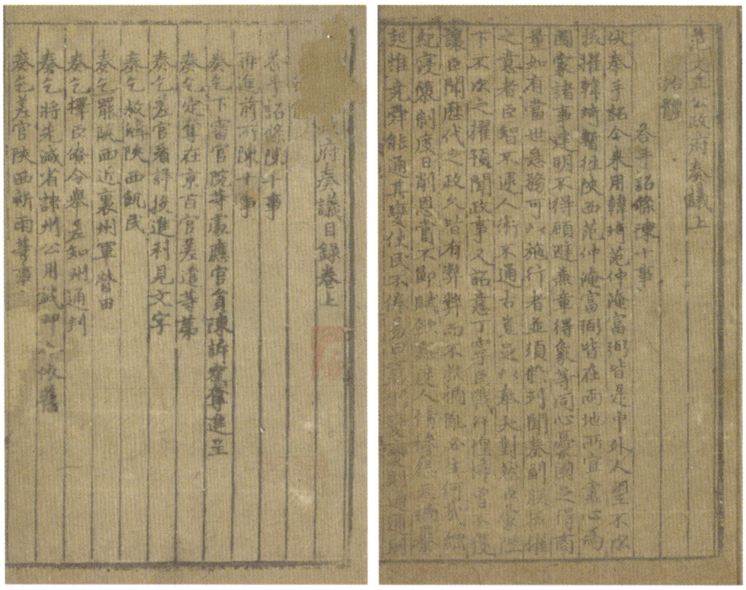

范仲淹（989—1053），字希文，谥文正。北宋著名文学家、政治家、军事家、教育家。祖籍邠州（今陕西省彬县），后迁居苏州吴县（今江苏省苏州市）。其《岳阳楼记》中“先天下之忧而忧，后天下之乐而乐”为千古名句。

宋仁宗庆历三年（1043），范仲淹对当时朝政的弊病极为痛心，提出“十事疏”，主张建立严密的仕官制度，注意农桑，整顿武备，推行法制，减轻徭役。宋仁宗采纳他的建议，陆续推行，史称“庆历新政”。可惜不久因为保守派的反对而不能实现，因而被贬至陕西四路宣抚使，皇祐四年（1052）五月二十日病逝于徐州，终年六十三岁。是年于十二月葬于河南洛阳东南万安山，封楚国公、魏国公，有《范文正公集》传世等。

《范文正公政府奏议》二卷乃元元统二年（1334）刻本，《年谱》一卷及《年谱补遗》一卷为天历三年（1330）刻板。各集自元天历迄至正间由范氏褒贤世家岁寒堂校刻。

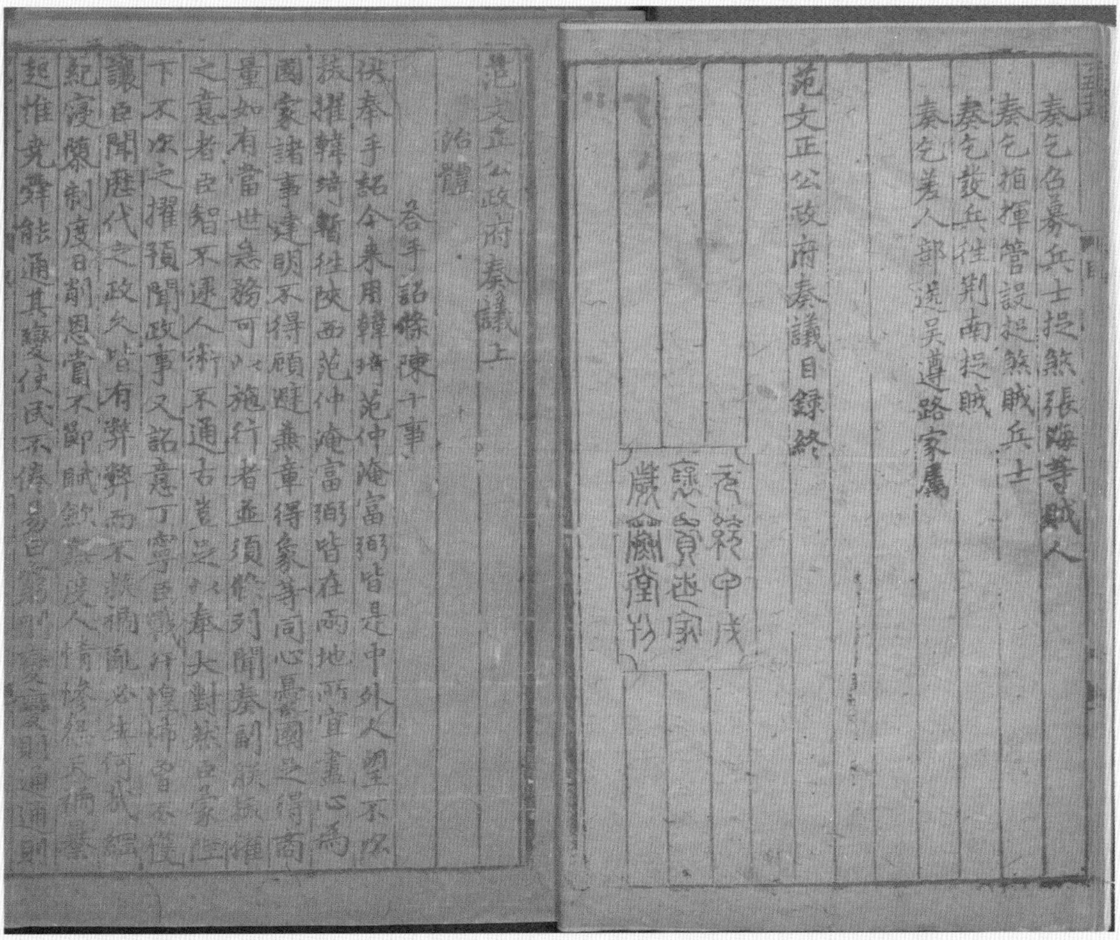

奏乞召募兵士捉殺張海等賊人
奏乞指揮管設捉殺賊兵士
奏乞發兵往荆南捉賊
奏乞差人部送吴遵路家屬
范文正公政府奏議目録終

元統甲戌
褒賢世家
歲寒堂刊

范文正公政府奏議上
治體
答手詔條陳十事
伏奉手詔今來用韓琦范仲淹富弼皆是中外人望不次
拔擢韓琦暫往陝西范仲淹富弼皆在兩地所宜盡心爲
國家諸事建明不得顧避兼章得象等同心憂國之得商
量如有當世急務可以施行者並須條列聞奏副朕拔擢
之意者臣智不逮人術不通古豈足以奉大對然臣蒙
下不次之擢預聞政事又詔意丁寧臣戰汗惶怖曾不獲
讓臣聞歷代之政久皆有弊弊而不救禍亂必生何哉綱
紀寖隳制度日削恩賞不節賦斂無度人情慘怨天禍暴
起惟堯舜能通其變使民不倦易曰窮則變變則通通則

《国家珍贵古籍名录》编号：07103

朱子成书十卷

（元）黄瑞节辑 元至正元年（1341）日新书堂刻本 存三卷（皇极经世指要一卷、周易参同契一卷、阴符经一卷）吉林省图书馆

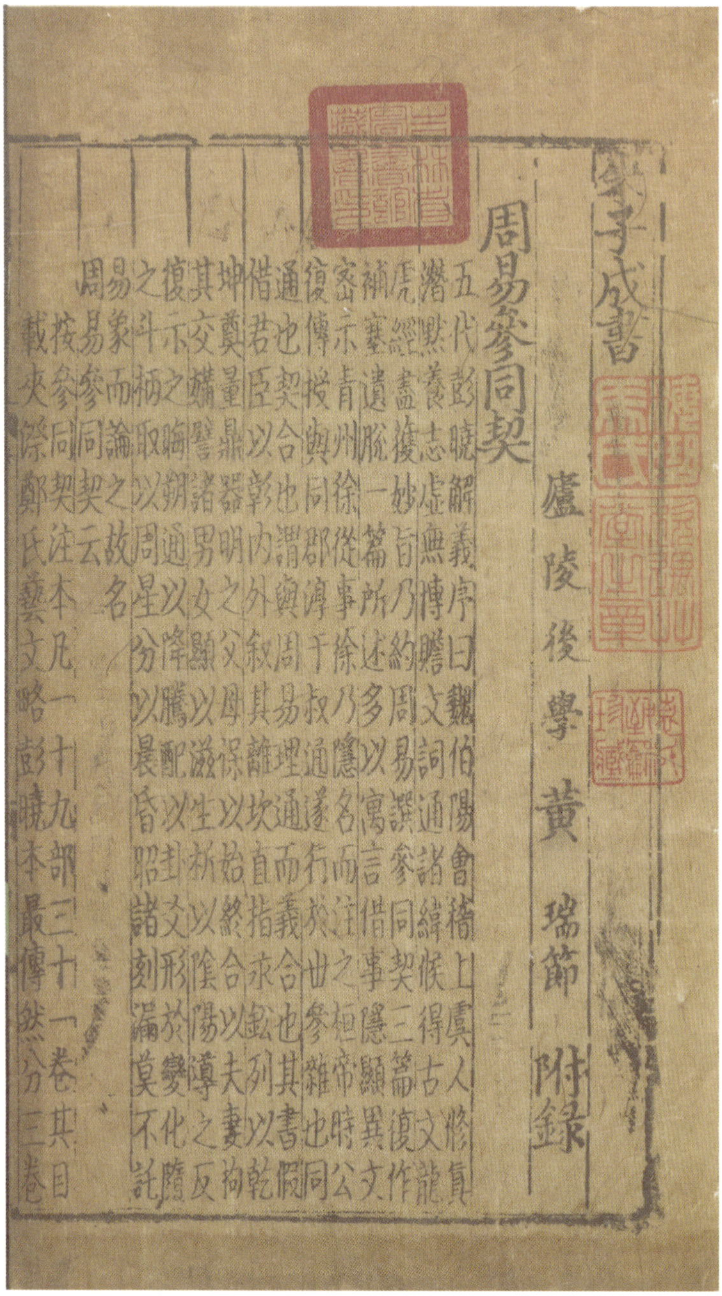
朱子成書

周易參同契

盧陵後學黃瑞節附錄

五代彭曉解義序曰魏伯陽會稽上虞人修眞潛默養志虛無博贍文詞通諸緯候得古文龍虎經盡獲妙旨乃約周易撰參同契三篇復作補塞遺脫一篇所述多以寓言借事隱顯異文密示青州徐從事徐乃隱名而注之桓帝時公復傳授與同郡淳于叔通遂行於世參雜也同通也契合也謂與周易理通而義合也其書假借君臣以彰內外敘其離坎直指汞鉛列以乾坤奠量鼎器明之父母保以始終合以夫妻拘其交媾譬諸男女顯以滋生析以陰陽導之反復示之晦朔通以降騰配以卦爻形於變化隨之斗柄取以周星分以晨昏昭諸刻漏莫不託易象而論之故名周易參同契云

按參同契注本凡一十九部三十一卷其目載夾漈鄭氏藝文略彭曉本最傳然分三卷

黄瑞节，江西安福（今江西安福县）人。无意仕途。元统一南方后，闭门不出。现仅存其文《祭御史萧方厓文》和刘将孙写给他的《送黄观乐连州学正序》。

《周易参同契》是世界上现知最早的包含系统内外丹理论的养生著作，有明显的黄老道家特色。东汉魏伯阳著，后被道教吸收奉为养生经典。因其涉及诸多学科知识，艰深晦涩，素以“天书”著称。

《阴符经》是道学中一部重要典范。此书作者不详，伪托为轩辕黄帝所作，故名《黄帝阴符经》，范蠡、鬼谷子、张良、诸葛亮、李筌及宋朝大儒朱熹对此均颇有深研集注。历代人们认为它“辨天人合变之机，演阴阳动静之妙”。

该本卷首有海曲马氏、欣遇草堂之章、惠阶校阅、袁氏致和珍藏印等印，曾被现代藏书家马官和、袁致和珍藏。

钤：海曲马氏、欣遇草堂之章、惠阶校阅、袁氏致和珍藏。

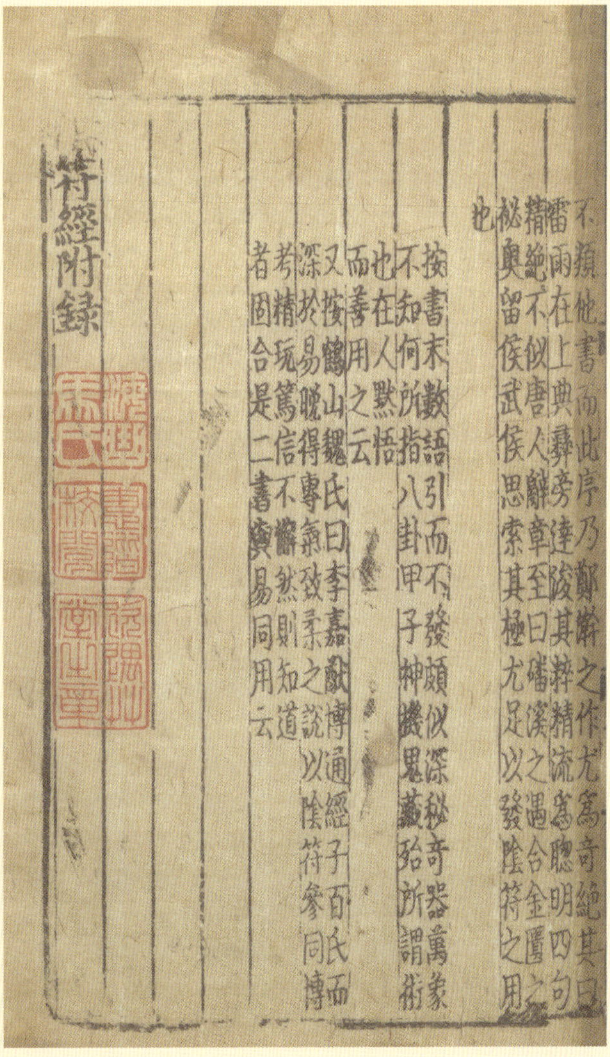
不類他書而此序乃鄭辭之作尤爲奇絕其曰
雷雨在上典彝旁達陵其粹精流爲聰明四句
精絕不似唐人辭章至曰儲溪之遇合金匱之
秘奧留侯武侯思索其極尤足以發陰符之用
也
按書末數語引而不發頗似深秘奇器萬象
不知何所指八卦甲子神機鬼藏殆所謂術
也在人默悟
而善用之云
又按鶴山魏氏曰李嘉謀博通經子百氏而
深於易曉得專氣致柔之說以陰符參同博
考精玩篤信不懈然則知道
者固合是二書與易同用云
符經附錄

《国家珍贵古籍名录》编号：07128

慈溪黄氏日抄分类九十七卷

（宋）黄震撰 元刻递修本（卷八十、八十四至九十七配清抄本） 存九十五卷（一至八十四、八十七至九十七） 吉林省图书馆

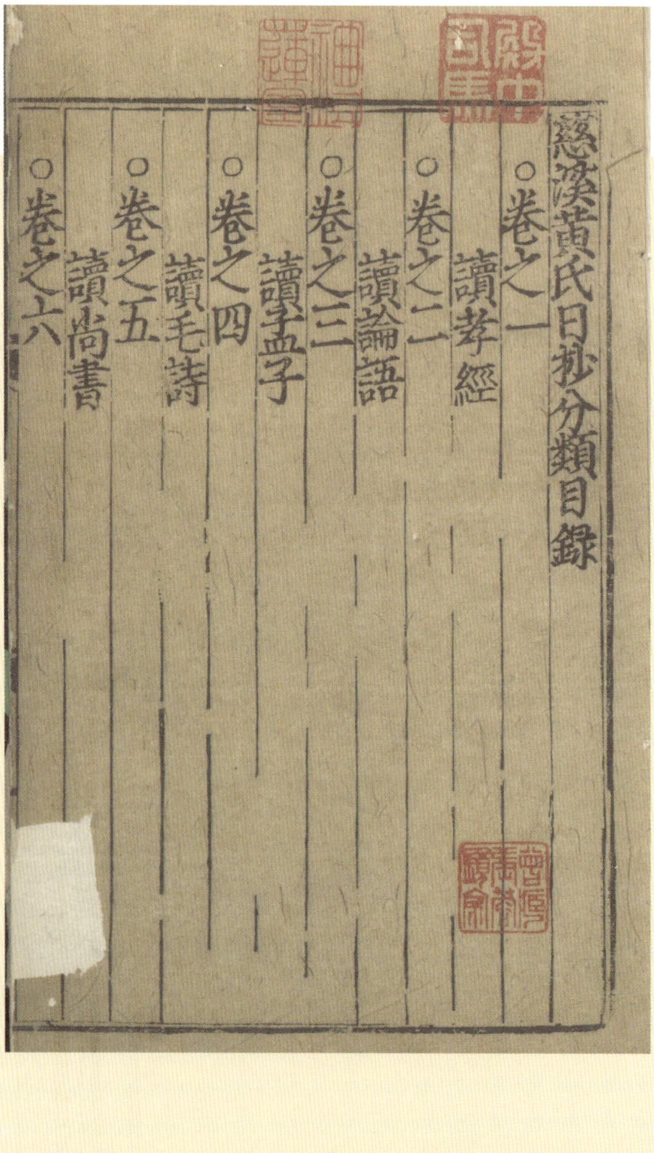

黄震，字东发，人称于越先生。浙江慈溪（今浙江省宁波市北）人。南宋宝祐四年（1256）进士，尝受学于朱熹，为南宋著名学者。宋亡后，黄震隐居不仕，清介自守，门人私谥文洁先生。著有《春秋集解》《礼记集解》《黄氏日抄》《古今纪要》等。

《慈溪黄氏日抄分类》，又作《黄氏日抄》《东发日钞》，共九十七卷，其中读经者三十卷，读三传及孔氏书者各一卷，读诸儒者十三卷，读史者五卷，读杂史、读诸子者各四卷，读文集者十卷。第六十九卷以下，包括奏札、申明、公移、讲义、策问、书记、序跋、启、祝文、祭文、行状、墓志共二十九卷，为作者自撰。本书为作者研究经、史、谱子的随笔札记。

《黄氏日抄》现存南宋积德堂残本、元至元三年（1337）刊本、明正德十四年（1519）建阳重刊本、清乾隆三十二年（1767）珠树堂校刊本、文渊阁四库全书本、清中期耕余楼刊本等。此本为元刻递修本，卷八十、八十四至九十七配以清抄本。

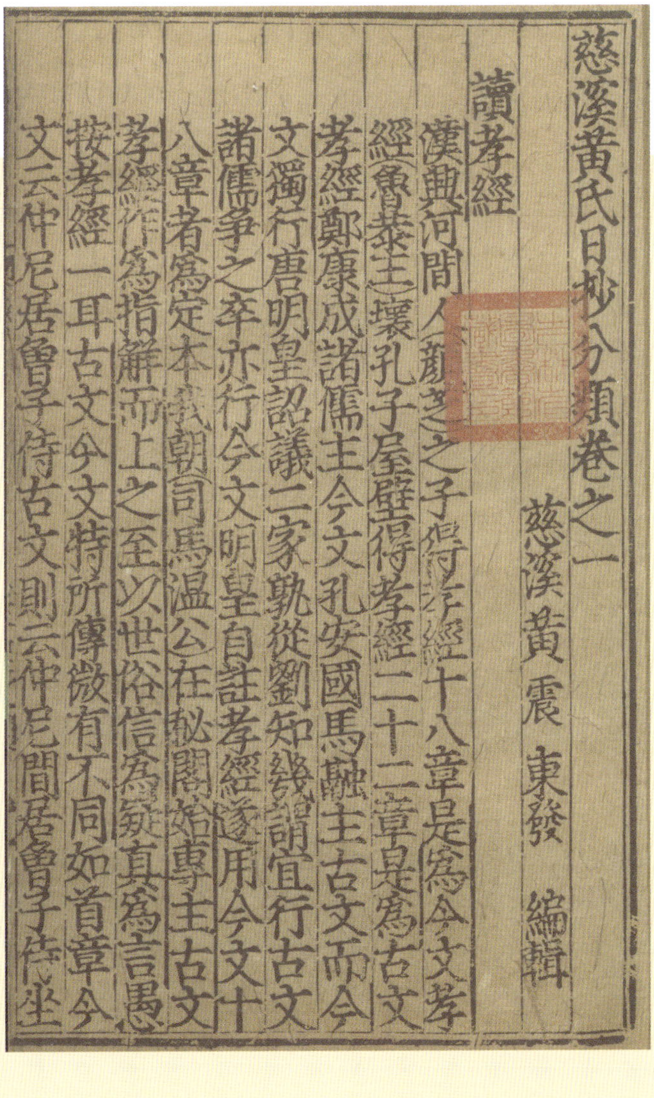
慈溪黃氏日抄分類卷之一
慈溪黃震東發 編輯
讀孝經
漢興河間人顔芝之子得孝經十八章是爲今文孝經魯恭王壞孔子屋壁得孝經二十二章是爲古文孝經鄭康成諸儒主今文孔安國馬融主古文而今文獨行唐明皇詔議二家孰從劉知幾謂宜行古文諸儒爭之卒亦行今文明皇自註孝經遂用今文十八章者爲定本我朝司馬温公在秘閣始專主古文孝經作爲指解而上之至以世俗信爲疑真爲言愚按孝經一耳古文今文特所傳微有不同如首章今文云仲尼居曾子侍古文則云仲尼閒居曾子侍坐

《国家珍贵古籍名录》编号：07135

新刊黄帝内经·灵枢十二卷

元后至元五年（1339）胡氏古林书堂刻六年（1340）印本 存六卷

（七至十二） 吉林省图书馆

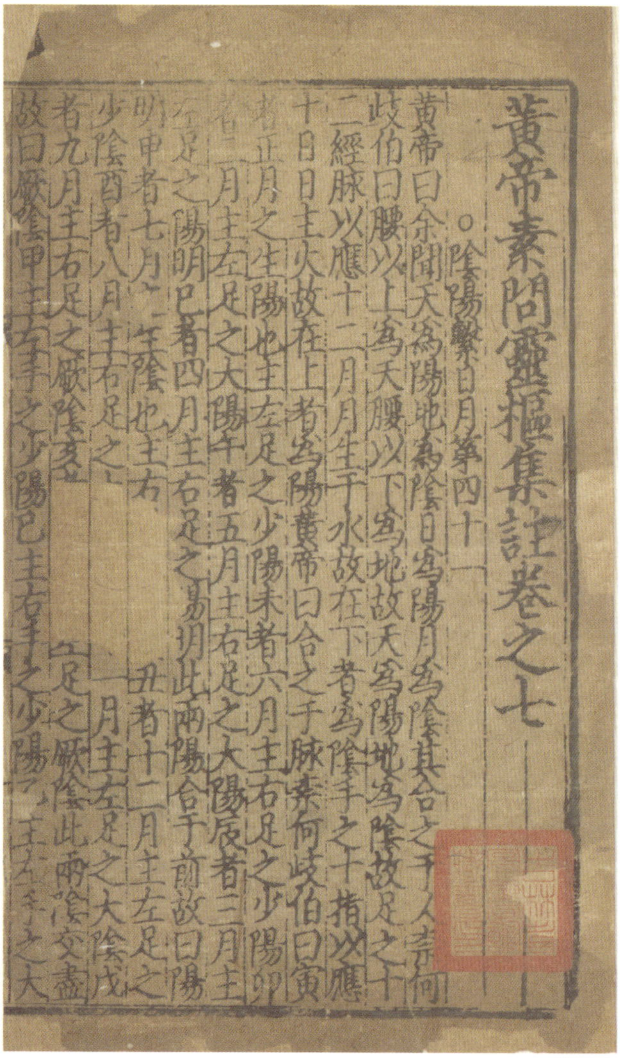
黃帝素問靈樞集註卷之七

〇陰陽繫日月第四十一

黃帝曰余聞天為陽地為陰日為陽月為陰其合之於人奈何岐伯曰腰以上為天腰以下為地故天為陽地為陰故足之十二經脉以應十二月月生於水故在下者為陰手之十指以應十日日主火故在上者為陽黃帝曰合之於脉奈何岐伯曰寅者正月之生陽也主左足之少陽未者六月主右足之少陽卯者二月主左足之太陽午者五月主右足之太陽辰者三月主左足之陽明巳者四月主右足之陽明此兩陽合於前故曰陽明申者七月之生陰也主右足之少陰丑者十二月主左足之少陰酉者八月主右足之太陰子者十一月主左足之太陰戌者九月主右足之厥陰亥者十月主左足之厥陰此兩陰交盡故曰厥陰甲主左手之少陽己主右手之少陽乙主左手之大

《国家珍贵古籍名录》编号：07137

《黄帝内经》是世界上现存最早的医学典籍。由《素问》和《灵枢》两部分组成。《素问》主要阐释人体生理、病理、疾病治疗原则，养生防病以及人与自然的关系等基本理论；《灵枢》主要阐释人体解剖、脏腑经络、腧穴针灸等。该书全面总结了汉以前的医学成就，它所奠定的医学理论框架和探究人与自然、疾病之间关系的认知方法，以及它所确立的天人合一、形神一体的养生保健法则，是其后两千二百多年来中国及东亚地区各国传统医学起源与发展的基础和准绳，时至今日仍然指导着中医理论的传承与发展。

《灵枢》的早期传本已佚。宋嘉祐年间，校正医书局林亿、高保衡等人奉敕对王冰注本《黄帝内经》加以校勘，并由政府刊印颁行，成为后世《黄帝内经》之祖本。本次展览所展出的《新刊黄帝内经灵枢》十二卷国家图书馆藏同版本在2010年3月与《本草纲目》入选《世界记忆亚太地区名录》。

分类补注李太白诗二十五卷

（唐）李白撰 （宋）杨齐贤集注 （元）萧士赟补注 元建安余氏勤有堂刻明修本 存十八卷（一至十五、二十一至二十三） 吉林省图书馆

杨齐贤，字子见，宋朝永州宁远人，南宋宁宗庆元五年（1199）进士，执政以贤良方正荐。萧士赟，字粹斋，一字粹可，赣州宁都人，宋辰州通判萧立之的次子，淳祐进士。工诗。入元遂隐居不出。

萧士赟《补注李太白集序例》载：“唐诗大家数李杜为称首。古今注杜诗者号千家，注李诗者曾不一二见，非诗家一欠事与？”北宋学者编辑辑佚，才使得李诗流传。

馆藏本首有萧士赟《补注李太白集序例》。目录末有牌记：建安余氏勤有堂刊。勤有堂是元代福建著名书坊，所刻印《分类补注李太白诗》二十五卷，是目前所知元明两代最通行的李白诗集注解。

钤：映莽金石书画、东海李明常印。

《国家珍贵古籍名录》编号：07203

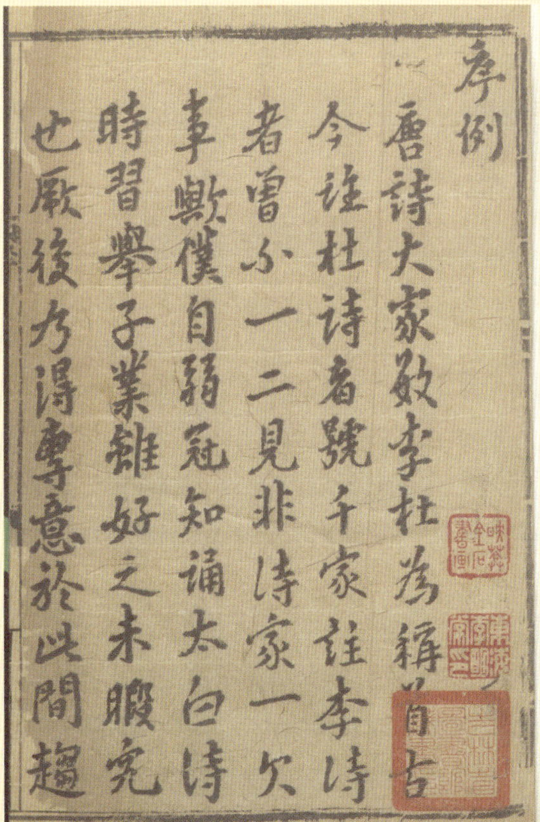
序例
唐詩大家數李杜為稱首古
今註杜詩者號千家註李詩
者曾不一二見非詩家一欠
事歟僕自弱冠知誦太白詩
時習舉子業雖好之未暇究
也厥後乃得專意於此間趨

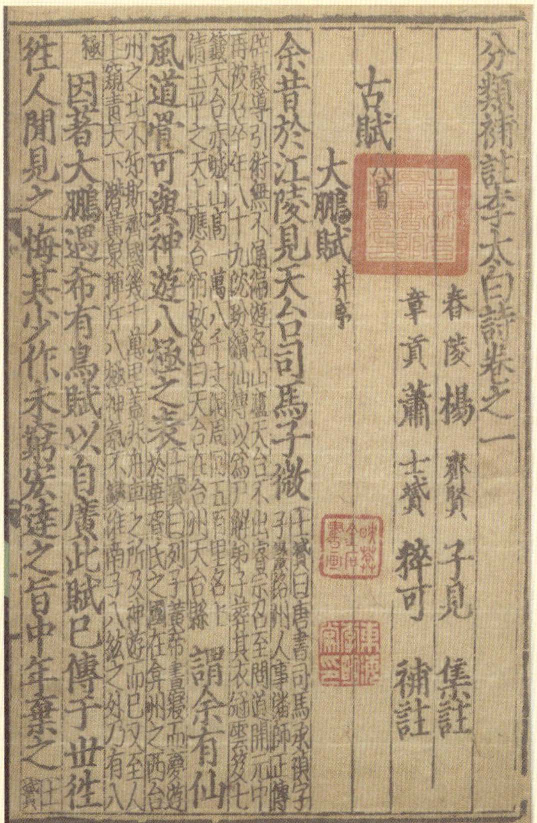
分類補註李太白詩卷之一
舂陵楊齊賢子見集註
章貢蕭士贇粹可補註
古賦
大鵬賦并序
余昔於江陵見天台司馬子微……謂余有仙
風道骨可與神遊八極之表……
因著大鵬遇希有鳥賦以自廣此賦已傳于世往
往人間見之悔其少作未窮宏達之旨中年棄之

勉斋先生黄文肃公文集四十卷

（宋）黄榦撰　语录一卷（宋）林圆　蔡念成等辑　年谱一卷（宋）郑元肃撰　附集一卷　元刻延祐二年（1315）重修本（卷三十六至四十抄配）存四十卷（文集四十卷）吉林省图书馆

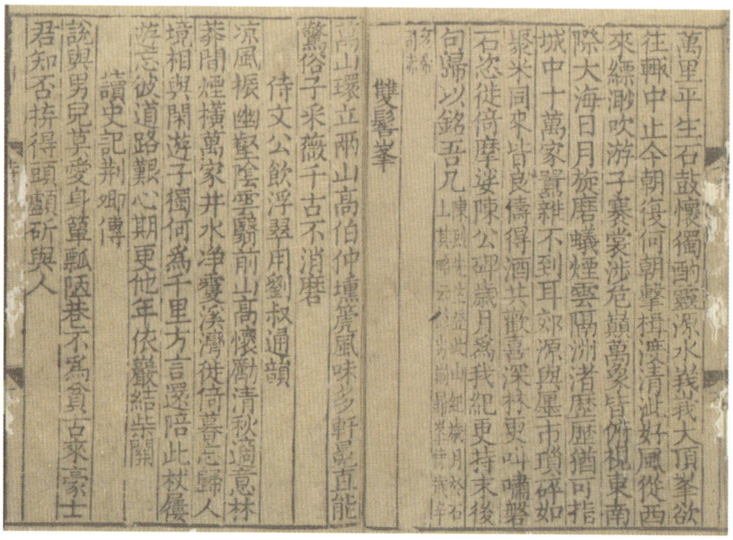
萬里平生石鼓懷獨酌靈源水峩峩大頂峯欲
往輙中止今朝復何朝擊楫渡清泚好風從西
來縹渺吹游子褰裳涉危巔萬象皆俯視東南
際大海日月旋磨蟻煙雲隔洲渚歷歷猶可指
城中十萬家囂雜不到耳郊源與屋市瑣碎如
聚米同來皆良儔得酒共歡喜深林更叫嘯磐
石恣徙倚摩娑陳公碑歲月為我紀更持末後
句歸以銘吾几

雙髻峯

高山環立兩山高伯仲壎箎風味多軒冕直能
驚俗子采薇千古不消磨

侍文公飲浮翠用劉叔通韻

涼風振幽壑陰雲翳前山高懷勵清秋適意林
莽間煙橫萬家井水淨霽溪灣徙倚暮忘歸人
境相與閑遊子獨何為千里方言還陪此杖屨
遊忘彼道路艱心期更他年依巖結柴關

讀史記荆卿傳

說與男兒莫愛身簞瓢陋巷不為貧古來豪士
君知否捹得頭顱斫與人

黄榦，字直卿，号勉斋，黄瑀第四子，闽县（今福建闽侯）人。宋绍兴二十二年（1152）生。自幼聪颖，志趣广远。年十七，父殁。淳熙三年（1176）春，黄榦师从朱熹，得朱熹赏识。曾任江西临川县令、临江军新淦县令、安徽安丰军通判等职。著有《周易系辞传解》《仪礼经传通解续》《孝经本旨》《论语注语问答通释》《勉斋先生讲义》《朱侍讲行状》《勉斋诗钞》《黄勉斋先生文集》《晦庵先生语续录》《勉斋集》等。庆元六年（1200）朱熹病重，将所著书托付给黄榦。

宋椠各本后皆失传，今以元刊四十卷本为最古。此本仅有文集四十卷，为元刻延祐二年（1315）重修本，其中卷三十六至四十为抄配。

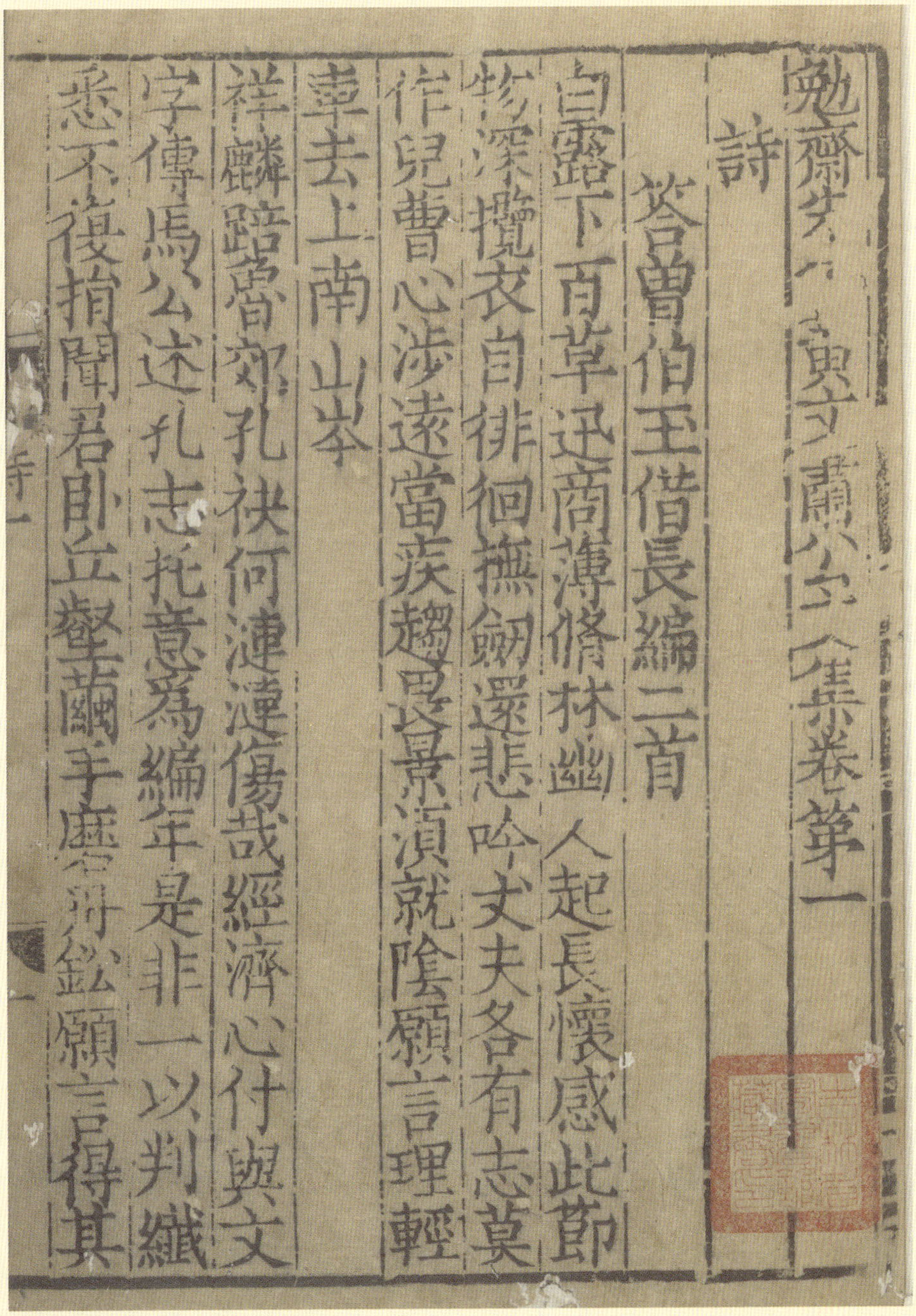

勉齋先生黃文肅公文集卷第一

詩

答曾伯玉借長編二首

白露下百草迅商薄脩林幽人起長懷感此節物深攬衣自徘徊撫劍還悲吟丈夫各有志莫作兒曹心涉遠當疾趨登高須就陰願言理輕車去上南山岑

祥麟踣魯郊孔袂何漣漣傷哉經濟心付與文字傳馬公述孔志托意爲編年是非一以判纖悉不復捐聞君卧丘壑繭手磨丹鉛願言得其

詩一　一

《国家珍贵古籍名录》编号：07224

国朝文类七十卷目录三卷

（元）苏天爵辑　元翠岩精舍刻本（有清康熙时抄配）存四十八卷（一至十、十四至三十、三十七至四十、四十五至四十八、五十二至六十四）吉林省图书馆

苏天爵（1294—1352），字伯修，号滋溪先生，真定（今河北正定县）人，元代文学家、史学家。苏天爵“少从安熙学，为国子学生，又从吴澄、虞集受业”，交游师友皆为元代著名学者。延祐四年（1317），以国子学生公试第一，“授从仕郎、大都路蓟州判官”，入仕后曾“三为史职，在职八年”，官至江浙行省参知政事。

《国朝文类》又称《元文类》，是苏天爵精心编纂的一部元朝诗文选集，共收窝阔台时期至元仁宗时期约八十年间名家诗文八百一十五篇，“乃蒐摭国初至今名人所作，……皆类而聚之，积二十年，凡得若干首，为七十卷，名曰国朝文类”，按文体分为赋、骚体、诗等四十三类。《国朝文类》保存了众多的元代重要史料，可补元史之不足。

《国朝文类》最早刊本为元至正二年（1342）西湖书院刊本，馆藏此本为元翠岩精舍刻本。

钤：王懿荣、果亲王府图书记、燕誉堂藏书记、牧翁蒙叟、福山王氏正孺藏书。

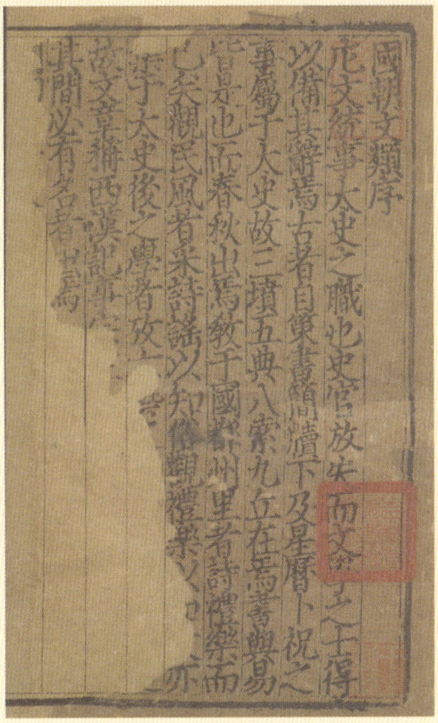

《国家珍贵古籍名录》编号：07242

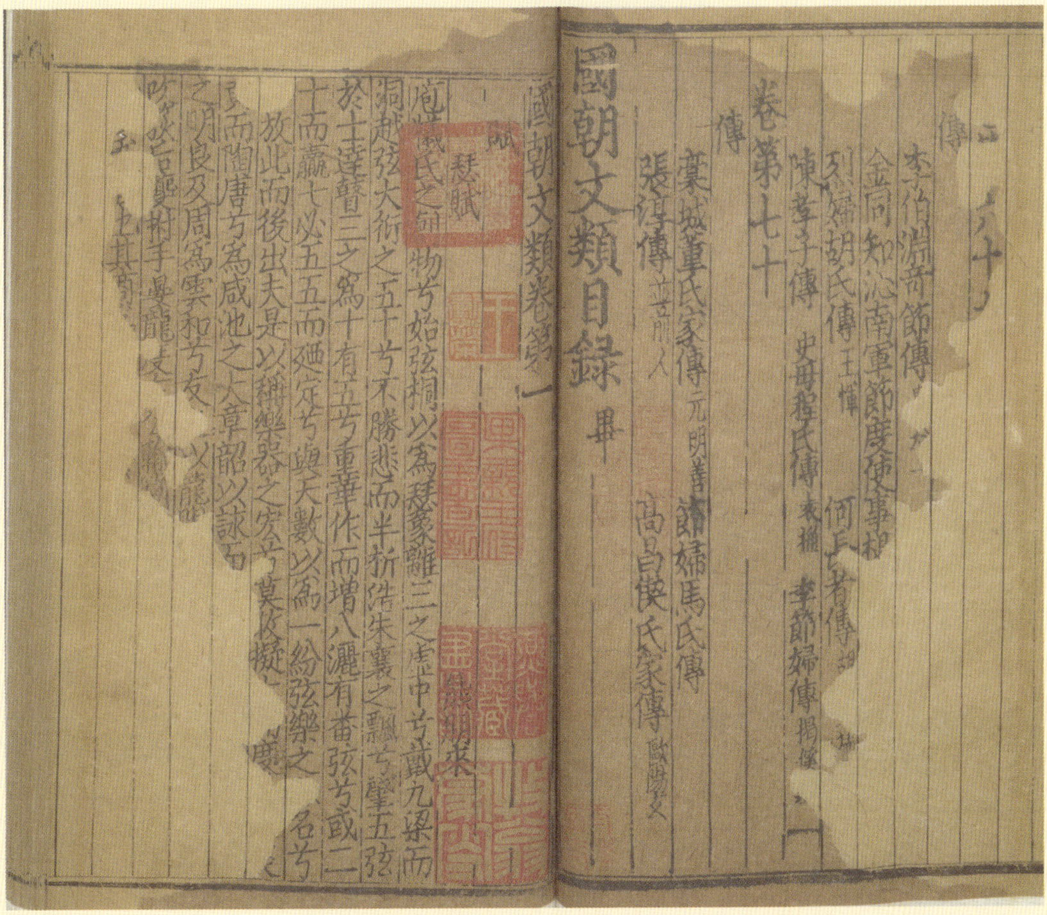

隋书八十五卷

（唐）魏征等撰 元刻明递修本 吉林省图书馆

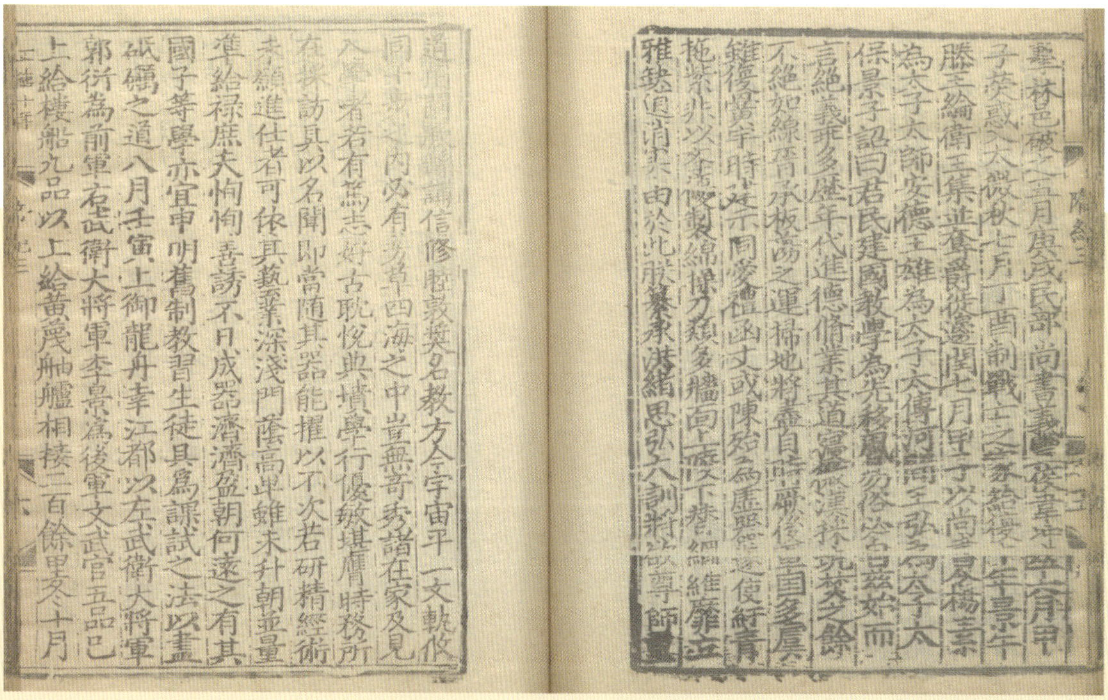
擊林邑破之五月庚戌民部尚書義豐侯韋沖卒六月甲
子熒惑入太微秋七月丁酉制戰亡之家給復十年景午
滕王綸衛王集並奪爵徙邊閏七月甲子以尚書令楊素
為太子太師安德王雄為太子太傅河間王弘為太子太
保景子詔曰君民建國教學為先移風易俗必自茲始而
言絕義乖多歷年代進德修業其道寖微漢採坑焚之餘
不絕如線晉承板蕩之運掃地將盡自時厥後軍國多虞
雖復黌宇時建示同愛禮函丈或陳殆為虛器遂使紆青
拖紫非以學優製錦操刀類多牆面上陵下替綱維靡立
雅缺道消實由於此朕纂承洪緒思弘大訓將欲尊師重
道用闡厥繁講信修睦敦獎名教方今宇宙平一文軌攸
同十步之內必有芳草四海之中豈無奇秀諸在家及見
入學者若有篤志好古耽悅典墳學行優敏堪膺時務所
在採訪具以名聞即當隨其器能擢以不次若研精經術
未願進仕者可依其藝業深淺門蔭高卑雖未升朝並量
準給祿庶夫恂恂善誘不日成器濟濟盈朝何遠之有其
國子等學亦宜申明舊制教習生徒具為課試之法以盡
砥礪之道八月壬寅上御龍舟幸江都以左武衛大將軍
郭衍為前軍右武衛大將軍李景為後軍文武官五品已
上給樓船九品以上給黃篾舳艫相接二百餘里冬十月

《隋书》纪传体史书，魏征等人共同编撰。记录了隋文帝开皇元年（581）至隋恭帝义宁二年（618）共三十八年历史。保存了南北朝以来大量的典章制度，为后人研究唐代以前政治、经济、文化制度保留了丰富的资料。其中《经籍志》是继《汉书·艺文志》后对我国古代书籍和学术史进行的重要总结，对于研究这几百年尤其是三国两晋南北朝时期文献的存亡、学术的流变、文化的发展，具有极其重要的作用。它将各类书籍标出经、史、子、集四大类，为以后四部图书分类奠定了基础，是对中国文化的重要贡献，为后世所沿用。

此书为元刻明递修本，书封面上有“潞河张氏藏武进陶湘蜀检”。陶湘（1871—1940），字兰泉，号涉园。江苏武进人，民国著名藏书家、刻书家。

《国家珍贵古籍名录》编号：11440

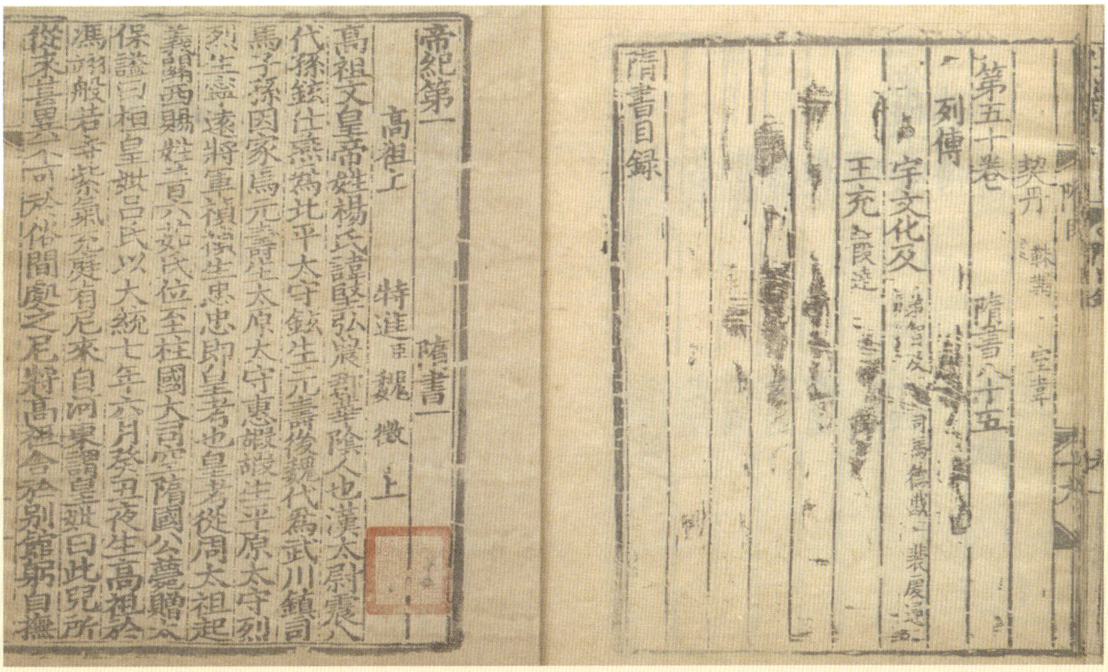

玉海二百卷

（宋）王应麟撰 元后至元六年（1340）庆元路儒学刻元明递修本 东北师范大学图书馆

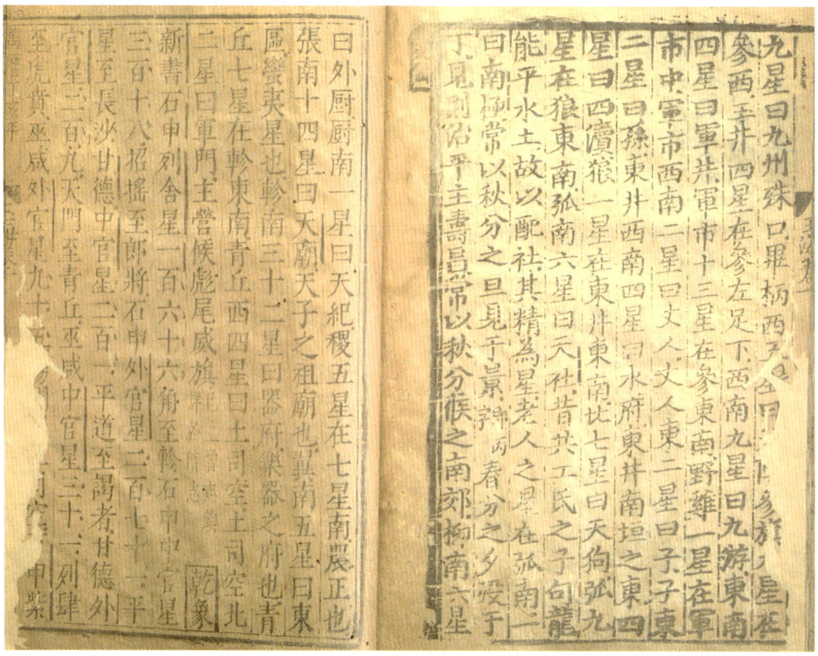

王应麟（1223—1296），字伯厚，号深宁居士，又号厚斋。庆元府鄞县（今属浙江宁波）人。南宋理宗淳祐元年（1241）进士。历官太常寺主簿、台州通判、徽州知州、礼部尚书兼给事中等职。南宋著名的学者、教育家、政治家。博学多闻，长于考证。一生著作甚丰，有《困学纪闻》《玉海》《诗考》《诗地理考》《汉艺文志考证》《玉堂类稿》《深宁集》等。

《玉海》是一部大型类书，分门记事，分为天文、律宪、地理、帝学、圣制、艺文、诏令、礼仪、车服、器用、郊祀、音乐、学校、选举、官制、兵制、朝贡、宫室、食货、兵捷、祥瑞等二十一门。卷末附有《辞学指南》《诗考》《诗地理考》等十三种。《玉海》为元庆元路儒学刻本，后经元递修，明南京国子监正德、嘉靖、万历递修刷印。

东北师范大学图书馆所藏前人分装八十册，十二函。为该馆第一部入选《国家珍贵古籍名录》的珍籍。钤有“曾在林勿村处”朱记。林鸿年（1804—1886），字勿村，侯官（今福州）人。清道光状元，授翰林院修撰。历官国史馆协修、文渊阁校理、方略馆纂修、广东琼州（今海南省）知府、云南巡抚等职。有《松风山馆诗抄》传世。

钤：曾在林勿村处。

《国家珍贵古籍名录》编号：00821

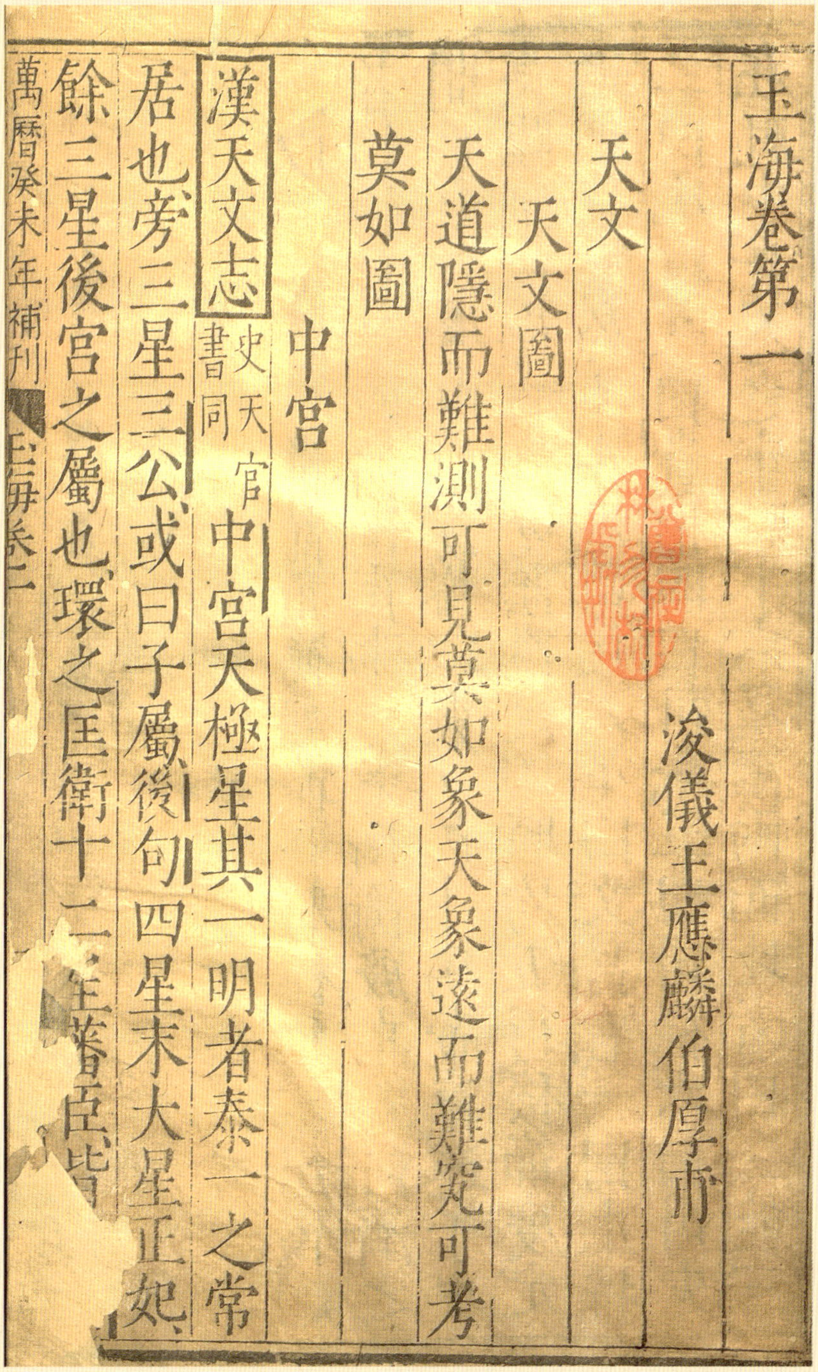
玉海卷第一

浚儀王應麟伯厚甫

天文

天文圖

天道隱而難測可見莫如象天象遠而難究可考莫如圖

中宮

漢天文志（史天官書同）中宮天極星其一明者泰一之常居也旁三星三公或曰子屬後句四星末大星正妃餘三星後宮之屬也環之匡衛十二星藩臣皆

萬曆癸未年補刊　玉海卷一

资治通鉴二百九十四卷

（宋）司马光撰（元）胡三省音注 元刻明弘治正德嘉靖递修本 东北师范大学图书馆

司马光（1019—1086），字君实，号迂叟。陕州夏县（今属山西）涑水乡人，世称涑水先生。北宋时期的政治家、史学家、文学家。宋仁宗宝元元年（1038）进士。历仕仁宗、英宗、神宗、哲宗四朝，卒赠太师、温国公，谥文正。历任龙图阁直学士、资政殿学士、尚书左仆射兼门下侍郎等职。著有《司马文正公集》《资治通鉴》《稽古录》《涑水记闻》《潜虚》等。

《资治通鉴》为中国第一部编年体通史，主要以时间为纲，事件为目，纲举目张。记载上起周威烈王二十三年（前403），下迄五代后周世宗显德六年（959），凡十六个朝代一千三百六十二年的历史，成书于元丰七年（1084），历经十九年。宋神宗以其书"有鉴于往事，以资于治道"，赐名《资治通鉴》，并亲为撰序。

胡三省（1230—1302），字身之。台州宁海（今浙江宁海）人。南宋理宗宝祐四年（1256）进士。历任县令、府学教授等职。后隐居不仕。自宝祐四年（1256）始撰《资治通鉴广注》九十七卷，论十篇。临安（今浙江杭州）失陷后，手稿在流亡途中散失。宋亡后，重新撰写。元世祖至元二十二年（1285）完成《资治通鉴音注》二百九十四卷及《释文辩误》十二卷，对《通鉴》做校勘、考证、解释，是最有影响的《资治通鉴》注本。

《资治通鉴》版本很多，残稿藏于国家图书馆。自宋迄清，代有刻本。此为元刻明南京国子监递修本，书品较好，有"永清朱玖聃藏书记""朱柽之印"等钤记。朱柽之（1859—1913），字淹颂，号九丹，一号玖聃，直隶永清（今属河北）人。富收藏。

钤："永清朱玖聃藏书记""朱柽之印"。

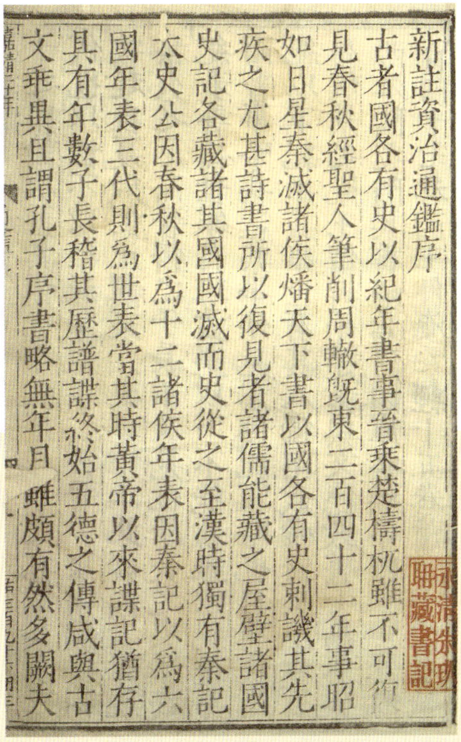
新註資治通鑑序
古者國各有史以紀年書事晉乘楚檮杌雖不可復
見春秋經聖人筆削周轍既東二百四十二年事昭
如日星秦滅諸侯燔天下書以國各有史刺譏其先
疾之尤甚詩書所以復見者諸儒能藏之屋壁諸國
史記各藏諸其國國滅而史從之至漢時獨有秦記
太史公因春秋以爲十二諸侯年表因秦記以爲六
國年表三代則爲世表當其時黃帝以來諜記猶存
具有年數子長稽其歷譜諜終始五德之傳咸與古
文乖異且謂孔子序書略無年月雖頗有然多闕夫

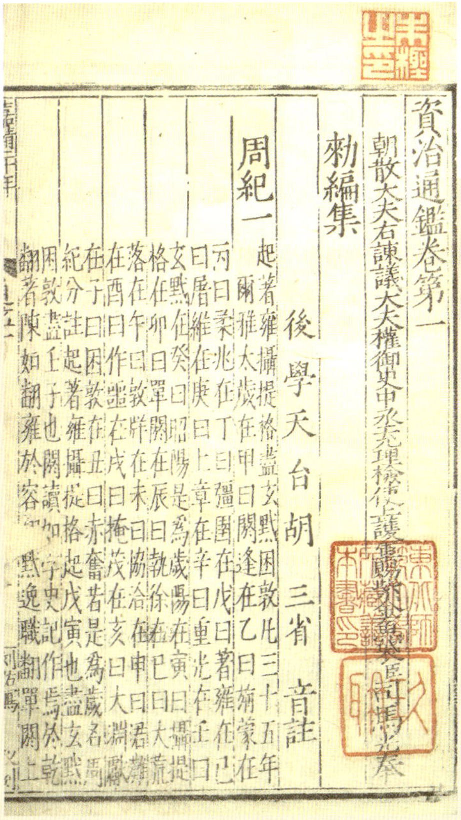
資治通鑑卷第一
朝散大夫右諫議大夫權御史中丞充理檢使上護軍賜紫金魚袋臣司馬光奉
勅編集
後學天台胡三省音註
周紀一
起著雍攝提格盡玄黓困敦凡三十五年
爾雅太歲在甲曰閼逢在乙曰旃蒙在丙曰柔兆在丁曰彊圉在戊曰著雍在己曰屠維在庚曰上章在辛曰重光在壬曰玄黓在癸曰昭陽是爲歲陽在寅曰攝提格在卯曰單閼在辰曰執徐在巳曰大荒落在午曰敦牂在未曰協洽在申曰涒灘在酉曰作噩在戌曰掩茂在亥曰大淵獻在子曰困敦在丑曰赤奮若是爲歲名周紀分註起著雍攝提格起戊寅也盡玄黓困敦盡壬子也閼讀如字史記作焉烏乾翻著陳如翻雍於容翻[illegible]黓逸職翻單閼上[illegible]

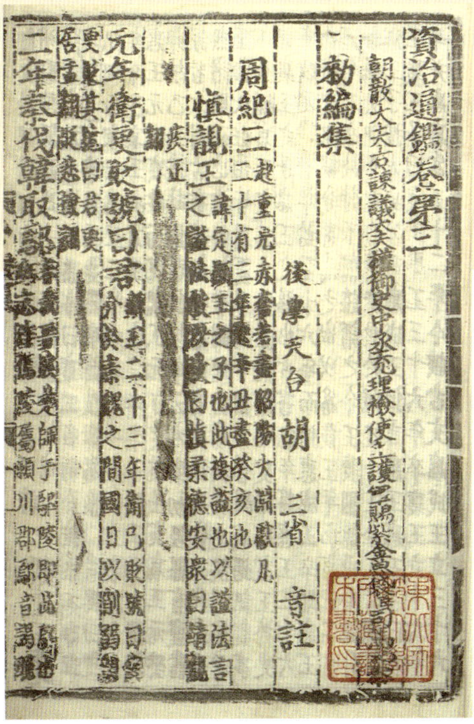
資治通鑑卷第三
朝散大夫右諫議大夫權御史中丞充理檢使上護軍賜紫金魚袋[illegible]
勅編集
後學天台胡三省音註
周紀三
起重光赤奮若盡昭陽大淵獻凡二十三年
慎靚王 諱定顯王之子也[illegible]
元年 衛更貶號曰君[illegible]
二年 秦伐韓取鄢[illegible]

《国家珍贵古籍名录》编号：07082

通鉴总类二十卷

（宋）沈枢辑 元至正二十三年（1363）吴郡庠刻本 存一卷（六）东北师范大学图书馆

沈枢，字持要，一作持正。绍兴十五年（1145）进士。初调彭泽丞，后得南宋高宗赏识，除监察御史。历官比部员外郎，以承议郎提点福建刑狱，除尚书考功郎中。迁福建转运使，累迁太子詹事、吏部侍郎。

《四库全书总目》称是书乃作者致仕之后所编，取材于司马光《资治通鉴》，仿《册府元龟》之例，内容分为二百七十一门，每门各以事迹标题，略依时代先后为次序，亦间采司马光议论附之。首刻于宋嘉定元年（1208），元至正时，浙江行省命郡庠重刻之，即此本。版式宽大，刻印精良，传世亦罕，不可多得。此外尚有明代嘉靖孙荣刻本及万历翻刻本传世。

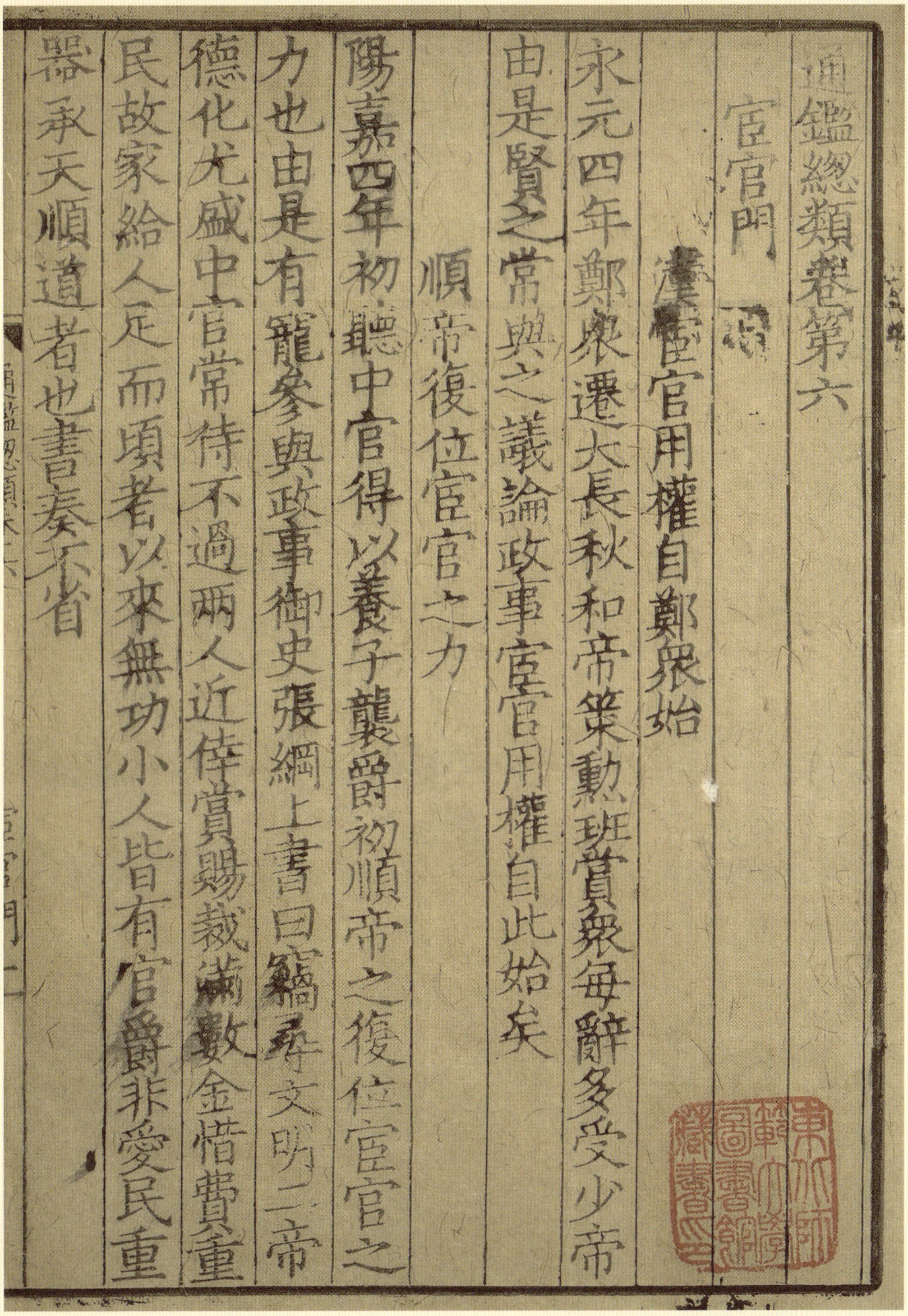
通鑑總類卷第六

宦官門

漢宦官用權自鄭衆始

永元四年鄭衆遷大長秋和帝策勳班賞衆每辭多受少帝由是賢之常與之議論政事宦官用權自此始矣

順帝復位宦官之力

陽嘉四年初聽中官得以養子襲爵初順帝之復位宦官之力也由是有寵參與政事御史張綱上書曰竊尋文明二帝德化尤盛中官常侍不過兩人近倖賞賜裁滿數金惜費重民故家給人足而頃者以來無功小人皆有官爵非愛民重器承天順道者也書奏不省

《国家珍贵古籍名录》编号：07107

新入诸儒议论杜氏通典详节四十二卷

元刻明修本 存三卷（十八至二十） 东北师范大学图书馆

该书撰者不详。根据所列引用诸儒姓氏，止于吕祖谦、陈传良、叶适三人，皆注有文集见行，则南宋人所为也。删杜佑《通典》八门中“兵制”一门，于“礼制”门又删其丧服之制，故名“详节”。每卷卷首题“新入诸儒议论杜氏通典详节”，卷十九、二十尾题“增入诸儒议论杜氏通典详节”。此书有宋绍熙五年（1194）择善堂刻本，藏国家图书馆，元至元三十年（1293）刻本，藏北京大学图书馆。

本馆所藏本为元刻小字本，传世甚少。虽为残卷，亦弥足珍贵。入选《国家珍贵古籍名录》，并参加第三次国家珍贵古籍特展，特展图录《楮墨芸香》收录。

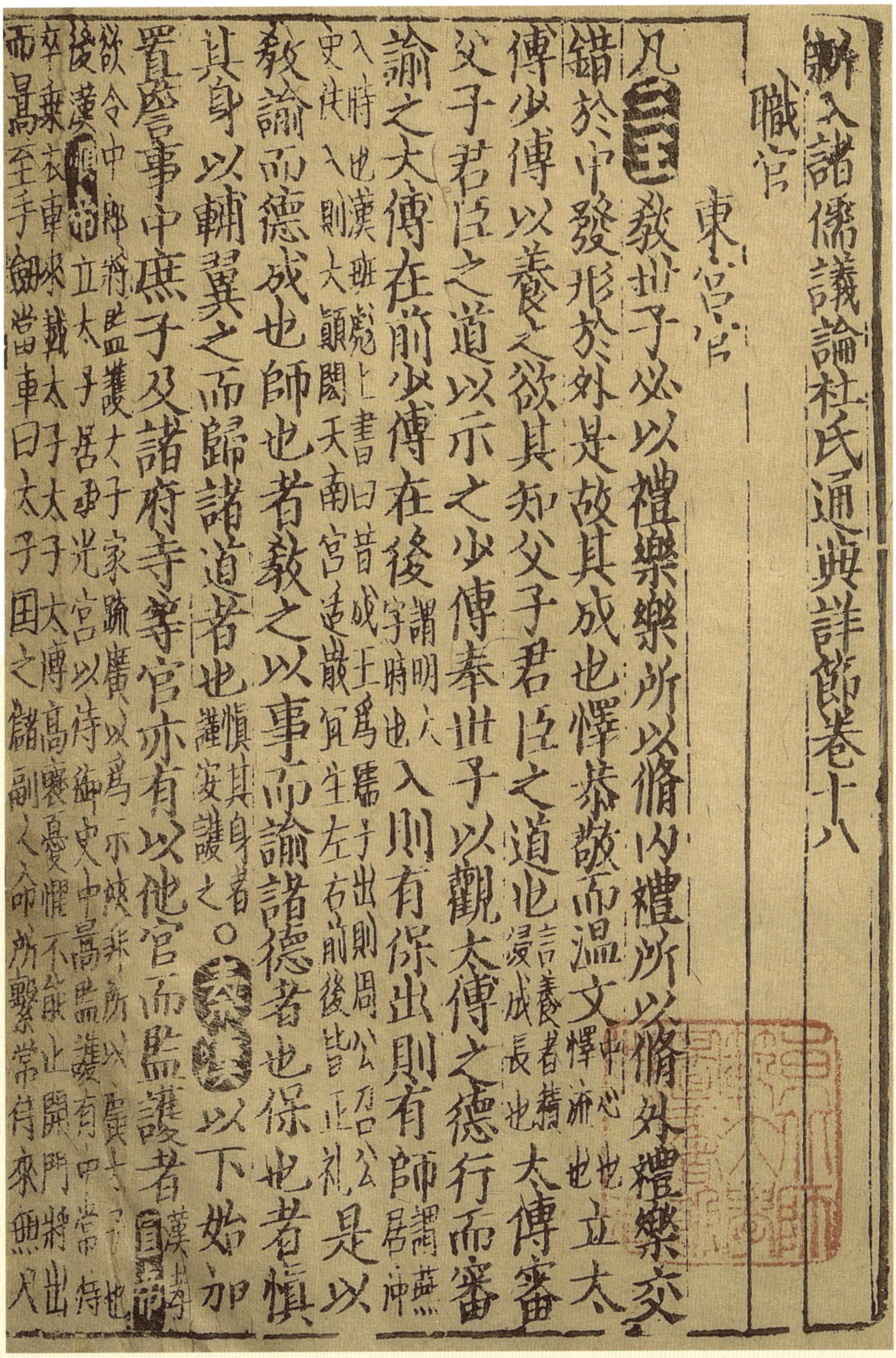
新入諸儒議論杜氏通典詳節卷十八

職官

東宮官

凡三王教世子必以禮樂樂所以脩內禮所以脩外禮樂交錯於中發形於外是故其成也懌恭敬而溫文中心也懌亦也立太傅少傅以養之欲其知父子君臣之道也言養者積浸成長也太傅審父子君臣之道以示之少傅奉世子以觀太傅之德行而審諭之大傅在前少傅在後謂明六字時也入則有保出則有師謂燕居沖入時也漢班彪上書曰昔成王爲孺子出則周公召公史佚入則大顛閎夭南宮适散宜生左右前後比皆正禮是以教諭而德成也師也者教之以事而諭諸德者也保也者慎其身以輔翼之而歸諸道者也慎其身者謹安護之○秦漢以下始加置詹事中庶子及諸府寺等官亦有以他官而監護者漢宣帝時欲令中郎將監護太子家疏廣以爲不如非所以廣太子也後漢明帝立太子居承光宮以侍御史中高監護有中常侍卒乘衣車來載太子太子太傅高褒憂懼不敢止與門將出而過至手御當車曰太子國之儲副人命所繫常得來無入

《国家珍贵古籍名录》编号：07113

叁

明本

礼记集传十卷

（元）陈澔撰 明嘉靖九年（1530）湖广官刻本

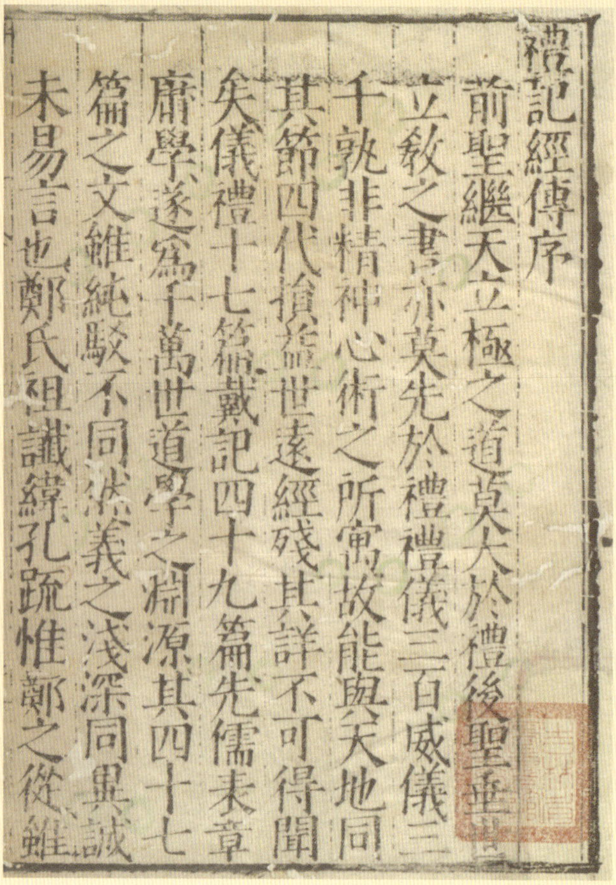

禮記經傳序

前聖繼天立極之道莫大於禮後聖垂立教之書亦莫先於禮禮儀三百威儀三千孰非精神心術之所寓故能與天地同其節四代損益世遠經殘其詳不可得聞矣儀禮十七篇戴記四十九篇先儒表章庸學遂爲千萬世道學之淵源其四十七篇之文雖純駁不同然義之淺深同異誠未易言也鄭氏祖讖緯孔疏惟鄭之從雖

陈澔，字可大，都昌陈大猷之子，人称云庄先生。陈氏一生博学好古，不求闻达，宋亡不仕，教授乡里。陈澔家学渊源深厚，其父师事朱熹之婿黄干弟子饶鲁，为朱熹三传弟子。入元不仕，著有《礼记集说》行于世，另有《夫子石刻象记》一文。

《礼记集说》是一部注疏解释五经之《礼记》的专门著作，是明清两代科举考试官方规定的教材之一。该书异称颇多，如《陈氏礼记集说》《礼记集传》《云庄礼记集说》等。

《礼记集说》的版本主要有十六卷本、三十卷本和十卷本。现存最早的刻本是元天历元年（1328）建安郑明德宅的十六卷初刻本。有清以来则十卷本最为流行，三十卷本次之。

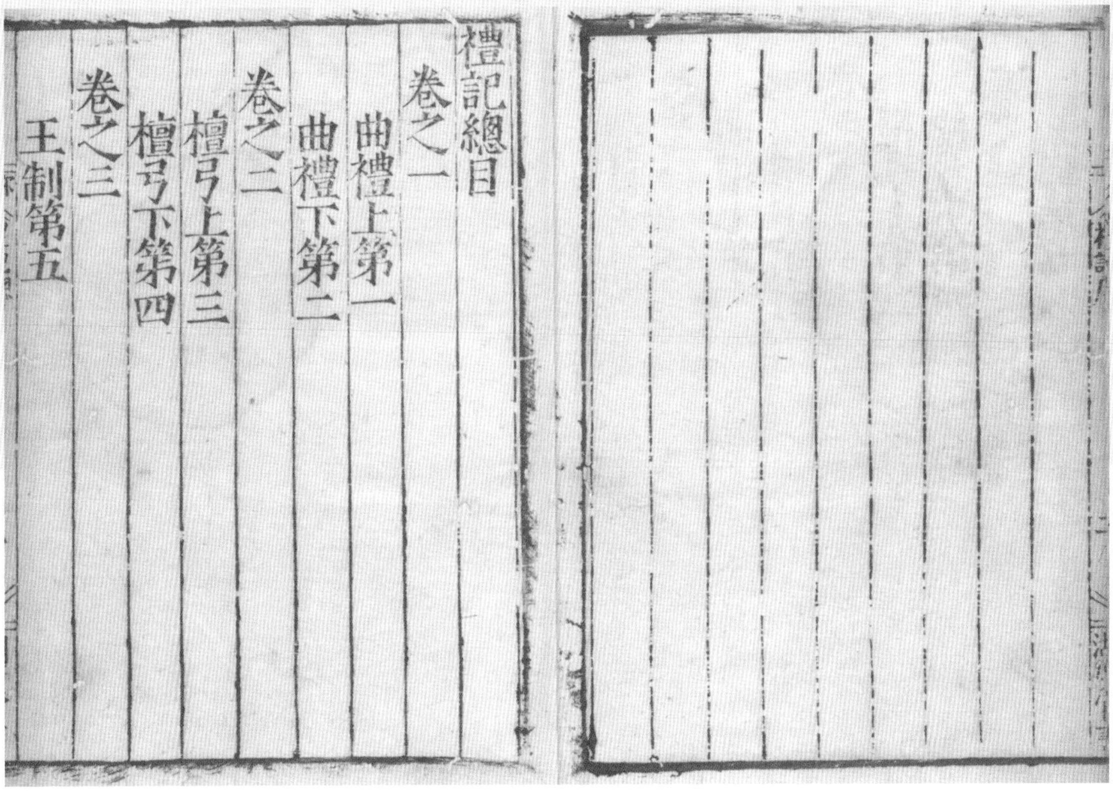

《国家珍贵古籍名录》编号：03311

春秋左传十五卷

（明）孙鑛批点 明万历四十四年（1616）闵齐伋刻朱墨套印本 吉林省图书馆

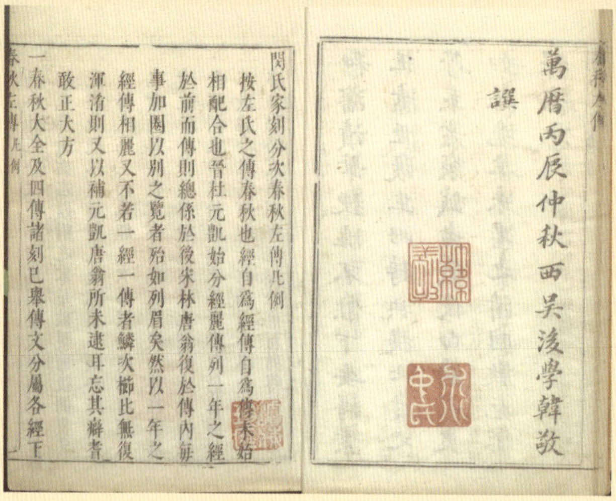

萬曆丙辰仲秋西吳後學韓敬 譔

閔氏家刻分次春秋左傳凡例

按左氏之傳春秋也經自爲經傳自爲傳未始相配合也晉杜元凱始分經麗傳列一年之經於前而傳則總係於後宋林唐翁復於傳內每事加圈以別之覽者殆如列眉矣然以一年之經傳相麗又不若一經一傳者鱗次櫛比無復渾淆則又以補元凱唐翁所未逮耳忘其僻者敢正大方

一春秋大全及四傳諸刻已裒傳文分屬各經下

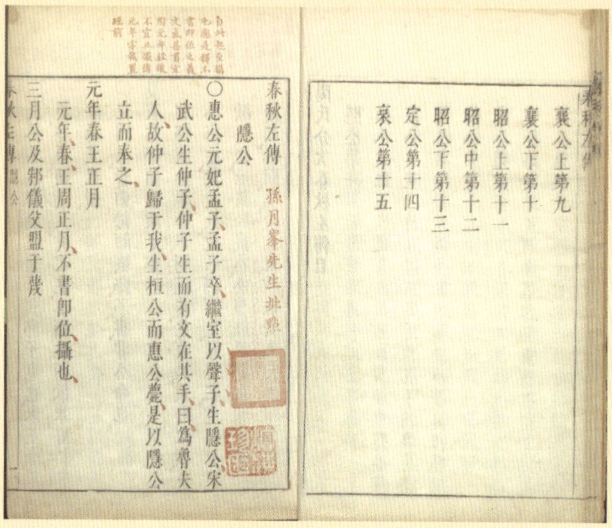

春秋左傳 孫月峯先生批點

隱公

○惠公元妃孟子孟子卒繼室以聲子生隱公宋武公生仲子仲子生而有文在其手曰爲魯夫人故仲子歸于我生桓公而惠公薨是以隱公立而奉之

元年春王正月

元年春王周正月不書即位攝也

三月公及邾儀父盟于蔑

襄公上第九

襄公下第十

昭公上第十一

昭公中第十二

昭公下第十三

定公第十四

哀公第十五

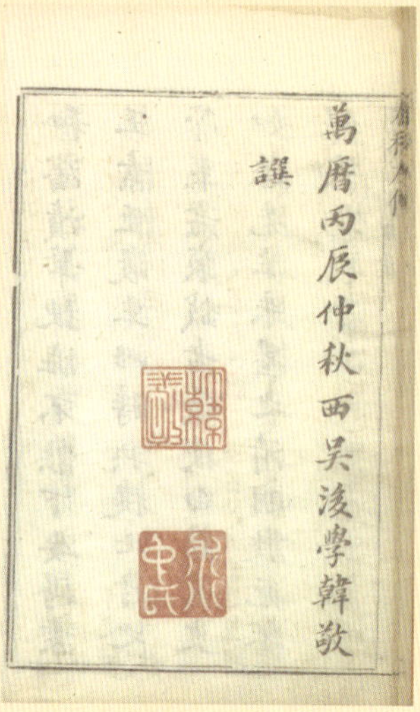

萬曆丙辰仲秋西吳後學韓敬 譔

孙鑛（1543—1613），字文融，号月峰。明余姚横河镇孙家境村（今浙江慈溪市）人。万历二年（1574）会试会元，授兵部主事。官至南京右都御史、兵部尚书。孙鑛评点作品五十多种，遍及经史子集，名重一时，其文学评点影响广泛。

孙鑛评点内容丰富，语言精练，评点、注释、考证相互结合，同时在评点中注重与其他典籍进行广泛的联系和比较，突出左传的艺术特点，是左传评点史上较有影响的著作。

馆藏此部孙鑛批点《春秋左传》，为明万历四十四年（1616）吴兴闵氏刻朱墨套印本，是现存最早的孙鑛《左传》批点刻本。

钤：淡泊宁静致远、好古堂图书记。

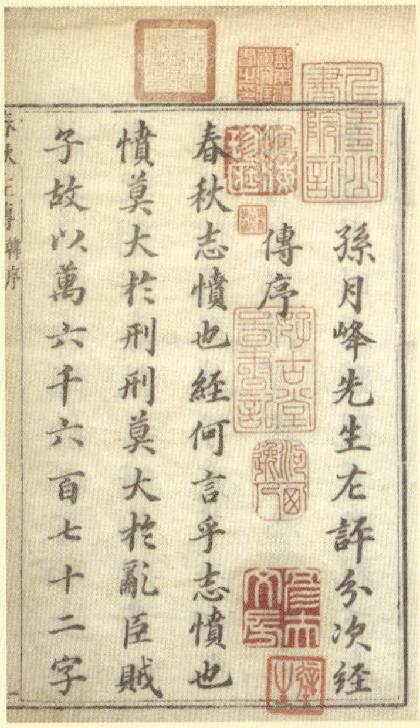
孫月峰先生左評分次經
傳序
春秋志憤也經何言乎志憤也
憤莫大於刑刑莫大於亂臣賊
子故以萬六千六百七十二字

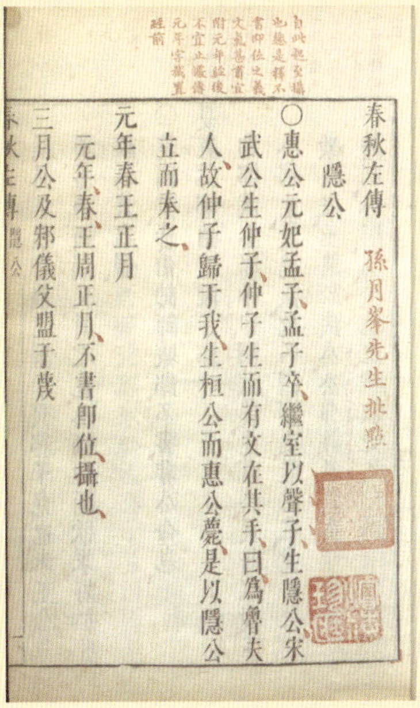
春秋左傳　孫月峯先生批點
隱公
〇惠公元妃孟子孟子卒繼室以聲子生隱公宋
武公生仲子仲子生而有文在其手曰為魯夫
人故仲子歸于我生桓公而惠公薨是以隱公
立而奉之
元年春王正月
元年春王周正月不書即位攝也
三月公及邾儀父盟于蔑

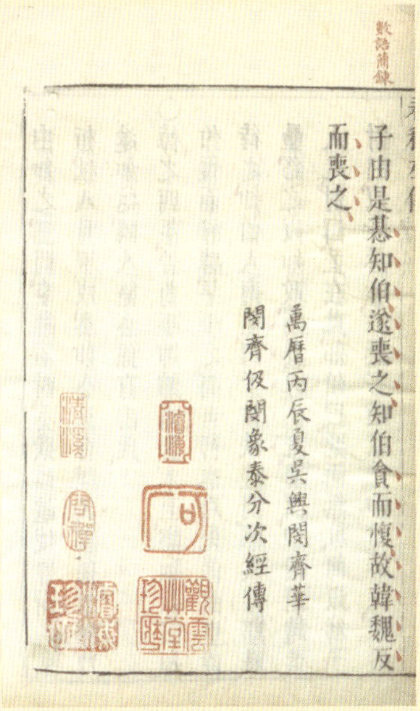
子由是悲知伯遂喪之知伯貪而愎故韓魏反
而喪之
萬曆丙辰夏吳興閔齊華
閔齊伋閔象泰分次經傳

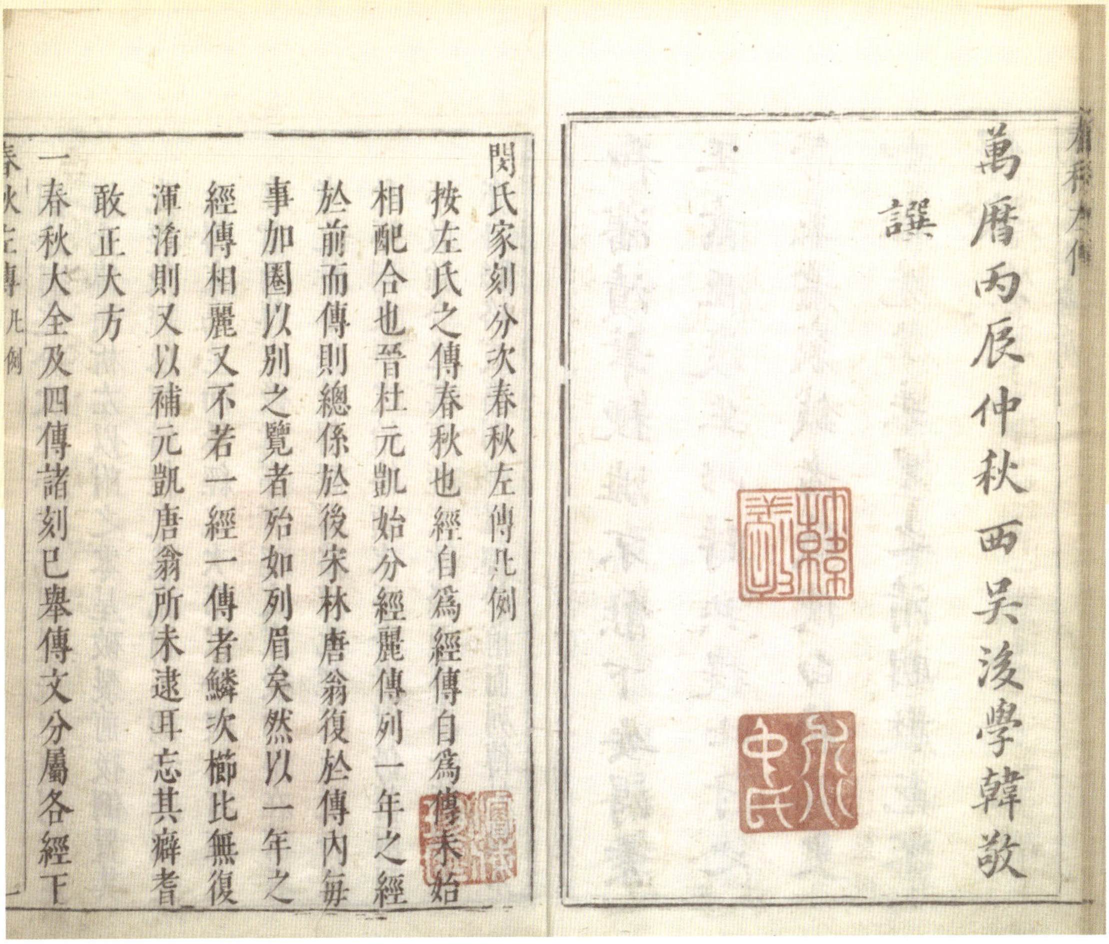
萬曆丙辰仲秋西吳後學韓敬
譔

閔氏家刻分次春秋左傳凡例
按左氏之傳春秋也經自為經傳自為傳未始
相配合也晉杜元凱始分經麗傳列一年之經
於前而傳則總係於後宋林唐翁復於傳內每
事加圈以別之覽者殆如列眉矣然以一年之
經傳相麗又不若一經一傳者鱗次櫛比無復
渾淆則又以補元凱唐翁所未逮耳忘其癖者
敢正大方
一春秋大全及四傳諸刻已舉傳文分屬各經下

《国家珍贵古籍名录》编号：03351

精选东莱先生左氏博议二卷

（宋）吕祖谦撰　明前期刻本　吉林省图书馆

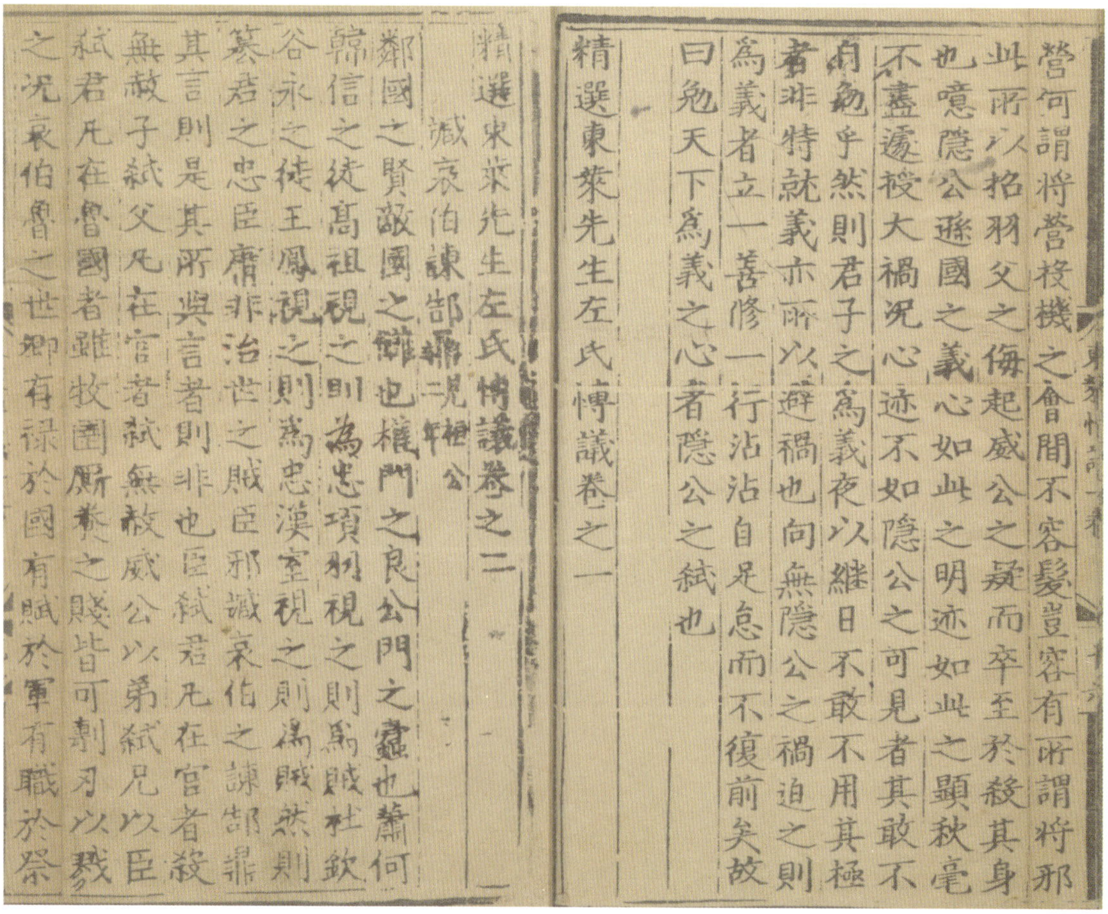

營何謂將營投機之會間不容髮豈容有所謂將那此所以招羽父之侮起威公之疑而卒至於殺其身也噫隱公遜國之義心如此之明迹如此之顯秋毫不盡遂被大禍況心迹不如隱公之可見者其敢不自勉乎然則君子之爲義夜以繼日不敢不用其極者非特就義亦所以避禍也向無隱公之禍迫之則爲義者立一善修一行沾沾自足怠而不復前矣故曰勉天下爲義之心者隱公之弒也

精選東萊先生左氏博議卷之一

精選東萊先生左氏博議卷之二

臧哀伯諫郜鼎　桓公

鄭國之賢敵國之讎也權門之良公門之蠹也蕭何韓信之徒高祖視之則爲忠項羽視之則爲賊杜欽谷永之徒王鳳視之則爲忠漢室視之則爲賊然則篡君之忠臣庸非治世之賊臣邪臧哀伯之諫郜鼎其言則是其所與言者則非也臣弒君凡在官者殺無赦子弒父凡在官者殺無赦威公以弟弒兄以臣弒君凡在魯國者雖牧圉厮養之賤皆可剸刃以戮之況哀伯魯之世卿有祿於國有賦於軍有職於祭

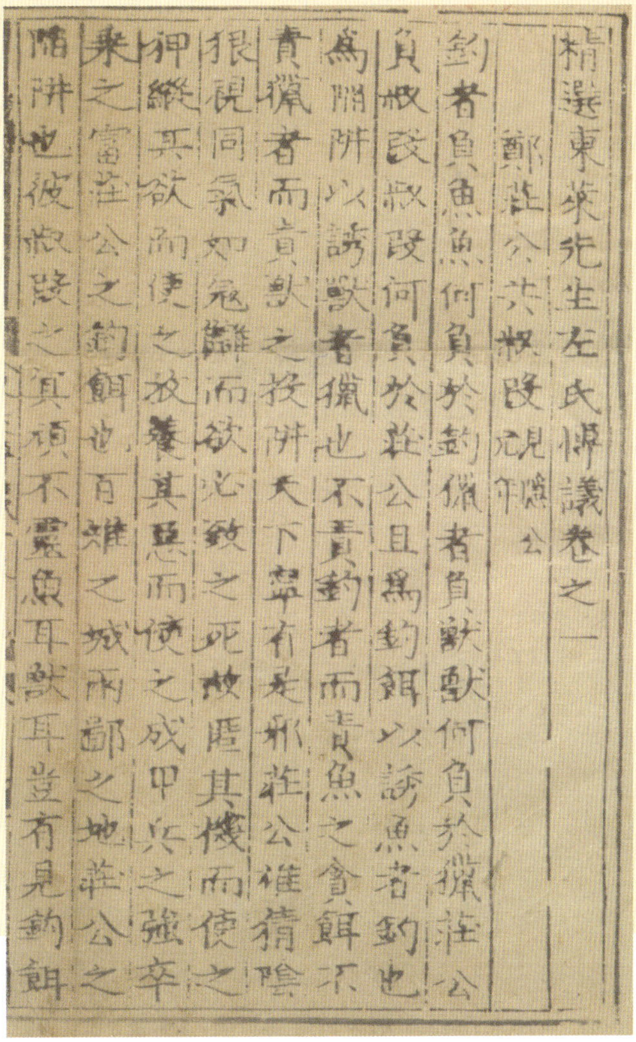
精選東萊先生左氏博議卷之一
鄭莊公共叔段 隱公元年
釣者負魚魚何負於釣獵者負獸獸何負於獵莊公
負叔段叔段何負於莊公且爲釣餌以誘魚者釣也
爲陷阱以誘獸者獵也不責釣者而責魚之貪餌不
責獵者而責獸之投阱天下寧有是邪莊公雄猜陰
狠視同氣如寇讎而欲必致之死故匿其機而使之
狎縱其欲而使之放養其惡而使之成甲兵之强卒
乘之富莊公之釣餌也百雉之城兩鄙之地莊公之
陷阱也彼叔段之冥頑不靈魚耳獸耳豈有見釣餌

《国家珍贵古籍名录》编号：03342

吕祖谦（1137—1181），字伯恭，世称“东莱先生”。婺州（今浙江金华）人，南宋著名理学家、文学家。初以荫补入官。隆兴元年（1163）登进士第，复中博学宏词科，调南外宗学教授。累官直秘阁、主管亳州明道宫。参与重修《徽宗实录》，编纂刊行《皇朝文鉴》。

开浙东学派之先声，创立“婺学”（又称“金华学派”），在理学发展史上占有重要地位。与朱熹、张栻并称“东南三贤”。著有《东莱集》《历代制度详说》《东莱博议》等，并与朱熹合著《近思录》。《左氏博议》的刊行之后，由于文字辩博宏律，对于文章写作多有裨益，因而不仅流行举子之间，在东亚文化圈也产生了较大影响。

《左氏博议》于乾道四年（1168）秋成书，后世流传卷帙多寡不一，其中十六卷本，即元刻精选删节本。书中“句解”，疑吕氏门人张成招标注。目前所能见到的最早的句解本刊刻于元代，明代有句解十六卷本、十二卷本、八卷本、四卷本等多种，根据版式特点，我馆所藏应属于明早期句解十六卷本的残本。

大学章句一卷或问一卷中庸章句一卷或问一卷
论语集注十卷孟子集注七卷

（宋）朱熹撰 明嘉靖吉澄刻本 吉林省图书馆

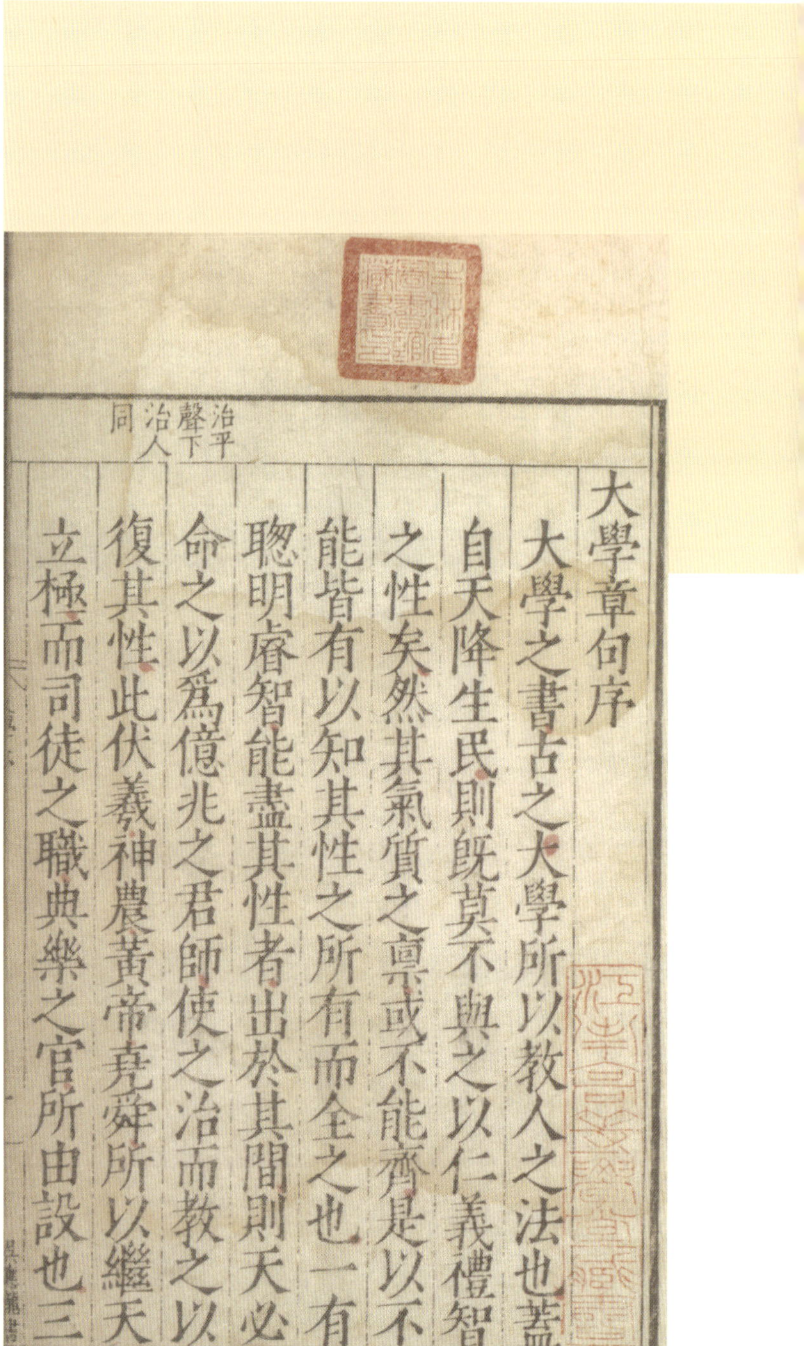

大學章句序

大學之書古之大學所以教人之法也蓋自天降生民則既莫不與之以仁義禮智之性矣然其氣質之禀或不能齊是以不能皆有以知其性之所有而全之也一有聰明睿智能盡其性者出於其間則天必命之以爲億兆之君師使之治而教之以復其性此伏羲神農黃帝堯舜所以繼天立極而司徒之職典樂之官所由設也三

治平聲下治人同

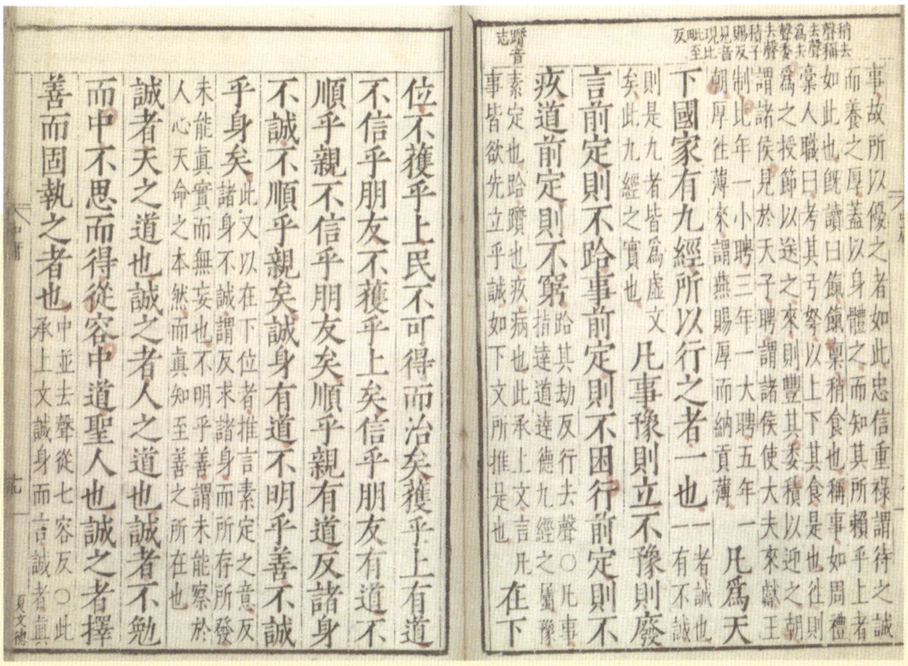

《国家珍贵古籍名录》编号：03381

朱熹（1130—1200），字元晦，又字仲晦，号晦庵，晚称晦翁。祖籍徽州府婺源县（今江西省婺源），出生于南剑州尤溪（今属福建省尤溪县）。宋朝著名的理学家、思想家、哲学家、教育家、诗人，闽学派的代表人物，儒学集大成者，世尊称为朱子。谥号文，世称朱文公。朱熹著述甚多，有《四书章句集注》《太极图说解》《通书解说》《周易读本》《楚辞集注》等。

两宋，程颐、程颢等人逐步将《大学》《中庸》与《论语》《孟子》相提并论。南宋绍熙元年（1190），朱熹首次将四种典籍汇集，以章句、集注的形式加以注解刊刻，后人将其称为《四书章句集注》，“四书”由此得名。朱熹注“四书”，不仅仅解释字词，而是通过训解“四书”阐述其理学思想。明清以后的科举制度，以《四书章句集注》作为题库和标准答案，此书不仅是朱熹的代表性著作之一，也是一部儒家理学的名著。

此为明嘉靖吉澄刻本，每书末皆有“巡按福建监察御史吉澄校刊”牌记。

吉澄，字静甫，号山泉，明嘉靖大名开州（今河南濮阳）人，明代刻书家。嘉靖二十三（1544）进士，历任洛南知县、累迁都御史、巡抚辽东，史称“开州八都”之一。

钤：江南高等学堂藏书。

四书集注大全四十三卷

（明）胡广等辑 明初内府刻本 吉林省图书馆

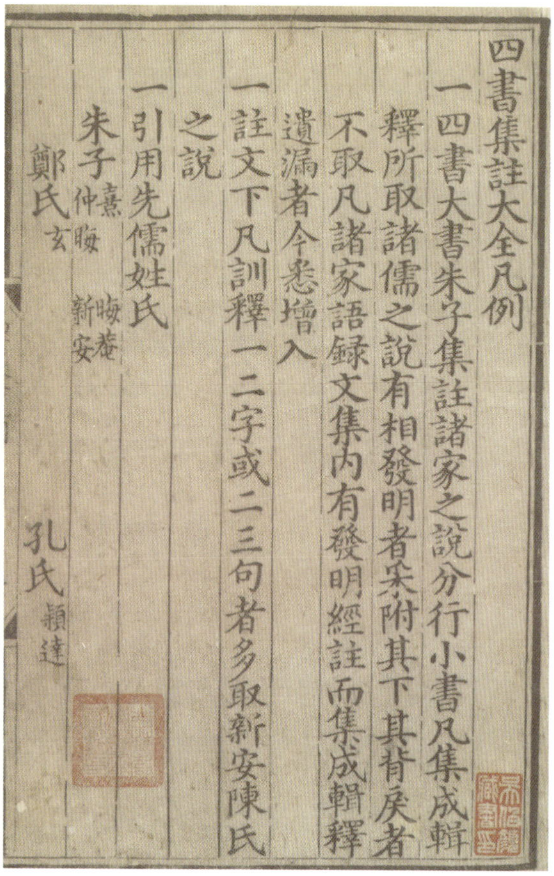
四書集註大全凡例

一四書大書朱子集註諸家之說分行小書凡集成輯釋所取諸儒之說有相發明者采附其下其背戾者不取凡諸家語錄文集內有發明經註而集成輯釋遺漏者今悉增入

一註文下凡訓釋一二字或二三句者多取新安陳氏之說

一引用先儒姓氏

朱子熹仲晦晦菴新安

鄭氏玄　孔氏穎達

胡广，字光大，江西吉水人。建文二年（1400）状元，永乐五年至十六年（1407—1418）任内阁首辅。父子祺，洪武年间历任广西按察佥事、彭州知府、延平知府等职，政绩斐然。靖难之后，胡广与同乡好友解缙一同降朱棣，擢侍讲，改侍读，迁右春坊右庶子。

《四书集注大全》又名《四书大全》，由翰林学士胡广、侍讲杨荣、金幼孜等奉敕撰修。永乐十三年（1415），明成祖御制序文，命礼部将其与同时纂成的《五经大全》《性理大全》刊行天下，作为朝廷取士之制。

《四书集注大全》对《四书》学发展的影响是多方面的，突出表现在明清讲章之学和以王阳明为代表的“新《四书》学”的勃兴。在将朱子学由宋至明的链条接续起来的同时，对文献编纂学产生了重大影响。

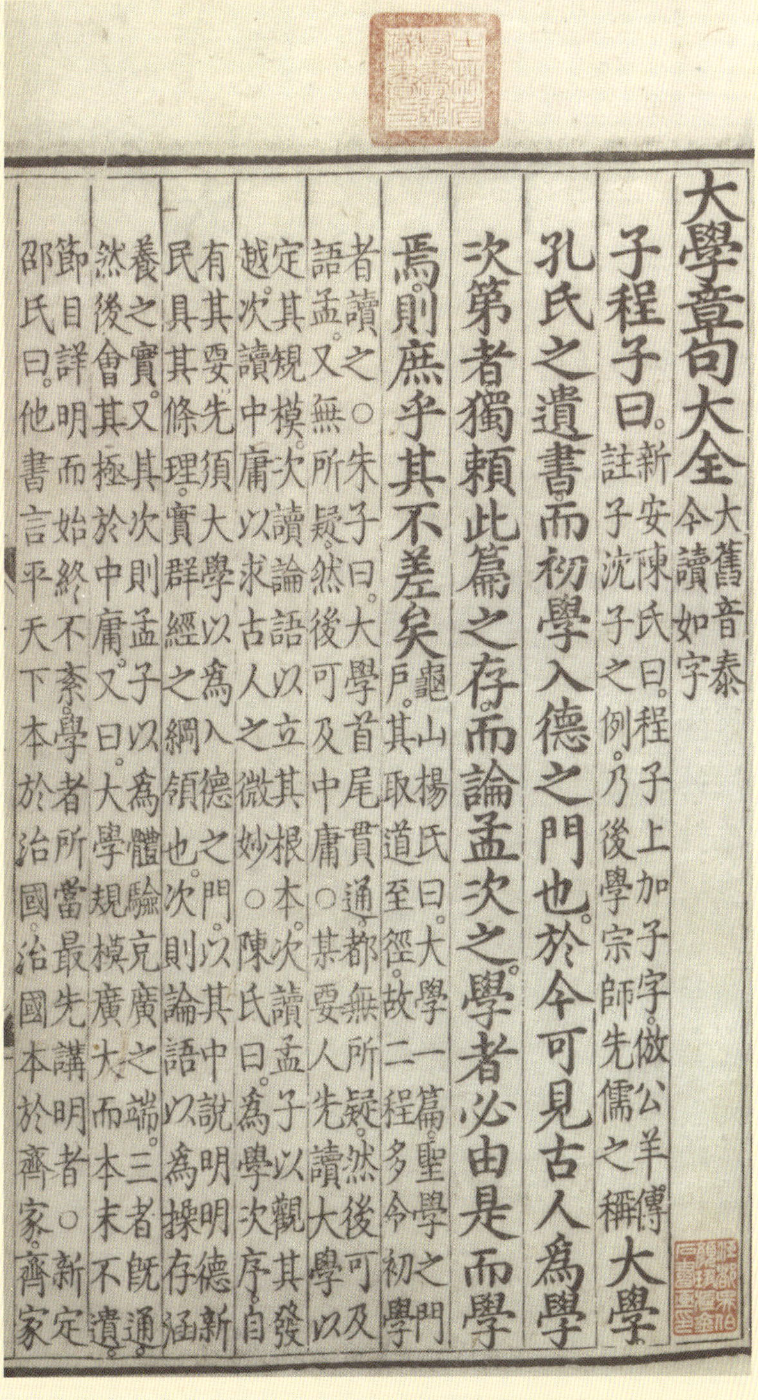

大學章句大全大舊音泰今讀如字

子程子曰。新安陳氏曰。程子上加子字。倣公羊傳註子沈子之例。乃後學宗師先儒之稱大學孔氏之遺書而初學入德之門也。於今可見古人為學次第者獨賴此篇之存而論孟次之學者必由是而學焉則庶乎其不差矣龜山楊氏曰。大學一篇聖學之門戶。其取道至徑。故二程多令初學者讀之。○朱子曰。大學首尾貫通都無所疑。然後可及語孟。又無所疑。然後可及中庸。○某要人先讀大學以定其規模。次讀論語以立其根本。次讀孟子以觀其發越。次讀中庸以求古人之微妙。○陳氏曰。為學次序自有其要。先須大學以為入德之門。以其中說明明德新民具其條理。實群經之綱領也。次則論語以為操存涵養之實。又其次則孟子以為體驗充廣之端。三者既通。然後會其極於中庸。又曰。大學規模廣大而本末不遺。節目詳明而始終不紊。學者所當最先講明者。○新定邵氏曰。他書言平天下本於治國。治國本於齊家。齊家

《国家珍贵古籍名录》编号：03388

四书人物考四十卷

（明）薛应旗辑　明嘉靖三十七年（1558）刻本　吉林省图书馆

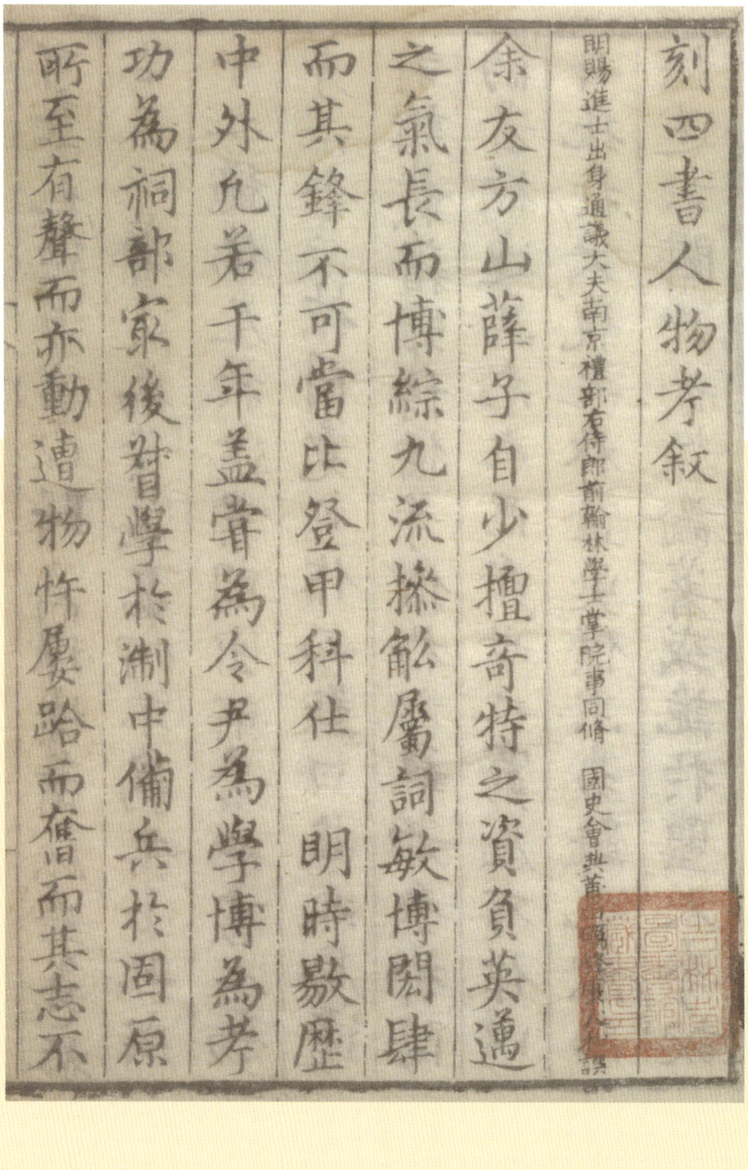

刻四書人物考叙

明賜進士出身通議大夫南京禮部右侍郎前翰林學士掌院事同脩　國史會典莆……撰

余友方山薛子自少擅奇特之資負英邁之氣長而博綜九流摛觚屬詞敏博閎肆而其鋒不可當比登甲科仕　明時數歷中外凡若干年蓋嘗為令尹為學博為考功為祠部家後督學於浙中備兵於固原所至有聲而亦動遭物忤屢踣而奮而其志不

薛应旂，字仲常，武进人。明代著名理学家，属王学南中学派传人。明嘉靖十四年（1535）进士。官至陕西按察司副使。同时也是明代重要的史学家。著有《宋元资治通鉴》《宪章录》《甲子会记》《考亭渊源录》《浙江通志》《皇明人物考》《隐逸传》《高士传》等。

《四库全书总目提要》称该书对《四书》所载人物，均援引诸书，详加考证其事迹。分《纪》三卷、《传》三十七卷，各卷系以论藏，中间采用杂说，而不著出处。间有附注，明代儒生，以时文为重，而时文又以《四书》为重，遂有此类诸书产生。其例为仿宋王当《春秋臣传》之体，可供稽考。

馆藏该本据序末题“嘉靖丁巳秋八月既望”定为嘉靖三十七年刻本。

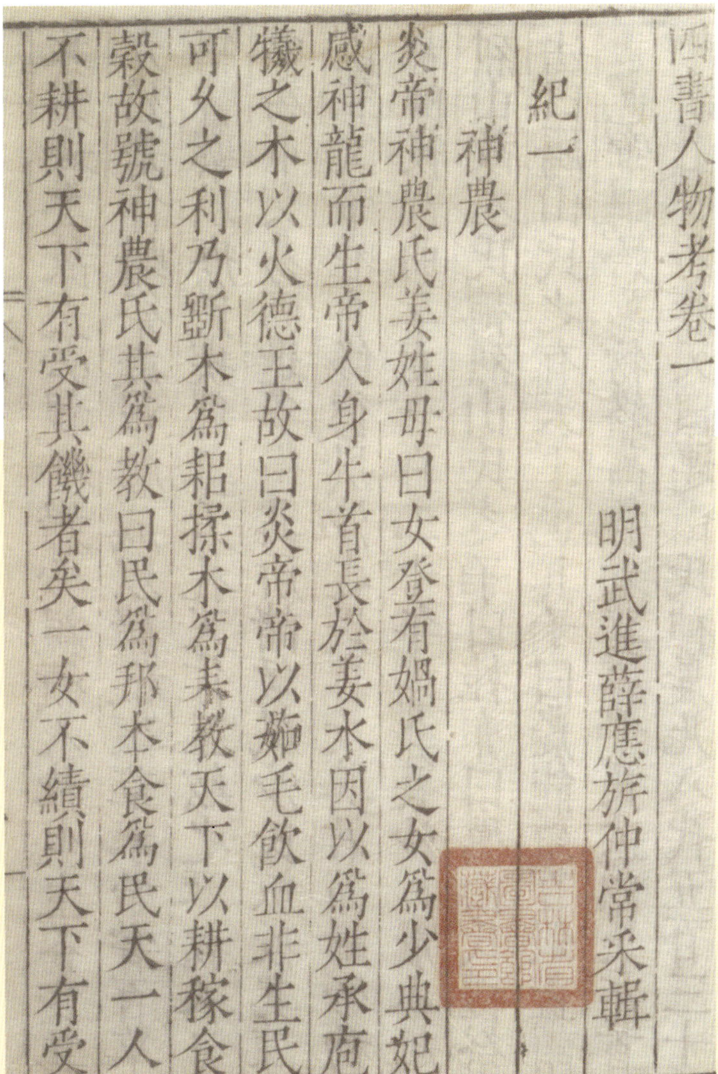

四書人物考卷一

明武進薛應旂仲常釆輯

紀一

神農

炎帝神農氏姜姓母曰女登有媧氏之女爲少典妃感神龍而生帝人身牛首長於姜水因以爲姓承庖犧之木以火德王故曰炎帝帝以茹毛飲血非生民可久之利乃斲木爲耜揉木爲耒教天下以耕稼食穀故號神農氏其爲教曰民爲邦本食爲民天一人不耕則天下有受其饑者矣一女不績則天下有受

《国家珍贵古籍名录》编号：03390

蜀鉴十卷

（宋）郭允蹈撰 明嘉靖三十四年（1555）刻本 蒋式理跋 吉林省图书馆

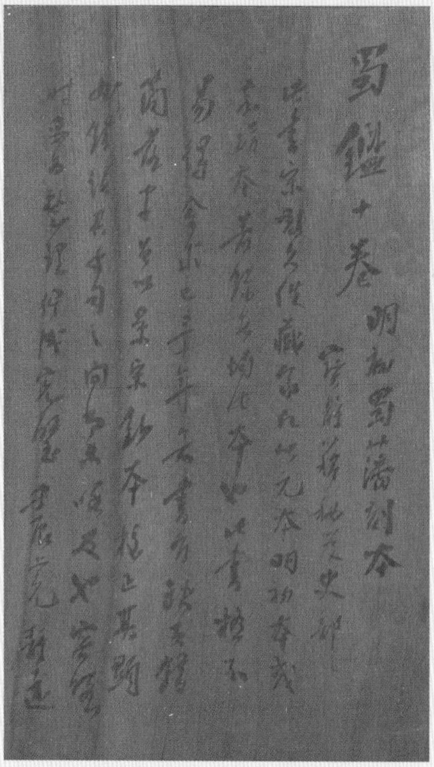
蜀鑑十卷 明初蜀藩刻本

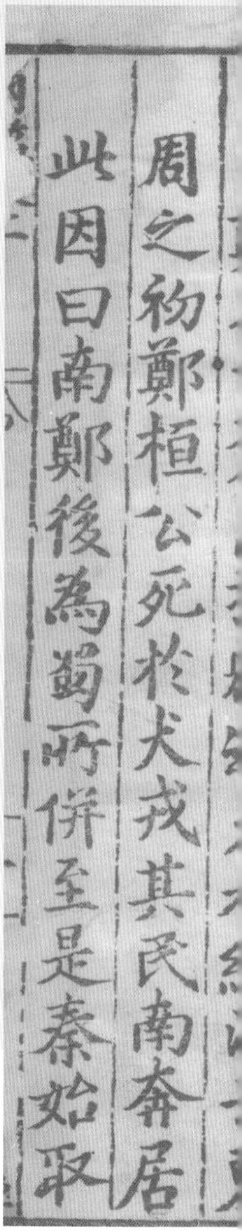
周之初鄭桓公死於犬戎其民南奔居
此因曰南鄭後為蜀所併至是秦始取

郭允蹈，字居仁，四川资中人，生平不详。据其交游应为南宋孝宗淳熙年间至理宗淳祐初年时人。作者生当南宋末季，其著书之志，主于悍拒秦陇之师，振控巴渝之险，故所记皆战守胜败之迹，于军事之得失，地形之险易，叙次特详。书名《蜀鉴》者，盖鉴古戒今之意。

宋代蜀中史学之盛，在史学界早有定评。而宋代史学专记蜀中史事者，则以《蜀鉴》为最。《蜀鉴》记载四川及其周边地区在宋代以前的历史发展变化，史料价值极高。所记蜀事，起自秦取南郑，讫于宋平孟昶，上下一千三百余年，共十卷，后二卷为西南夷始末。其叙述蜀事，略如纪事本末之体；每条有纲有目有论，略如《通鉴纲目》之体。《蜀鉴》十卷本，明、清及民国均有刻本，而以明嘉靖刻本为最佳。内中有李文子和明代方孝孺为之作的序，晚清大儒蒋式理题跋。

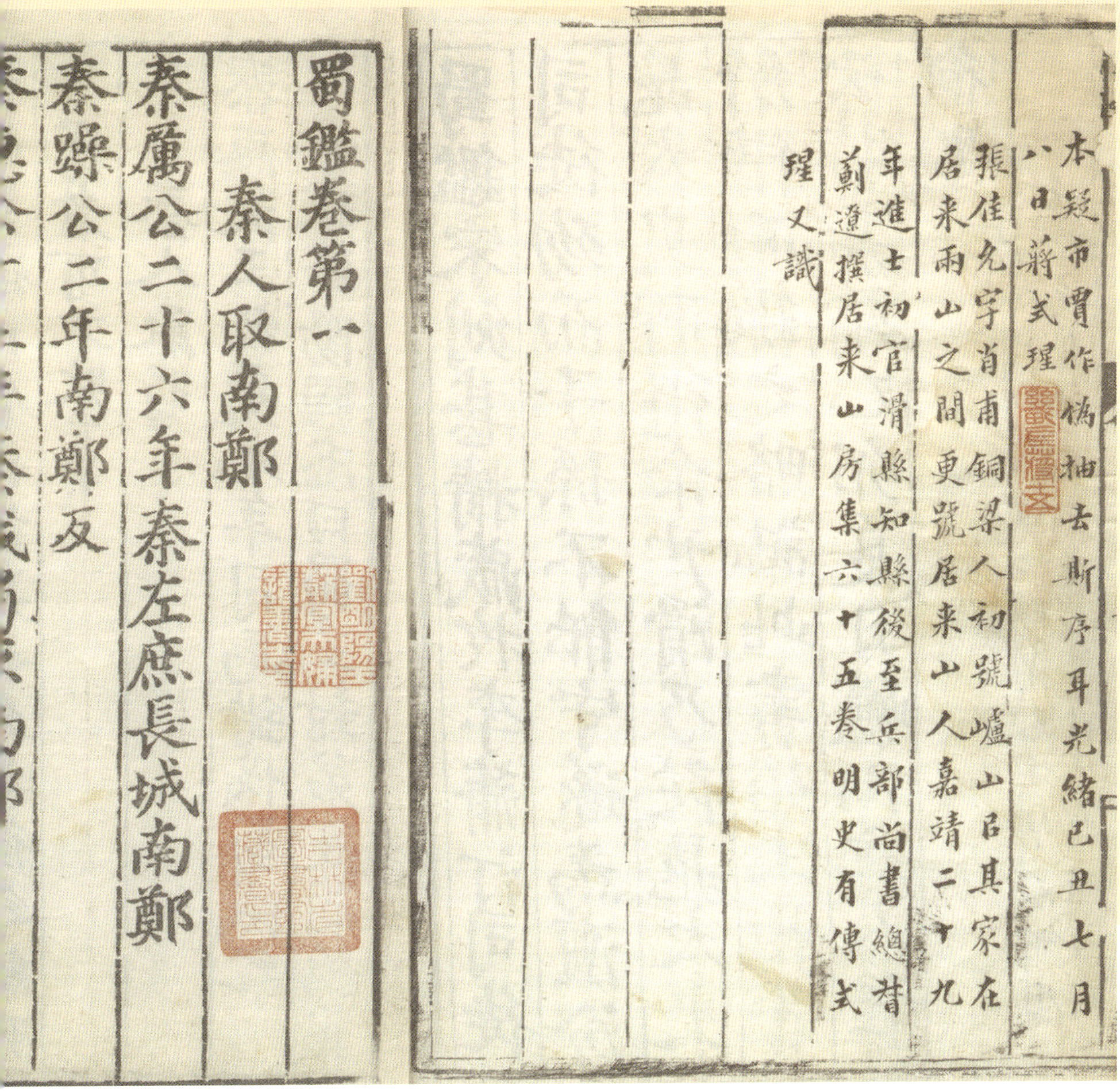
本疑市賈作偽抽去斯序耳光緒己丑七月
八日蔣式理
張佳允字肖甫銅梁人初號㠯山㠯其家在
居来雨山之間更號居来山人嘉靖二十九
年進士初官滑縣知縣後至兵部尚書總督
薊遼撰居来山房集六十五卷明史有傳式
理又識
蜀鑑卷第一
秦人取南鄭
秦厲公二十六年秦左庶長城南鄭
秦躁公二年南鄭反

《国家珍贵古籍名录》编号：03783

紫阳文公先生年谱五卷

（明）李默 朱河重订 明嘉靖三十六年（1557）建宁董燧刻本 存三卷（一至三） 吉林省图书馆

朱熹（1130—1200），字元晦，又字仲晦，号晦庵，晚称晦翁，谥文，世称朱文公。祖籍徽州府婺源县（今江西婺源），出生于南剑州尤溪（今福建尤溪），十九岁考中进士，官至焕章阁侍制兼侍讲。宋著名理学家、思想家、教育家，其理学思想对元明清三朝影响很大，被尊为朱子。朱熹的著作屡经翻刻，而反映其生平事迹的年谱自宋至明也刊刻不断。

馆藏此本为明嘉靖刻本，嘉靖时侍御曾佩巡至建阳，见《紫阳年谱》旧谱，“慨旧本之未尽善也，遂檄郡贰杨侯、节推操侯、介守谢侯，敦请于大冢宰古冲翁李老先生，重加参订校阅，纂辑之勤，历三时焉。”李默，字时言，号古冲，建阳人。正德十六年（1521）进士。书稿成，嘉靖三十一年（1552）刻于建阳，后嘉靖三十六年（1557）秋建宁府同知董燧重刻：“因出是录授予，予惧其久而渐湮也，乃重梓之，以彰世德于不朽云。”此本“其详审精密，洵为紫阳功臣矣。”是明代刊刻的朱熹年谱中较有影响的一部，成为后世各重订朱子年谱的重要资料来源。

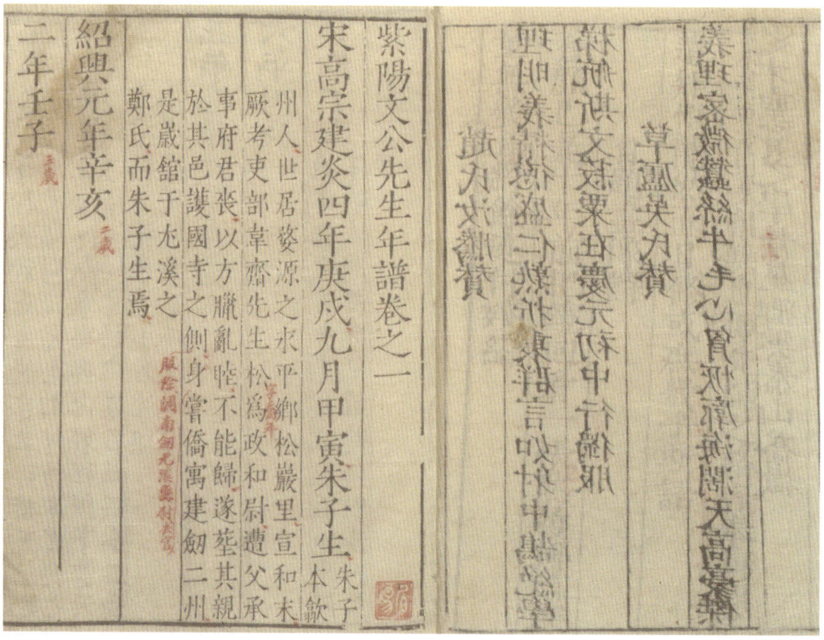
紫陽文公先生年譜卷之一
宋高宗建炎四年庚戌九月甲寅朱子生朱子本歙州人世居婺源之永平鄉松巖里宣和末厥考吏部韋齋先生松爲政和尉遭父承事府君喪以方臘亂時不能歸遂葬其親於其邑護國寺之側身嘗僑寓建劍二州是歲舘于尤溪之鄭氏而朱子生焉
紹興元年辛亥
二年壬子

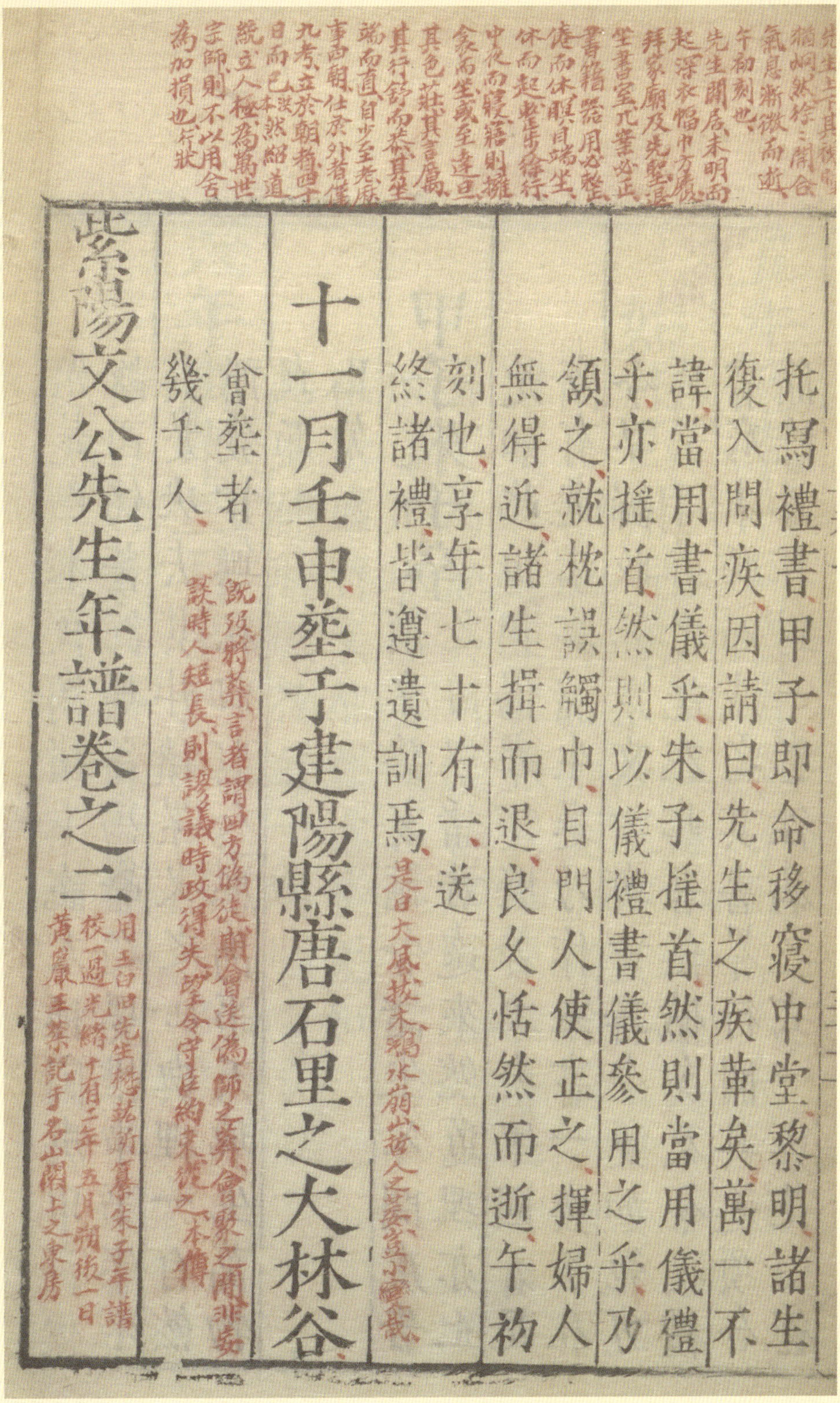
托寫禮書甲子即命移寢中堂黎明諸生復入問疾因請曰先生之疾革矣萬一不諱當用書儀乎朱子搖首然則當用儀禮乎亦搖首然則以儀禮書儀參用之乎乃頷之就枕誤觸巾目門人使正之揮婦人無得近諸生揖而退良久恬然而逝午初刻也享年七十有一送終諸禮皆遵遺訓焉是日大風拔木洪水崩山哲人之萎豈小變哉

十一月壬申葬于建陽縣唐石里之大林谷

會葬者幾千人既歿將葬言者謂四方偽徒期會送偽師之葬會聚之間非妄談時人短長則謬議時政得失望令守臣約束從之本傳

紫陽文公先生年譜卷之二

用王白田先生懋竑所纂朱子年譜校一過光緒十有二年五月朔後一日黃膺王蕖記于名山閣上之東房

［嘉靖］冀州志十卷

（明）张景达（明）张玺纂修 明嘉靖刻本 吉林省图书馆

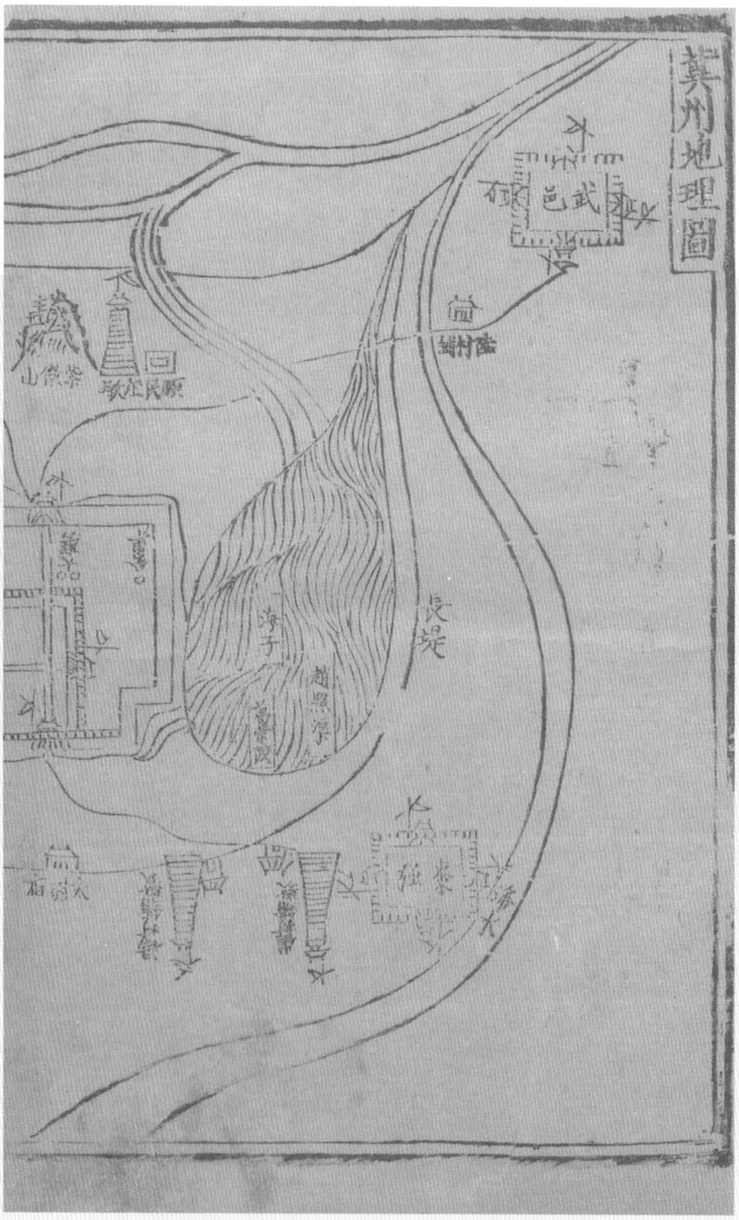

《国家珍贵古籍名录》编号：04134

冀州自秦汉以来，因革废兴不断，西汉初，领县十六个，明洪武六年（1373）仅辖南宫、枣强、武邑、新河四县，属真定府。明成化十一年（1475）知州李德美始修冀州志，其志略而未详，后经谢介庵作补遗。明嘉靖二十一年（1542），张景达知冀州事。次年，聘张玺主持编纂州志。张景达，字伯生，号南塘，湖广（今湖北省）钟祥人，举人。张玺，字仲孚，号一轩，冀州人。明嘉靖五年（1526）进士，官至陕西右布政使。

此次州志编纂完稿后未能刊刻，明嘉靖二十七年（1548）为初版。首有成化二十一年（1485）曹安旧志序、谢肇浙旧志后序、张玺题写义例，末有嘉靖二十七年（1548）王元亨序、刘希仁后序、张玺撰重建阴阳医社学记。有图十二幅，有天文、地理、人事、人物四志。其中地理志记载陵墓二十余处、寺观九十余个、祠庙八十余所。人事志介绍各级官吏六百余人，其中记载从汉至明十一次户口统计数字，确为难得的完整的户口资料。人物志介绍各种人物一千余人，其中较有名的有韩馥、袁绍等。这些史料对于历代名人名家、地方历史及人物等的研究，均有一定的参考价值。

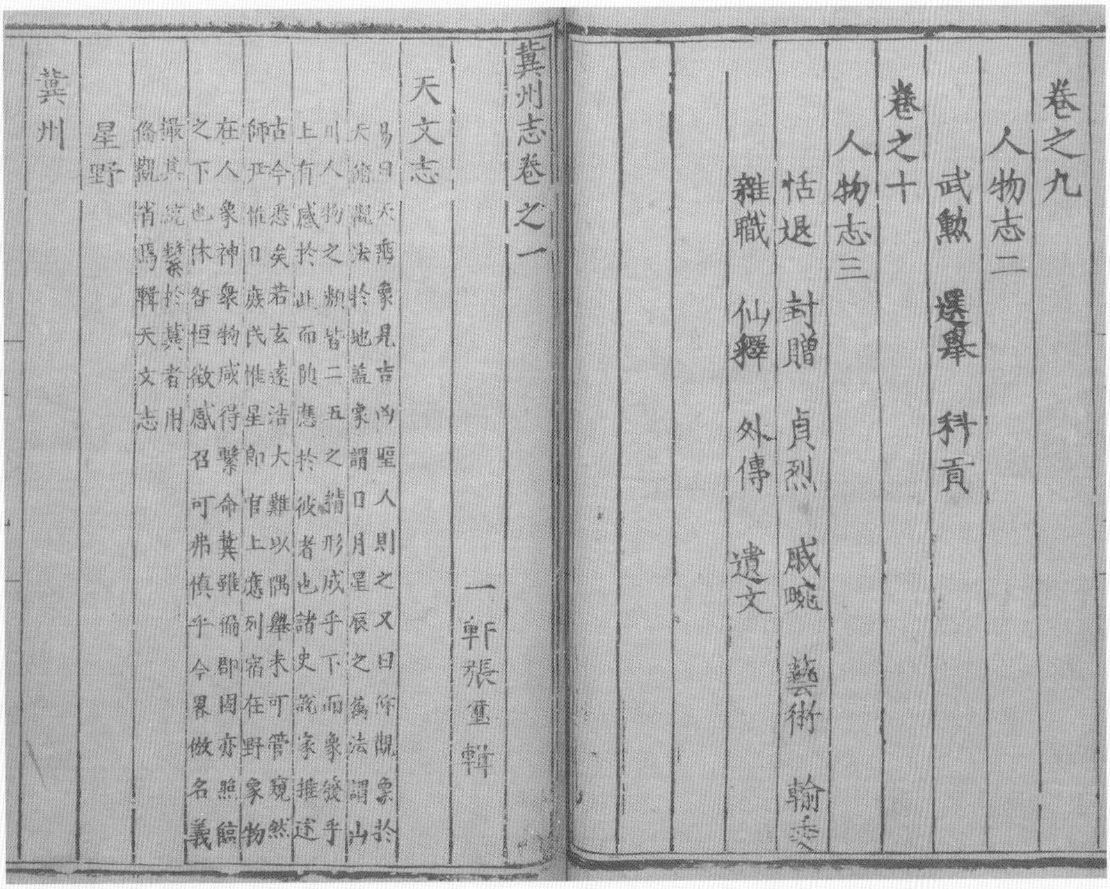

卷之九
人物志二
武勳 選舉 科貢
卷之十
人物志三
恬退 封贈 貞烈 感曉 藝術 輸
雜識 仙釋 外傳 遺文

冀州志卷之一
一軒張重輯
天文志
易曰天垂象見吉凶聖人則之又曰仰觀象於天俯觀法於地蓋象謂日月星辰之屬法謂山川人物之類皆二五之精形成乎下而象發乎上有感於此而應於彼者也諸史所家推述古今悉矣若玄遠浩大難以偶舉未可管窺然師丹惟曰庶民惟星卿官上應列宿在野象物在人象神象物咸得繫命其雖偏即因亦照臨之下也休咎恒徵感召可弗慎乎今界做名義撮其說繫於冀者用備觀省焉輯天文志
星野
冀州

水经注四十卷

（北魏）郦道元撰　明嘉靖十三年（1534）黄省曾刻本（水经序、新刻水经跋抄配）　吉林省图书馆

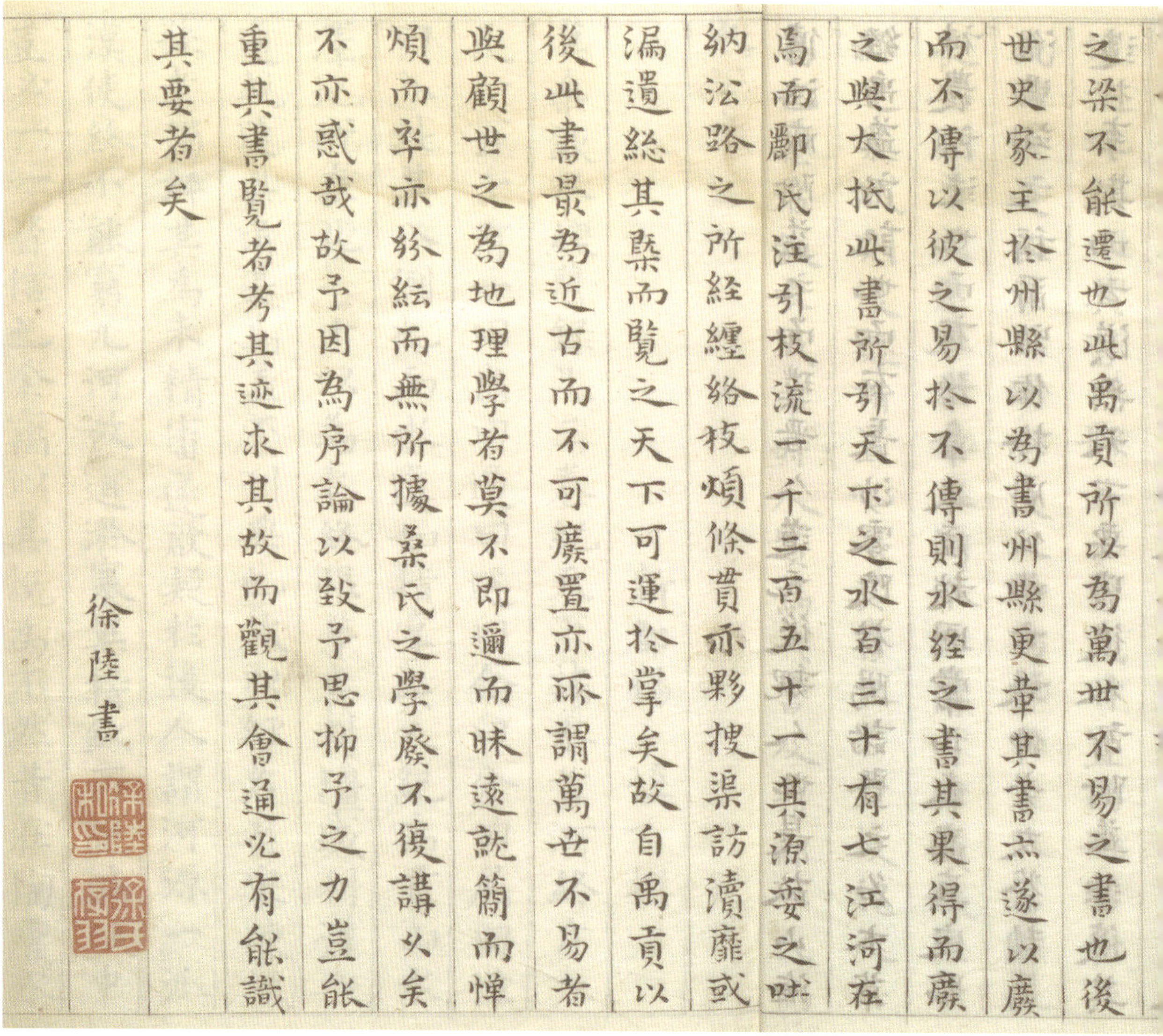

之染不能遷也此禹貢所以為萬世不易之書也後世史家主於州縣以為書州縣更革其書亦遂以廢而不傳以彼之易於不傳則水經之書其果得而廢之與大抵此書所引天下之水百三十有七江河在焉而酈氏注引枝流一千二百五十一其源委之詳納谿路之所經纏絡枝煩條貫而彰搜渠訪瀆靡或漏遺綜其槩而覽之天下可運於掌矣故自禹貢以後此書最為近古而不可廢置亦所謂萬世不易者與顧世之為地理學者莫不即邇而昧遠詭簡而憚煩而卒亦紛紜而無所據桑氏之學廢不復講久矣不亦惑哉故予因為序論以致予思抑予之力豈能重其書覽者考其迹求其故而觀其會通必有能識其要者矣

徐陸書

郦道元，字善长，范阳涿州（今河北涿州）人，北魏地理学家。出生于官宦世家，他先后在平城和洛阳担任过御史中尉等中央官吏，并且多次出任地方官。著《水经注》《本志》《七聘》，其中《本志》和《七聘》已失传。

《水经注》是我国古代最全面、最系统的综合性地理名著。该书首次出现于史书记载是在《隋书·经籍志》中，之后《两唐书志》等古籍皆有载录。《水经注》因《水经》而得名，以《水经》为纲，详细记载了我国大小河流一千多条，以及有关的神话传说、民风民俗、历史遗迹、人物掌故、渔歌民谣等。书中语言清丽、文笔绚烂、记叙精辟，具有极高的文学价值。书中引用了大量文献资料，其中很多记载至今已遗失不传。

《水经注》约成书于北魏晚期，是郦道元晚年之作。该书成书不久，道元便惨遭杀戮，因当时尚无雕版印刷，故该书流通主要靠抄传。现存最早的《水经注》抄本为明代纂修《永乐大典》时抄录的《水经注》，我们称之为"永乐大典本"。《水经注》的刊印出现在北宋中后期，该书的第一种刊本是成都府学宫刊本，早已亡佚。现存最早，也是唯一一部的宋版《水经注》为国家图书馆藏的南宋刊本，但内容不足全书的三分之一。

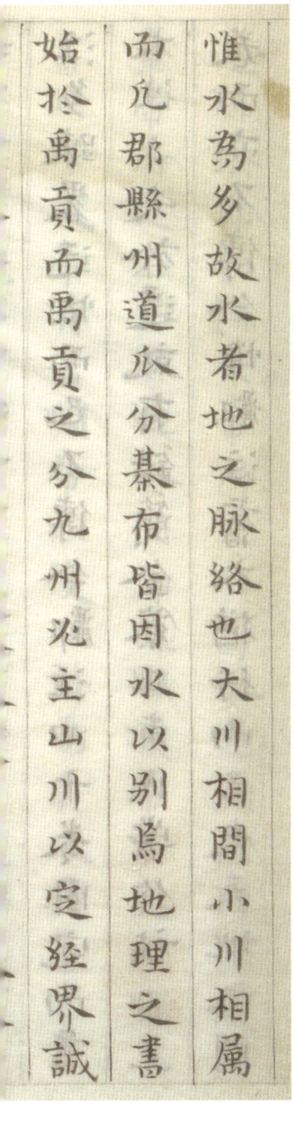
惟水爲多故水者地之脉絡也大川相間小川相屬
而允郡縣州道戍分棊布皆因水以别爲地理之書
始於禹貢而禹貢之分九州必主山川以定經界誠

《国家珍贵古籍名录》编号：04203

新刊刘向先生说苑二十卷

（汉）刘向撰 明永乐十四年（1416）西园精舍刻本 吉林省图书馆

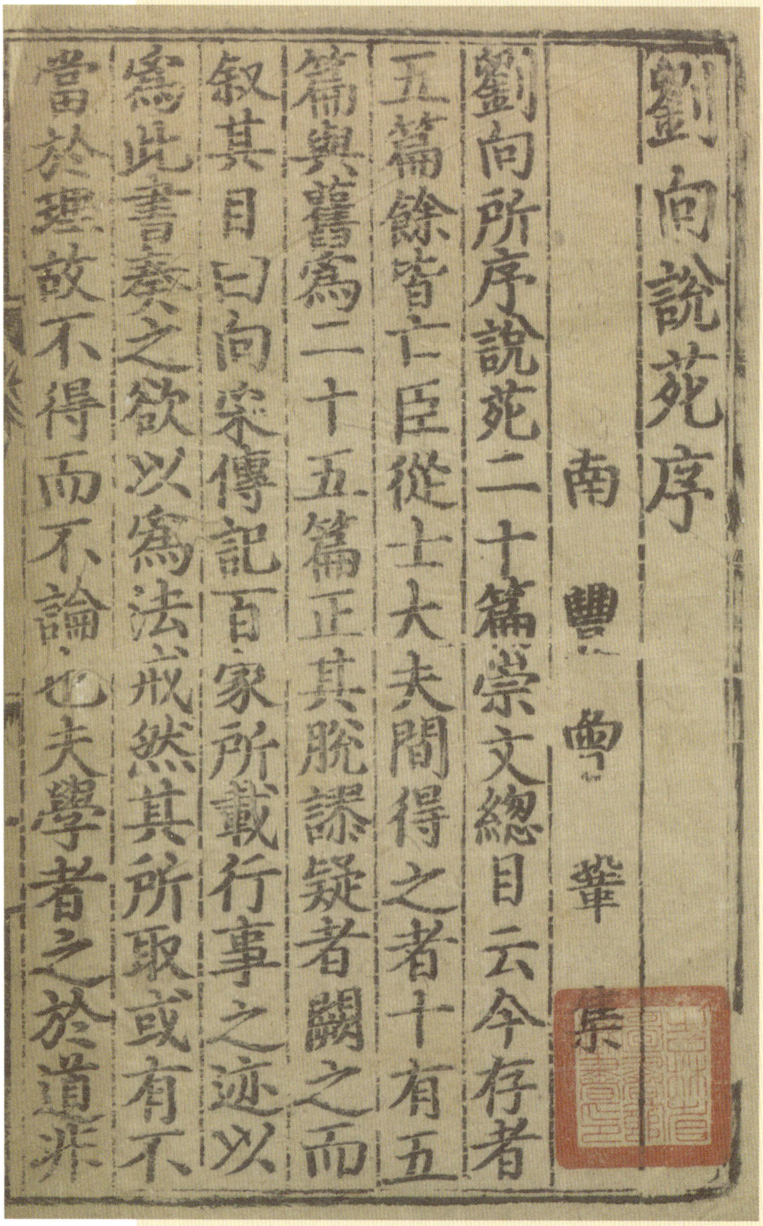
劉向說苑序

南豐曾鞏

劉向所序說苑二十篇崇文總目云今存者五篇餘皆亡臣從士大夫間得之者十有五篇與舊為二十五篇正其脫謬疑者闕之而敘其目曰向采傳記百家所載行事之迹以為此書奏之欲以為法戒然其所取或有不當於理故不得而不論也夫學者之於道非

《国家珍贵古籍名录》编号：04415

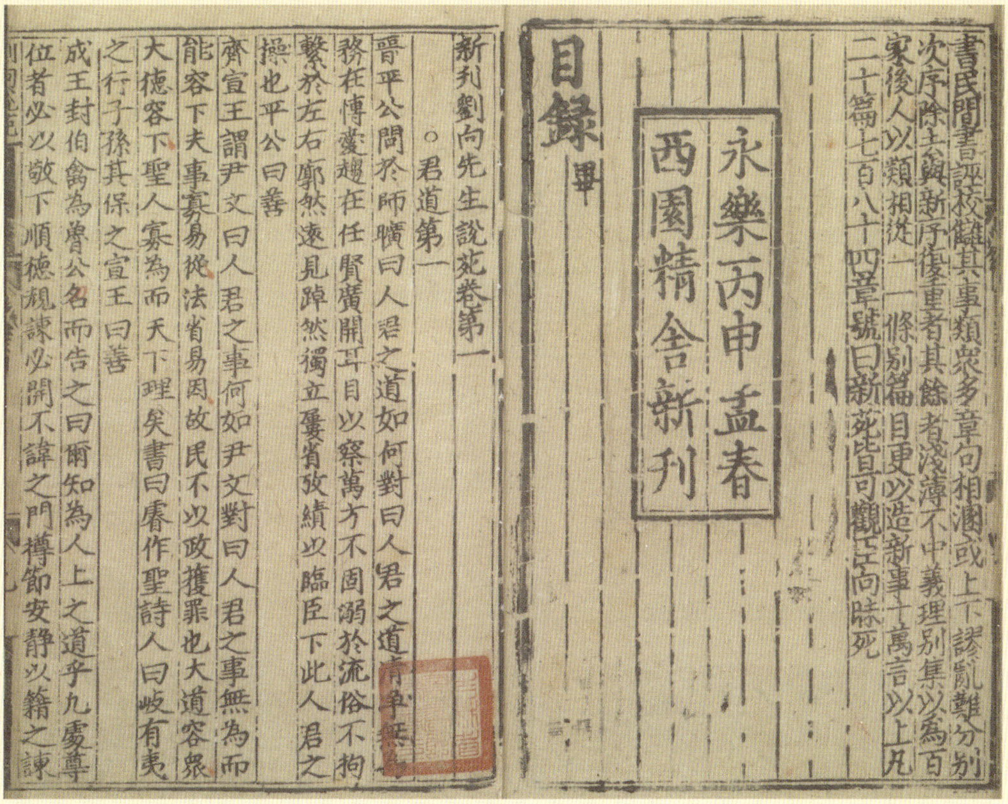

《说苑》为西汉成帝时刘向校理前代文献整理而成的汇编性质的著作，采用新的分类方法编纂旧有的材料而成，是一部具有类书性质的历史故事集。内容以对话体的历史故事为主，杂以议论，趣味性很强，文字内容浅显易懂。收录的材料几乎涉及了战国秦汉间学术和文化的各个方面。

《说苑》一书自《汉书・艺文志》至唐，各代艺文志中均见著录，共二十卷。宋一度散失。宋初《崇文总目》“今存者五篇（卷），余皆亡”。北宋时期的二十卷本《说苑》相比唐代以前流传的《说苑》有近百章的脱漏。

《说苑》自宋代以来，版本较多，而明代版本尤多。馆藏为永乐西园精舍刻本。

亀山先生集三十五卷

（宋）杨时撰 年谱一卷（宋）黄去疾撰 附录一卷 明正德十二年（1517）沈晖刻本 吉林省图书馆

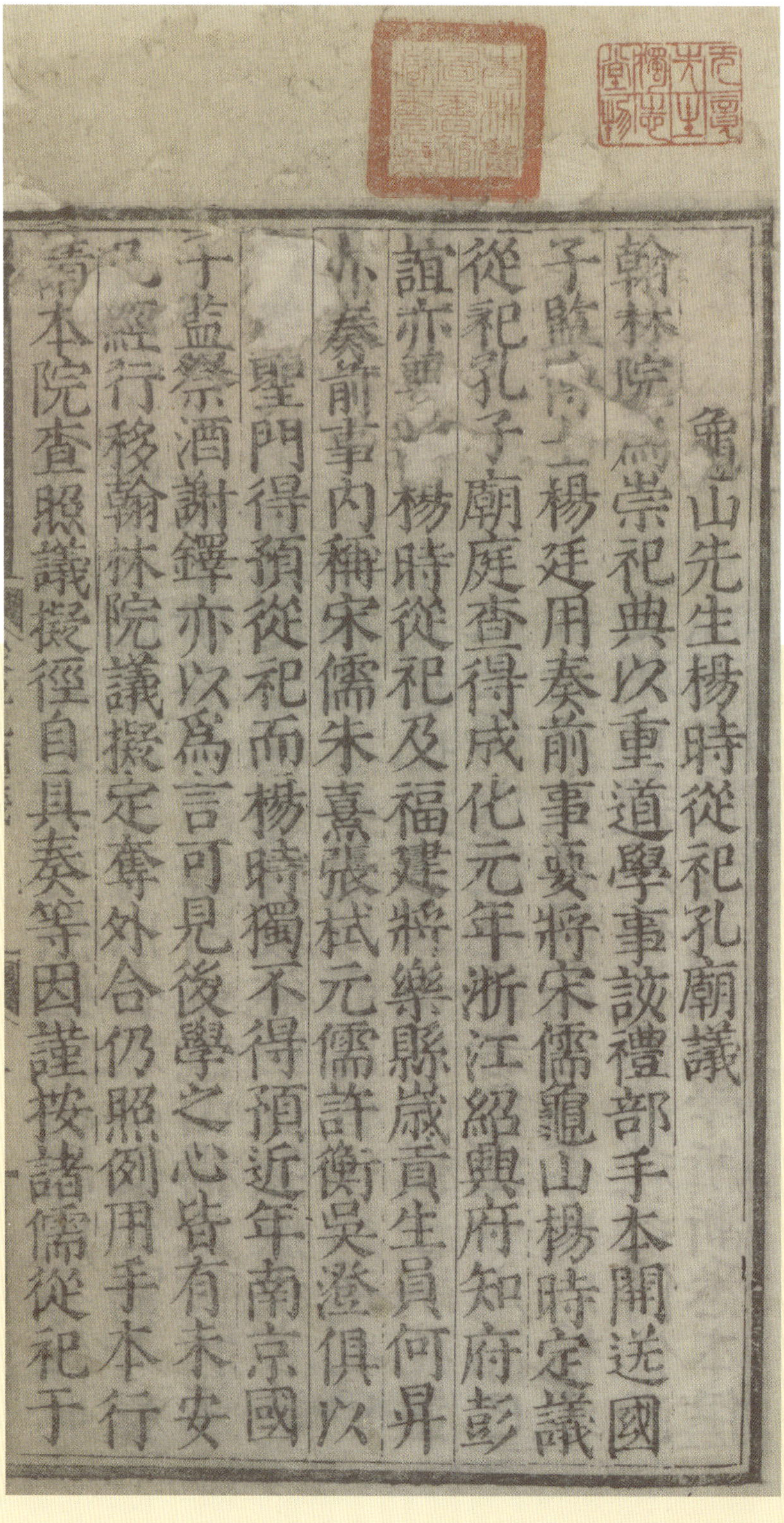

亀山先生楊時從祀孔廟議

翰林院為崇祀典以重道學事該禮部手本開送國子監丞楊廷用奏前事要將宋儒龜山楊時定議從祀孔子廟庭查得成化元年浙江紹興府知府彭誼亦曾□楊時從祀及福建將樂縣歲貢生員何昇亦奏前事內稱宋儒朱熹張栻元儒許衡吳澄俱以聖門得預從祀而楊時獨不得預近年南京國子監祭酒謝鐸亦以為言可見後學之心皆有未安已經行移翰林院議擬定奪外合仍照例用手本行請本院查照議擬徑自具奏等因謹按諸儒從祀于

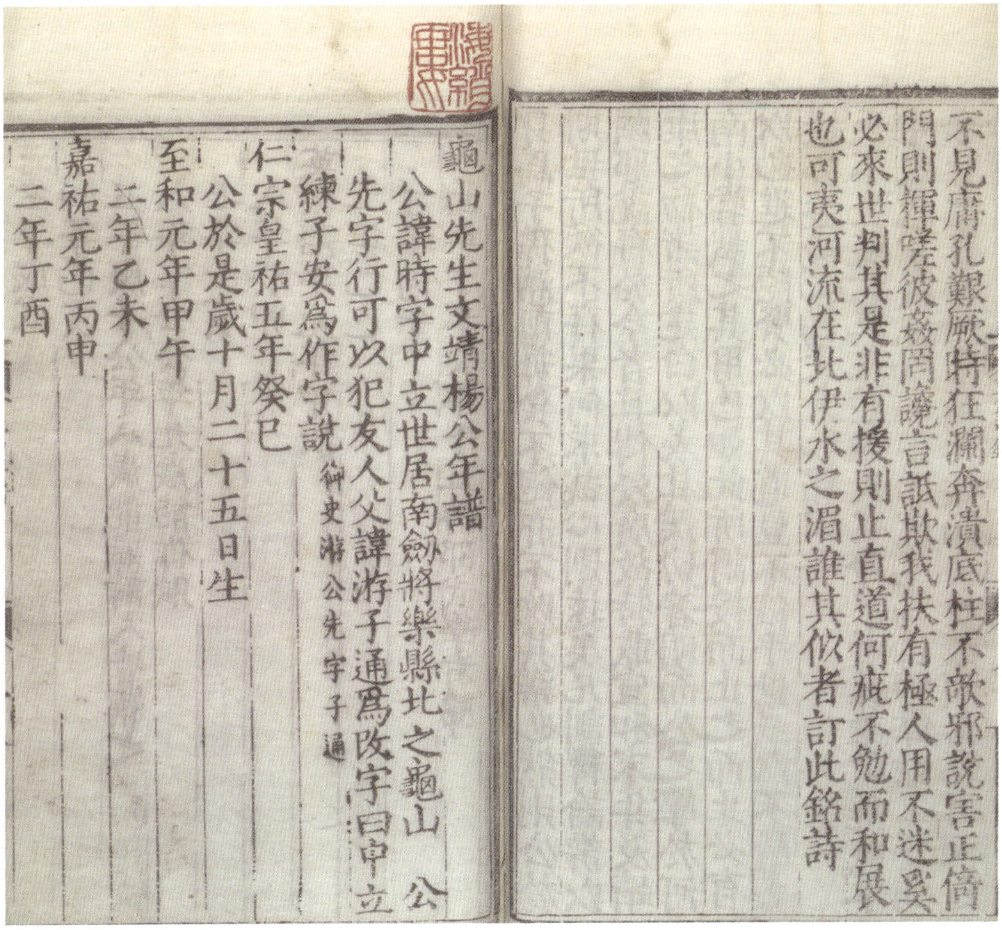
不見廣孔艱厥特任瀾奔潰底柱不敢邪說害正倚
門則揮嗟彼姦罔譏言誑欺我扶有極人用不迷奚
必來世判其是非有援則止直道何疵不勉而和展
也可衷河流在北伊水之湄誰其似者訂此銘詩

龜山先生文靖楊公年譜
公諱時字中立世居南劍將樂縣北之龜山　公
先字行可以犯友人父諱游子通爲改字曰中立
綀子安爲作字說　御史游公先字子通
仁宗皇祐五年癸巳
公於是歲十月二十五日生
至和元年甲午
二年乙未
嘉祐元年丙申
二年丁酉

《国家珍贵古籍名录》编号：05648

杨时（1053—1135），字中立，号龟山。祖籍弘农华阴（今陕西华阴东），将乐人。北宋哲学家、文学家、官吏。熙宁九年（1076）进士，历官浏阳、余杭、萧山知县，荆州教授，工部侍郎，以龙图阁直学士专事著述讲学。先后学于程颢、程颐，同游酢、吕大临、谢良佐并称“程门四大弟子”。又与罗从彦、李侗并称为“南剑三先生”。晚年隐居龟山，学者称“龟山先生”。

黄去疾，宋邵武人。度宗咸淳间宰将乐。筑龟山精庐，聚辑简策，政暇与学生诵习其中。取《龟山纪》修订，题名为《年谱》。

《龟山先生集》是一部诗文别集。原为二十八卷。旧版散佚，明弘治十五年（1502）李熙等重刻，并为十六卷；后东林书院刻本分为三十六卷，宜兴刻本又并为三十五卷；万历十九年（1591），林熙春重刻，定为四十二卷。

吉林省图书馆藏此本即为宜兴刻本，卷一至四为诗，卷五书，卷六奏状，卷七表启，卷八札记，卷九至二十是书、答问、经解等。

田叔禾小集十二卷

（明）田汝成撰 明嘉靖四十二年（1563）田艺蘅刻

本 吉林省图书馆

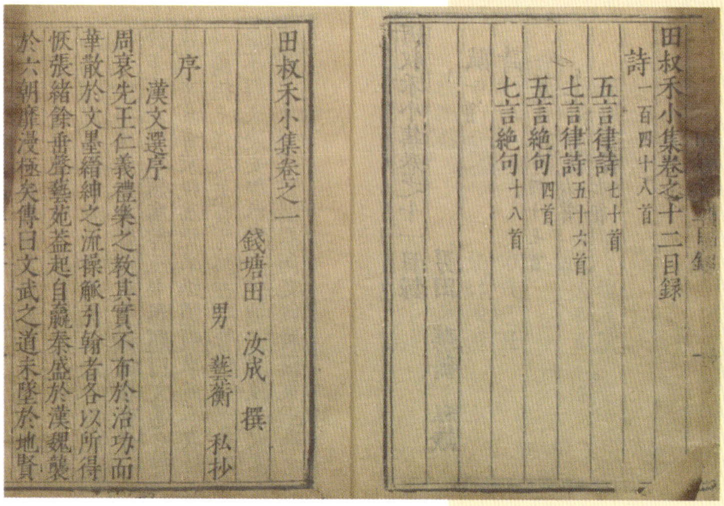

田叔禾小集卷之十二目録
詩一百四十八首
五言律詩七十首
七言律詩五十六首
五言絶句四首
七言絶句十八首

田叔禾小集卷之一
錢塘田 汝成 撰
男 藝蘅 私抄
序
漢文選序
周衰先王仁義禮樂之教其實不布於治功而
華散於文墨縉紳之流操觚引翰者各以所得
伾張緒餘番吾藝苑蓋起自羲秦盛於漢魏襲
於六朝靡漫極矣傳曰文武之道未墜於地賢

田汝成（1503—1557），字叔禾，别号豫阳。明弘治钱塘（今杭州）人。嘉靖五年（1526）进士。历官南京刑部主事、礼部祠祭郎中。嘉靖十年（1531）为求太子，皇帝行放生之仁，释放在上林苑囚禁的动物。田汝成上言请求宽宥并释放在囚犯人，触怒龙颜，被切责停俸，调任祠祭郎中。嘉靖十三年（1534）为广东提学佥事，后谪知安徽滁州，复迁贵州佥事，改广西右参议，分守右江。嘉靖十九年（1540）提升为福建提学副使。二十年（1541），告病回乡。

田汝成史称“工古文，尤善叙述”，著述良多。《炎徼纪闻》《龙凭记略》详细记载了西南边地各族的风土人情和生活习俗。此外还著有《九边志》《辽记》《武夷游咏》等。

归杭后，田汝成绝意仕途，游览杭州湖山胜迹，遍访浙西名胜。撰成《西湖游览志》《西湖游览志余》。

馆藏该本为其子田艺蘅刊刻而成。

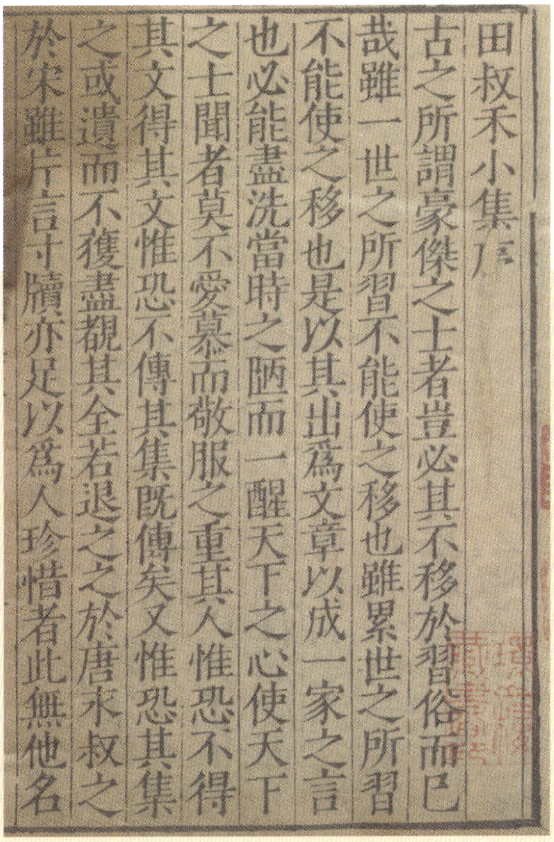
田叔禾小集序
古之所謂豪傑之士者豈必其不移於習俗而已哉雖一世之所習不能使之移也雖累世之所習不能使之移也是以其出爲文章以成一家之言也必能盡洗當時之陋而一醒天下之心使天下之士聞者莫不愛慕而敬服之重其人惟恐不得其文得其文惟恐不傳其集既傳矣又惟恐其集之或遺而不獲盡覩其全若退之之於唐永叔之於宋雖片言寸牘亦足以爲人珍惜者此無他名

《国家珍贵古籍名录》编号：10791

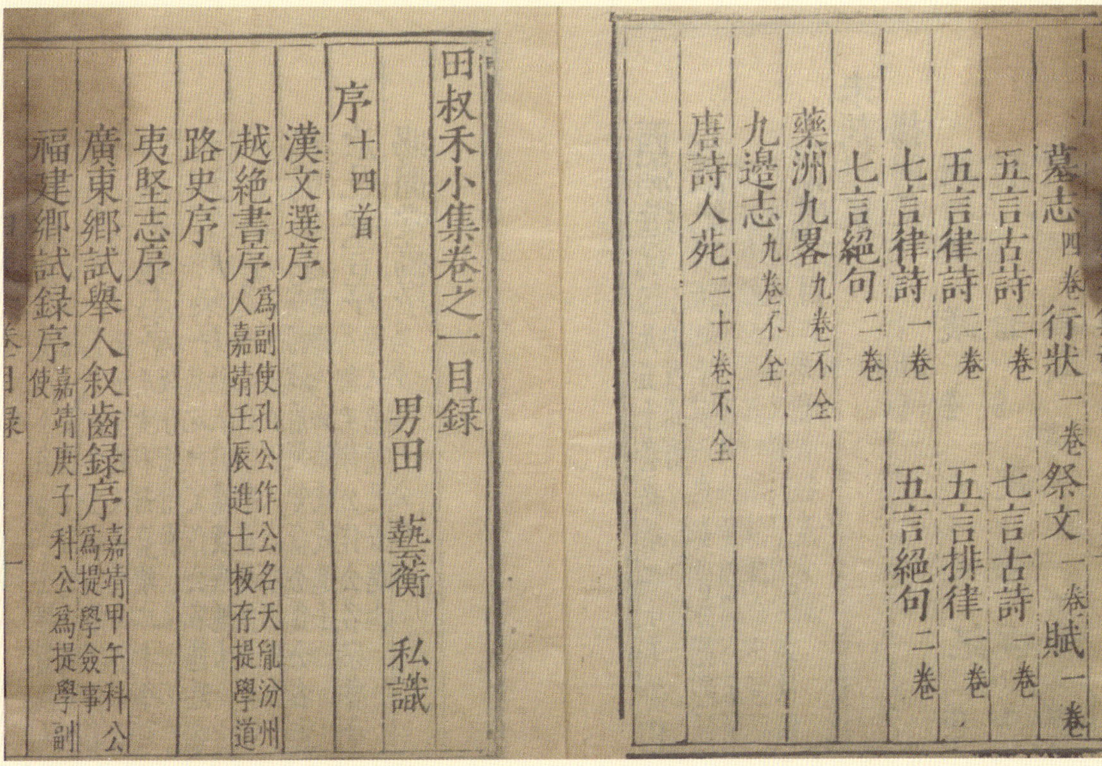
墓志四卷　行狀一卷　祭文一卷　賦一卷
五言古詩二卷　七言古詩一卷
五言律詩二卷　五言排律一卷
七言律詩一卷　五言絕句二卷
七言絕句二卷
藥洲九畧九卷不全
九邊志九卷不全
唐詩人苑二十卷不全

田叔禾小集卷之一　目録
男田　藝蘅　私識
序十四首
漢文選序
越絕書序爲副使孔公作公名天胤汾州人嘉靖壬辰進士板存提學道
路史序
夷堅志序
廣東鄉試舉人敘齒録序嘉靖甲午科公爲提學僉事
福建鄉試録序嘉靖庚子科公爲提學副使

尽言集十三卷

（宋）刘安世撰 明隆庆五年（1571）张佳胤、王叔杲刻本 东北师范大学图书馆

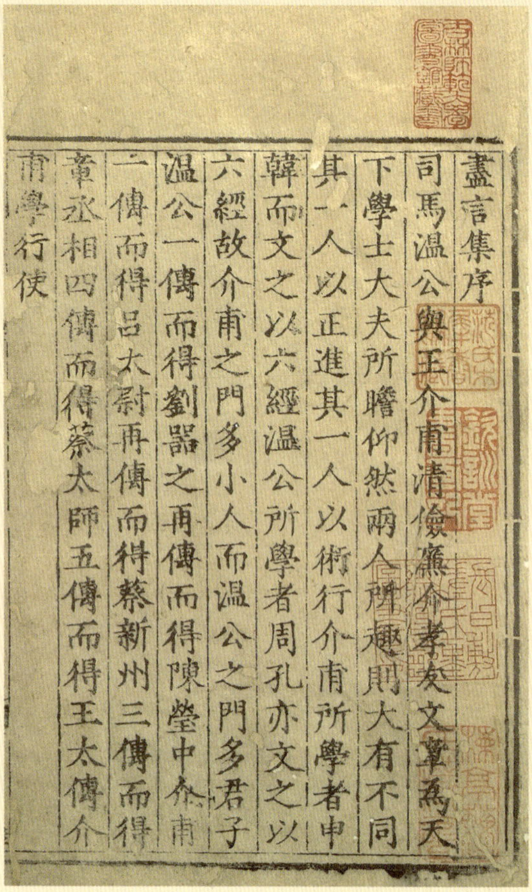

盡言集序
司馬温公與王介甫清儉廉介孝友文章為天
下學士大夫所瞻仰然兩人所趣則大有不同
其一人以正進其一人以術行介甫所學者申
韓而文之以六經温公所學者周孔亦文之以
六經故介甫之門多小人而温公之門多君子
温公一傳而得劉器之再傳而得陳瑩中介甫
一傳而得呂太尉再傳而得蔡新州三傳而得
章丞相四傳而得蔡太師五傳而得王太傅介
甫學行使

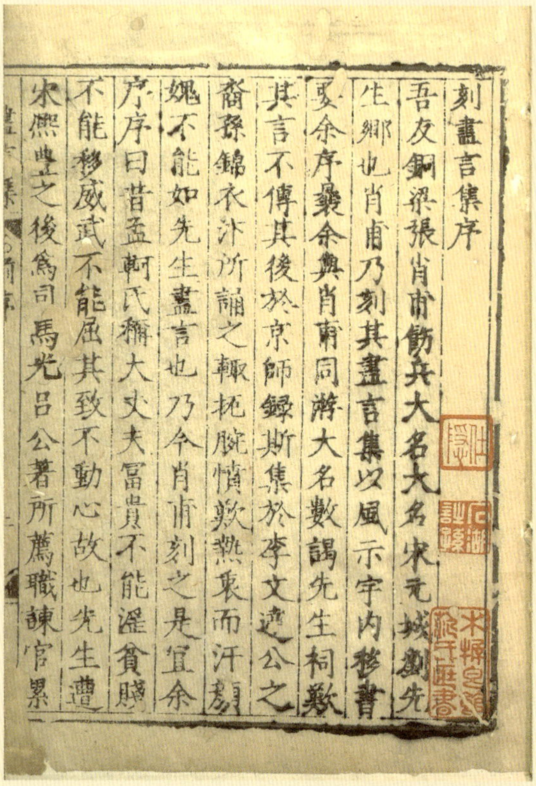

刻盡言集序
吾友銅梁張肖甫餉兵大名大名宋元城劉先
生鄉也肖甫乃刻其盡言集以風示宇內移書
要余序曩余與肖甫同游大名數謁先生祠歎
其言不傳其後於京師録斯集於李文達公之
裔孫錦衣汴所誦之輒扼腕憤歎熱衷而汗顔
媿不能如先生盡言也乃令肖甫刻之是宜余
序序曰昔孟軻氏稱大丈夫富貴不能淫貧賤
不能移威武不能屈其致不動心故也先生遭
宋熙豐之後為司馬呂公著所薦職諫官累

刘安世（1048—1125），字器之，号元城、读易老人。魏州元城县（今河北大名）人。熙宁六年（1073）进士。从学于司马光。后因司马光、吕公著举荐，升任右正言。累官左谏议大夫，进枢密都承旨。以直谏闻名，被时人称之为“殿上虎”。章惇掌权时，贬至英州、梅州安置。宋徽宗时获赦，历知衡、鼎、郓州及镇定府。蔡京为相后，连谪至峡州羁管。卒谥“忠定”。有《尽言集》等传世。事迹见《宋史》本传。

安世有集二十卷，今未见传本。此《尽言集》皆其奏札，不知何人所编。前有陆東、石星、张应福三人隆庆年序三篇，隆庆四年（1570）的序中有“乃刻斯集其有所感也夫”，隆庆五年（1571）序有“集凡三卷刻之郡署中”，定为隆庆五年（1571）刻本。此本序、目录、卷端及卷第四、第九依次钤有“楝亭曹氏藏书”“长白敷槎氏菫斋昌龄图书印”，知曾为曹雪芹祖父曹寅楝亭故物。

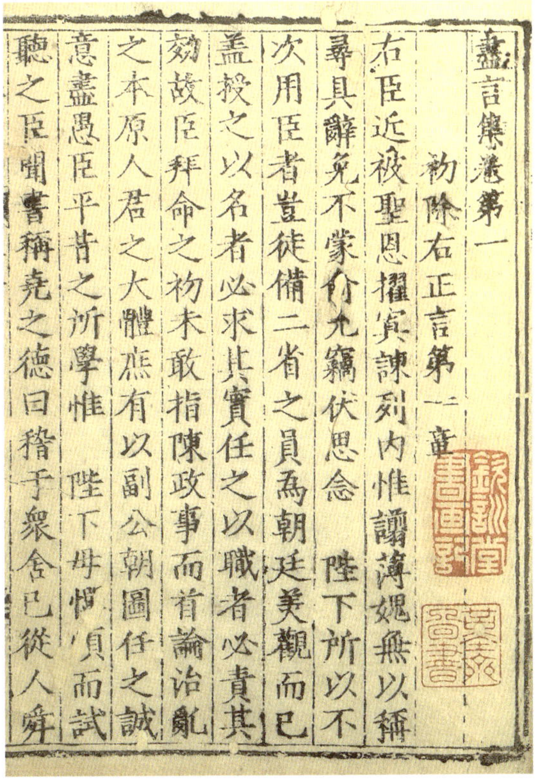
盡言集卷第一
初除右正言第一章
右臣近被聖恩擢寘諫列内惟譾薄媿無以稱
尋具辭免不蒙俞允竊伏思念 陛下所以不
次用臣者豈徒備二省之員為朝廷美觀而已
蓋授之以名者必求其實任之以職者必責其
効故臣拜命之初未敢指陳政事而首論治亂
之本原人君之大體庶有以副公朝圖任之誠
意盡愚臣平昔之所學惟 陛下毋惧貞而試
聽之臣聞書稱堯之德曰稽于衆舍己從人舜

《国家珍贵古籍名录》编号：07803

类聚音韵三十卷

（明）熊晦撰 明嘉靖十三年（1534）宗文堂刻本 存二十四卷（七至三十） 东北师范大学图书馆

熊晦事迹不详。音韵学家宁继福先生根据书中反映的一些语音现象接近于赣语，推测熊晦为江西人。根据卷末条记“皇明甲午季冬月宗文堂锓梓”，定为嘉靖十三年（1534）刊本，也可以大致判断作者生活于嘉靖以前。

此书曾著录于《千顷堂书目·小学类》，内容实为反切图，按次第、字母、平上去入四声排列，注文较明确，有裨于小学。虽残缺不全，但为存世孤本，非常珍贵。钤有“与阴德并积以遗子孙”及“三林李氏家藏”印。有鉴于其学术价值和珍稀程度，此书已入选《国家珍贵古籍名录》，并选入《中国古籍珍本丛刊·东北师范大学图书馆卷》影印出版。

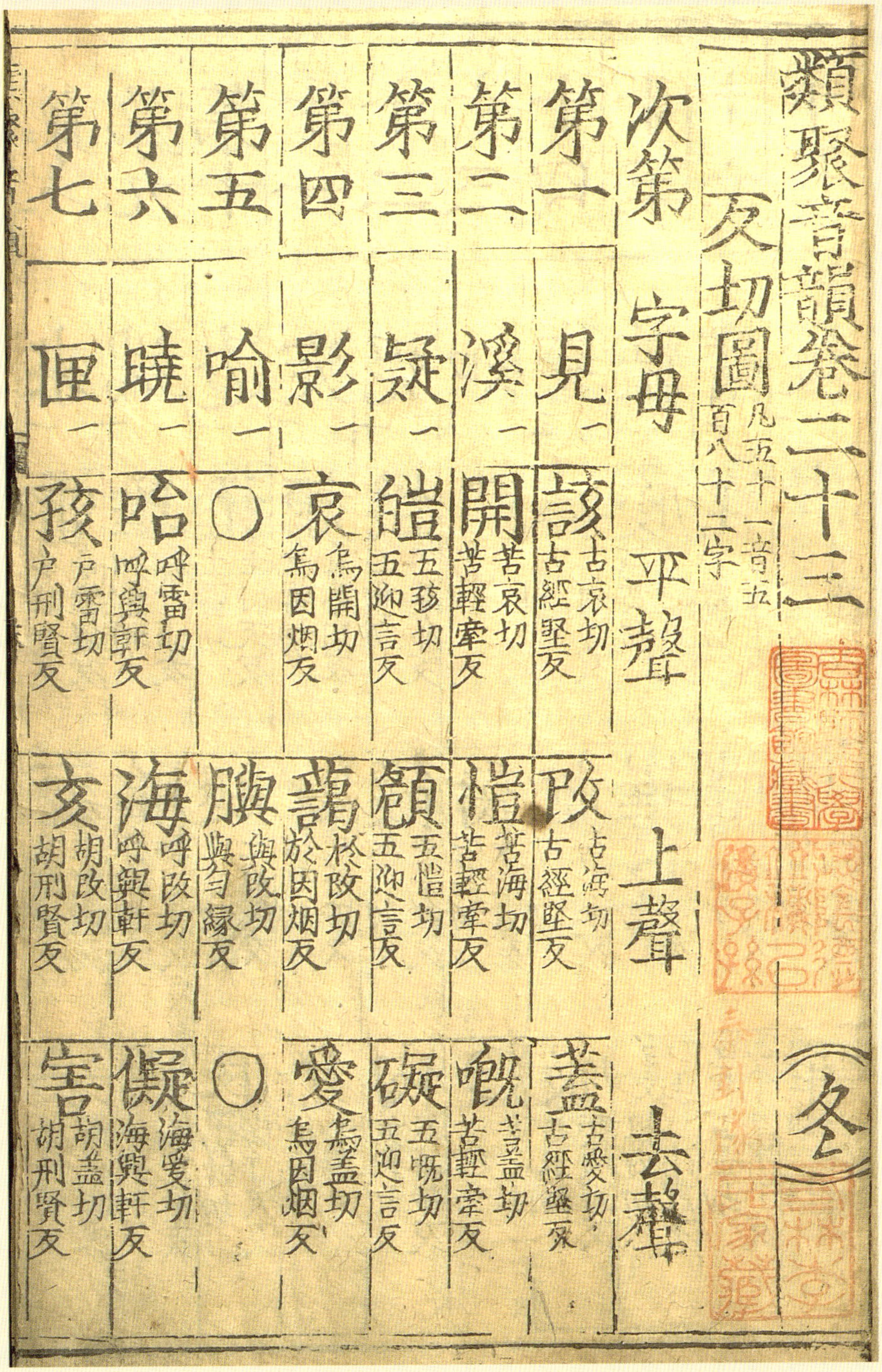

類聚音韻卷二十三

反切圖 凡五十一音五百八十二字

次第	字母	平聲	上聲	去聲
第一	見一	該 古哀切 古經堅反	改 古海切 古經堅反	蓋 古愛切 古經堅反
第二	溪一	開 苦哀切 苦輕牽反	愷 苦海切 苦輕牽反	慨 苦蓋切 苦輕牽反
第三	疑一	皚 五孩切 五迎言反	顗 五愷切 五迎言反	礙 五慨切 五迎言反
第四	影一	哀 烏開切 烏因烟反	藹 於改切 於因烟反	愛 烏蓋切 烏因烟反
第五	喻一	○	䫋 與改切 與匀緣反	○
第六	曉一	咍 呼雷切 呼興軒反	海 呼改切 呼興軒反	儗 海愛切 海興軒反
第七	匣一	孩 户雷切 户刑賢反	亥 胡改切 胡刑賢反	害 胡蓋切 胡刑賢反

《国家珍贵古籍名录》编号：11551

类编标注文公先生经济文衡前集二十五卷后集二十五卷续集二十二卷

（宋）滕珙辑 明正德四年（1509）赵俊刻本 东北师范大学图书馆

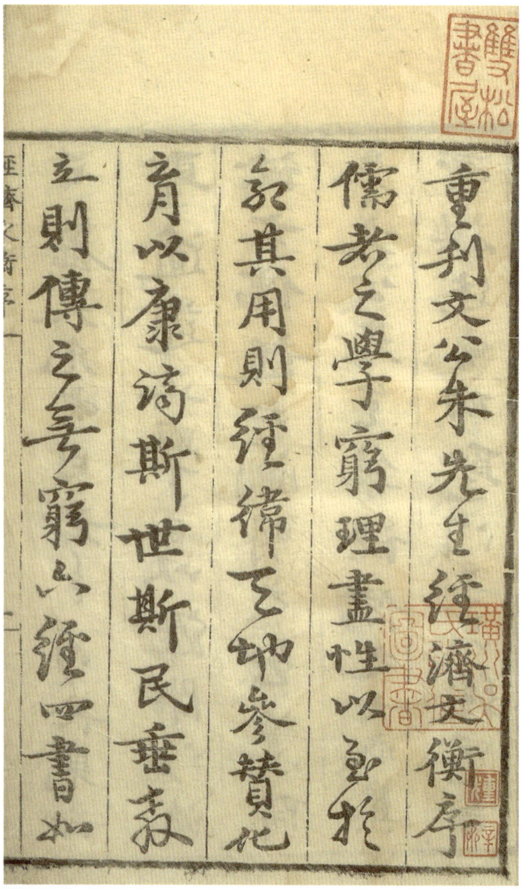

此书编者众说纷纭，今定为南宋学者滕珙。滕珙，字德章，号蒙斋，江西婺源人。淳熙十四年（1187）进士。官合肥令。

此书从朱熹语录、文集中摘录朱熹论道、论政言论分类编次成书。《前集》论学，《后集》论古，《续集》则补前、后集所未备。条分缕析，秩然有序。此本有杨一清正德四年（1509）序，称“板片已久，字多漫灭，总督漕运都宪沁水李公谓其传不广，出所藏善本，属淮安知府西蜀赵君俊书刻之。”故定为正德四年（1509）赵俊刻本。钤有“辛斋”“重光”“璜川吴氏收藏图书”“曾在蒋辛斋处”等藏书印记，知经雍乾时期著名藏书家蒋重光（辛斋），长洲藏书家吴铨璜川书屋收藏，更显珍贵。

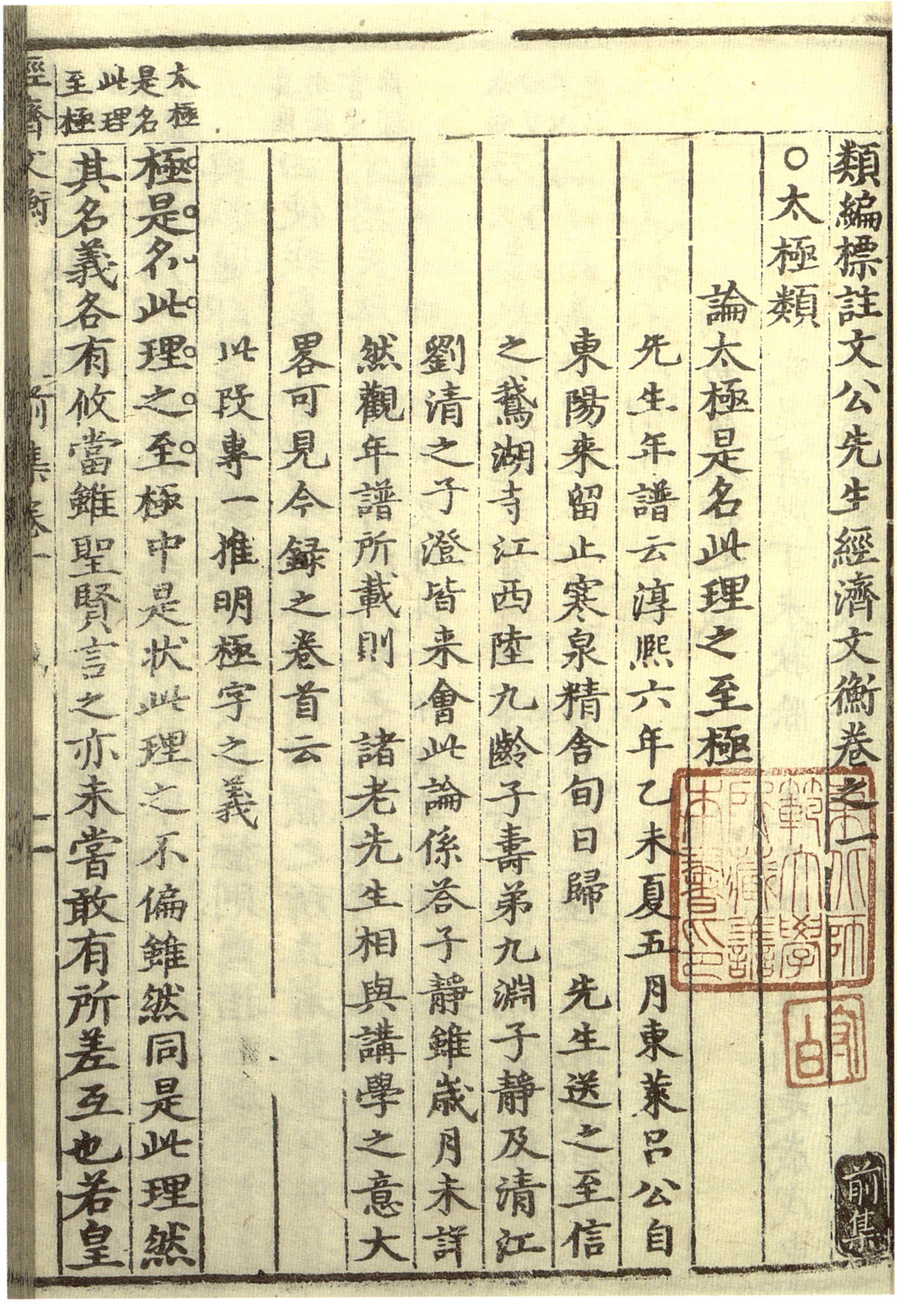

類編標註文公先生經濟文衡卷之一

○太極類

論太極是名此理之至極

先生年譜云淳熙六年乙未夏五月東萊呂公自東陽來留止寒泉精舍旬日歸　先生送之至信之鵞湖寺江西陸九齡子壽弟九淵子靜及清江劉清之子澄皆來會此論係荅子靜雖歲月未詳然觀年譜所載則　諸老先生相與講學之意大畧可見今錄之卷首云

此段專一推明極字之義

太極是名此理至極

極是名此理之至極中是狀此理之不偏雖然同是此理然其名義各有攸當雖聖賢言之亦未嘗敢有所差互也若皇

經濟文衡　前集卷一

《国家珍贵古籍名录》编号：08263

传习录三卷、续录二卷

（明）王守仁撰 明嘉靖三十三年（1554）刻本

东北师范大学图书馆

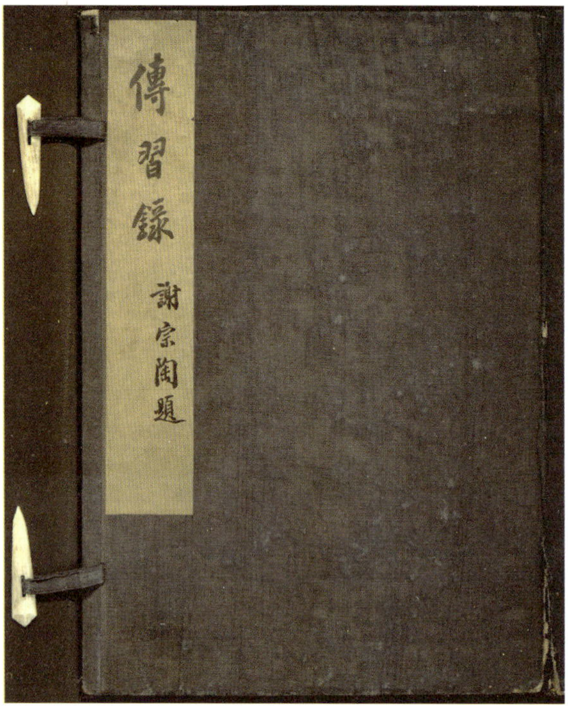

王守仁（1472—1529），幼名云，字伯安，别号阳明。绍兴余姚（今属宁波）人。因曾筑室于会稽山阳明洞，故自号阳明子，学者称之为阳明先生。明代著名的思想家、文学家、哲学家和军事家。心学集大成者，与孔子（儒学创始人）、孟子（儒学集大成者）、朱熹（理学集大成者）并称为“孔孟朱王”。弘治十二年（1499）进士，历任刑部主事、两广总督等职，晚年官至南京兵部尚书、都察院左都御史。因平定“宸濠之乱”而被封为新建伯，隆庆间追赠新建侯。卒谥文成，后人称王文成公。著有《王文成公全书》。

《传习录》为王阳明语录和书信集，为王阳明“心学”的代表作。此本序端钤有“谢宗陶藏书印”，知为近代政治和文化名人谢宗陶所藏。2016年应邀参加国家“民族记忆，精神家园”珍贵古籍特展，并收录于特展图录《从典籍中汲取智慧》中。

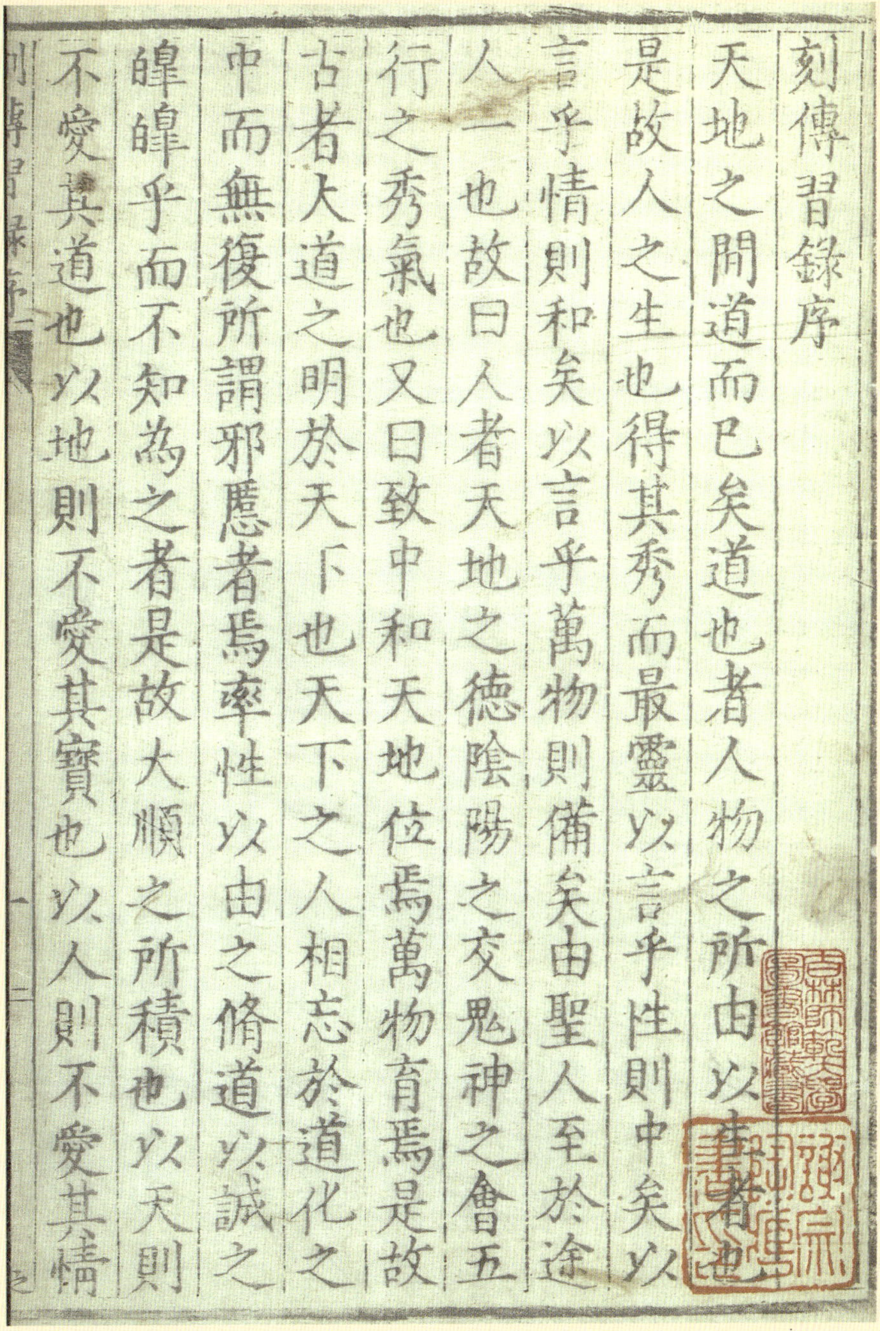
刻傳習錄序

天地之間道而已矣道也者人物之所由以生者也是故人之生也得其秀而最靈以言乎性則中矣以言乎情則和矣以言乎萬物則備矣由聖人至於途人一也故曰人者天地之德陰陽之交鬼神之會五行之秀氣也又曰致中和天地位焉萬物育焉是故古者大道之明於天下也天下之人相忘於道化之中而無復所謂邪慝者焉率性以由之脩道以誠之皞皞乎而不知為之者是故大順之所積也以天則不愛其道也以地則不愛其寶也以人則不愛其情

《国家珍贵古籍名录》编号：08320

天原发微五卷、图一卷、篇目名义一卷

（宋）鲍云龙撰 （明）鲍宁辨正 问答节要一卷
（明）鲍宁辑 明嘉靖二十九年（1550）秦藩刻本
东北师范大学图书馆

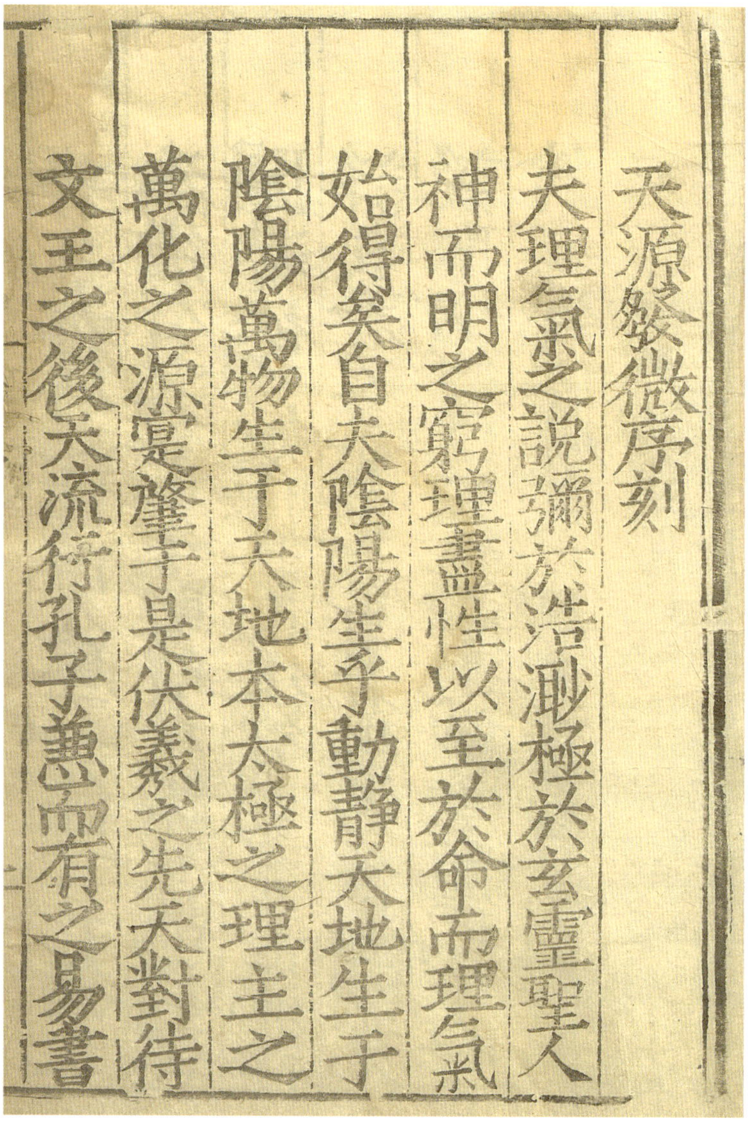

天源發微序刻
夫理氣之說彌於浩渺極於玄靈聖人
神而明之窮理盡性以至於命而理氣
始得矣自夫陰陽生乎動靜天地生乎
陰陽萬物生于天地本太極之理主之
萬化之源是肇于是伏羲之先天對待
文王之後天流行孔子兼而有之易書

鲍云龙（1226—1296），字景翔，号鲁斋，安徽歙县人。博通经史，尤精易学。宋景定进士。入元不仕。鲍宁，字廷谧，安徽歙县人。明代学者。

此书作者有感于秦、汉以来言天者，或拘于数术，或沦于空虚，致天人之故，郁而不明，因取《易》中诸大节目，博考详究。先列诸儒之说于前，而以己见辨论其下，以究天原，故名。此本为明代秦藩刻书。

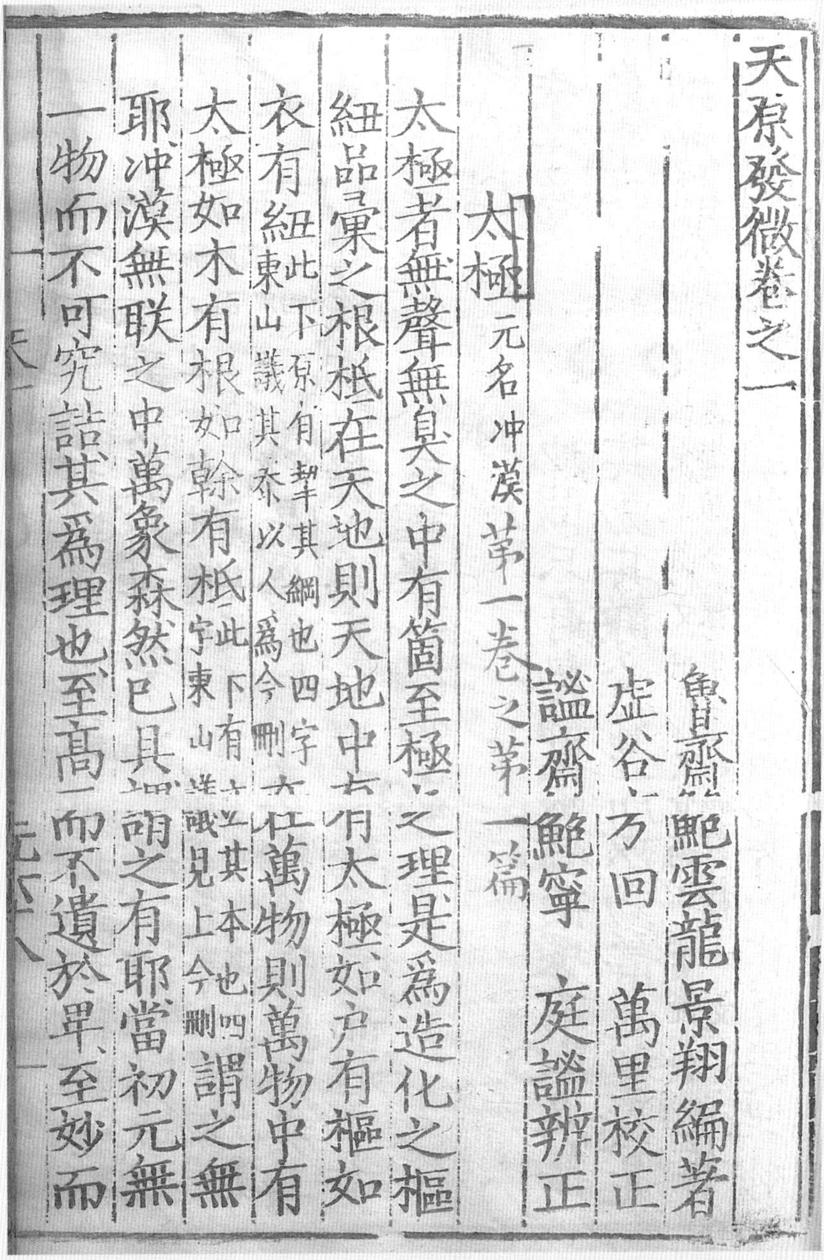
天原發微卷之一

魯齋 鮑雲龍景翔編著

虛谷 方回 萬里校正

謚齋 鮑寧 庭謐辨正

太極 元名冲漠第一卷之第一篇

太極者無聲無臭之中有箇至極之理是爲造化之樞紐品彙之根柢在天地則天地中有太極如户有樞如衣有紐此下原有挈其綱也四字東山議其泰以人爲今删在萬物則萬物中有太極如木有根如幹有柢此下有立其本也四字東山議說見上今删謂之無耶冲漠無朕之中萬象森然已具謂之有耶當初元無一物而不可究詰其爲理也至高而不遺於卑至妙而

《国家珍贵古籍名录》编号：08434

三才通考三卷

（明）秦汴撰　明嘉靖二十一年（1542）刻本

存一卷（上）　东北师范大学图书馆

秦汴（1509—1581），字思宋，号次山，江苏无锡人。明代藏书家、刻书家。历官南京后军都督府都事、左府经历、姚安知府等职。嗜藏书，建“万卷楼”以贮之。复举而刊之。刻有《锦绣万花谷》《事类赋注》《古今合璧事类备要》等。校勘精良，世称“秦刻”。辑著有《三才通考》《怀李斋集》《浙东海边图》等。

“三才”者，天、地、人也。作者于公余取当代名公议论及前代理学诸书手录成书，分为三卷，上卷天文，中卷地理，下卷人事，复分若干小类，旁征博引，各注所出。此书流传稀少，本馆只存上卷，山东省图书馆存中卷，均入选《国家珍贵古籍名录》。

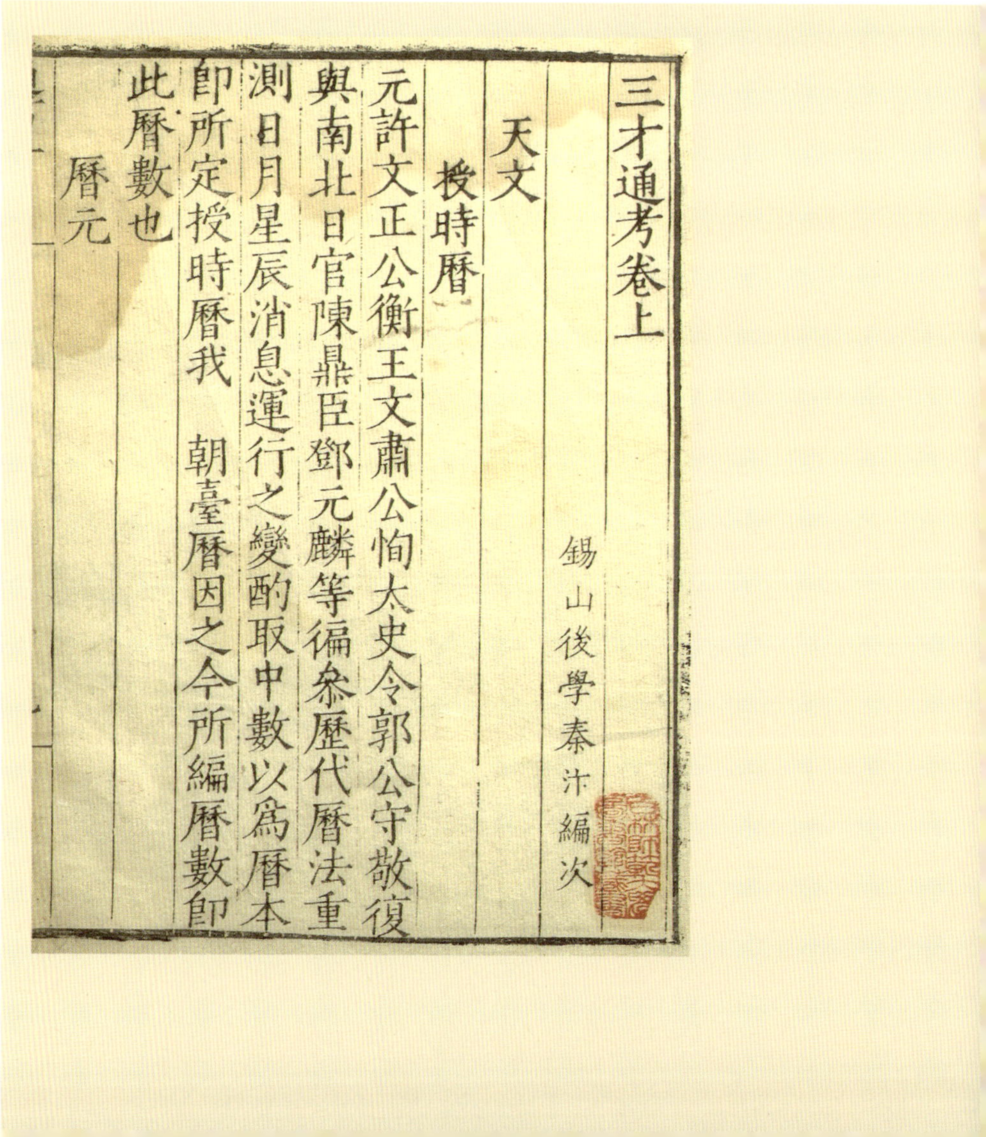

三才通考卷上

錫山後學秦汴編次

天文

授時曆

元許文正公衡王文肅公恂太史令郭公守敬復與南北日官陳鼎臣鄧元麟等徧叅歷代曆法重測日月星辰消息運行之變酌取中數以爲曆本卽所定授時曆我　朝臺曆因之今所編曆數卽此曆數也

曆元

《国家珍贵古籍名录》编号：08622

刻三才通考序

明參南京後府諸軍事錫山秦汴撰

或問於余曰三才之道淵矣廣矣子以萬有餘言欲究其極無乃失之狹乎余應之曰不然茲特舉其要焉爾蓋謂君子之學以用世爲難以先務爲急學而不足以用世猶弗學也用而不知急先務猶弗用也矧吾人參天兩地謂之三

读风臆评一卷

（明）戴君恩评 明万历四十八年（1620）闵齐伋刻朱墨套印本 长春图书馆

戴君恩（1570—1636），字忠甫，号紫宸，别号兰江痴叟。明澧州（今湖南澧县闸口乡石庄村）人。著有《说山》《四书剩言》《绘孟风评》《读风臆评》《抚晋疏草》《掌园杂记》及诗文等。

《读风臆评》是明代戴君恩对《诗经》中《国风》部分所作的一种文学解读。《读风臆评》对《国风》一百六十篇中的九十四篇加注了评语，而剩余的六十六篇只点不评。评语包括旁批、眉批、尾评三方面，书中所有戴君恩自己的评点之语和评点符号，皆为朱色套印。此书是明代后期《诗经》文学研究的主要著作之一。此为明万历四十八年（1620）闵齐伋刻朱墨套印本，套色精准、艳丽，为明代彩色套印本之精品代表。

钤：觉人珍藏、闵齐伋、字遇五。

《国家珍贵古籍名录》编号：03270

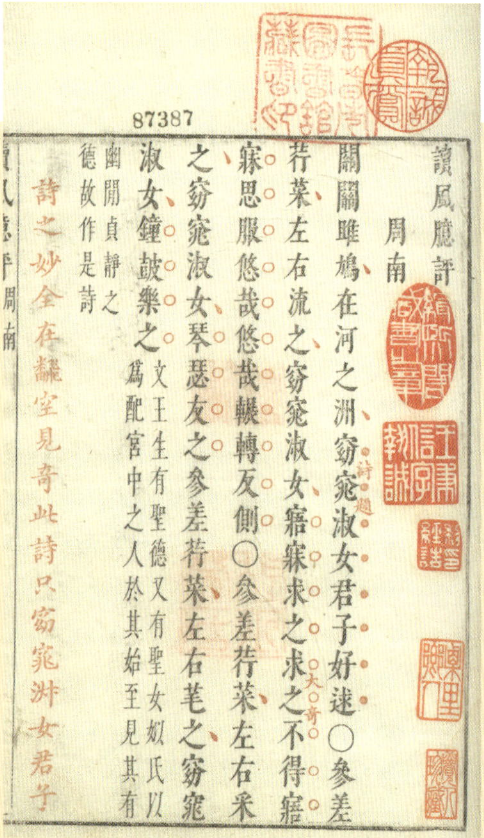
87387
讀風臆評
周南
關關雎鳩在河之洲窈窕淑女君子好逑○參差
荇菜左右流之窈窕淑女寤寐求之求之不得寤
寐思服悠哉悠哉輾轉反側○參差荇菜左右采
之窈窕淑女琴瑟友之參差荇菜左右芼之窈窕
淑女鐘鼓樂之 文王生有聖德又有聖女姒氏以爲配宮中之人於其始至見其有幽閒貞靜之德故作是詩
詩之妙全在翻空見奇此詩只窈窕淑女君子

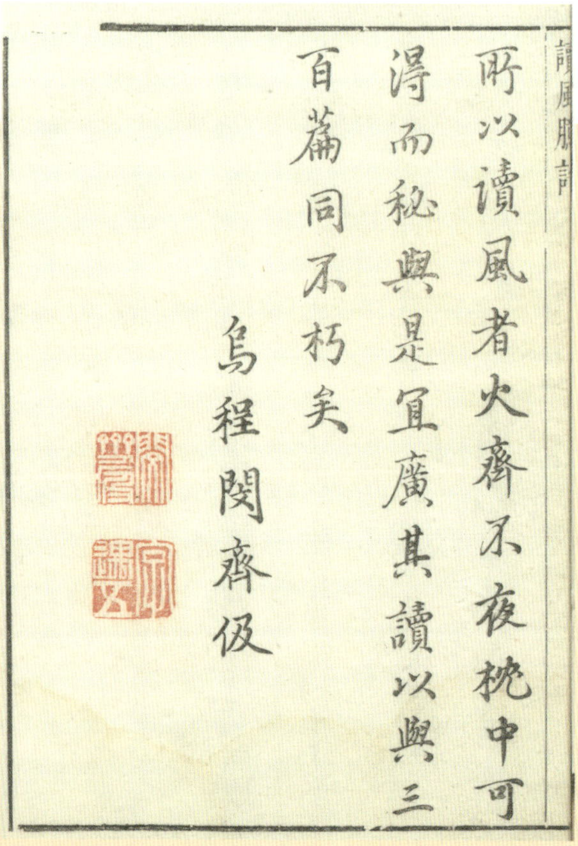
所以讀風者火齊不夜枕中可
得而秘與是宜廣其讀以與三
百篇同不朽矣
烏程閔齊伋

春秋左传十五卷

（明）孙鑛批点　明万历四十四年（1616）

闵齐伋刻朱墨套印本　长春图书馆

孙鑛（1543—1613），字文融，号月峰。明余姚横河镇孙家境村（今浙江慈溪市）人。万历二年（1574）会试会元，授兵部主事。官至南京右都御史、兵部尚书。孙鑛评点作品五十多种，遍及经史子集，名重一时，其文学评点影响广泛。

孙鑛评点内容丰富，语言精练，评点、注释、考证相互结合，同时在评点中注重与其他典籍进行广泛的联系和比较，突出左传的艺术特点，是左传评点史上较有影响的著作。

长春市图书馆所藏《春秋左传》十五卷为明万历四十四年（1616）闵齐伋刻朱墨套印本，是现存最早的孙鑛左传批点刻本。

钤：韩敬、求中氏、傅荣楣印。

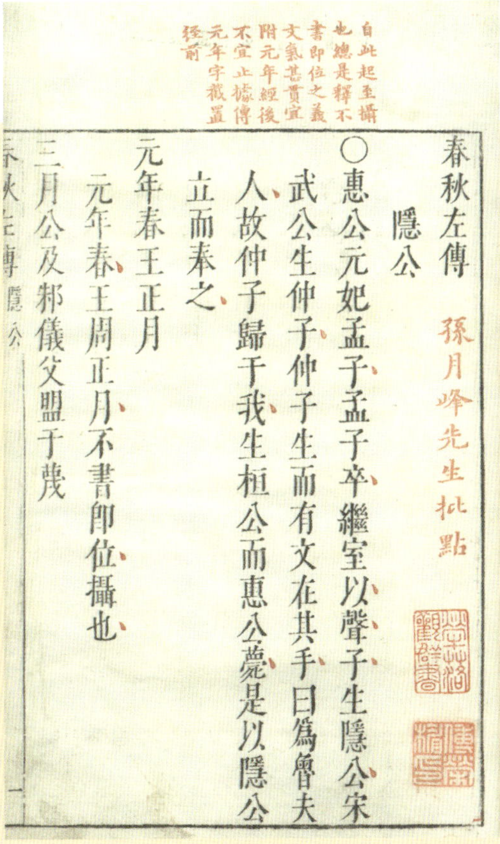
自此起至攝也總是釋不書即位之義文氣甚貫宜附元年經後不宜止據傳元年字截置經前

春秋左傳　孫月峰先生批點

隱公

○惠公元妃孟子孟子卒繼室以聲子生隱公宋武公生仲子仲子生而有文在其手曰爲魯夫人故仲子歸于我生桓公而惠公薨是以隱公立而奉之

元年春王正月

元年春王周正月不書即位攝也

三月公及邾儀父盟于蔑

春秋左傳　隱公

《国家珍贵古籍名录》编号：03350

古今历代十八史略二卷纲目一卷

（元）曾先之编 明初刻本（有补配） 长春图书馆

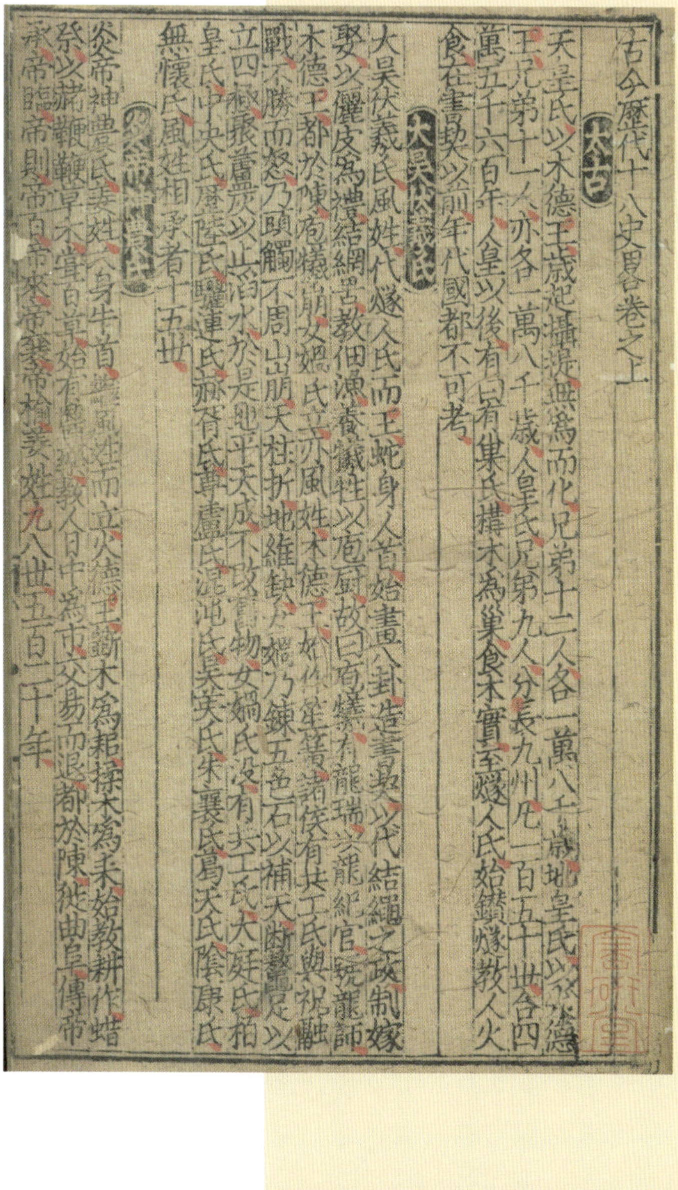
古今歷代十八史畧卷之上
太古
天皇氏以木德王歲起攝提無爲而化兄弟十二人各一萬八千歲地皇氏以火德
王兄弟十一人亦各一萬八千歲人皇氏兄弟九人分長九州凡一百五十世合四
萬五千六百年人皇以後有曰有巢氏搆木爲巢食木實至燧人氏始鑽燧教人火
食在書契以前年代國都不可考
太昊伏羲氏
太昊伏羲氏風姓代燧人氏而王蛇身人首始畫八卦造書契以代結繩之政制嫁
娶以儷皮爲禮結網罟教佃漁養犧牲以庖廚故曰庖犧有龍瑞以龍紀官號龍師
木德王都於陳庖犧崩女媧氏立亦風姓木德王始作笙簧諸侯有共工氏與祝融
戰不勝而怒乃頭觸不周山崩天柱折地維缺女媧乃鍊五色石以補天斷鼇足以
立四極聚蘆灰以止滔水於是地平天成不改舊物女媧氏沒有共工氏大庭氏栢
皇氏中央氏歷陸氏驪連氏赫胥氏尊盧氏混沌氏昊英氏朱襄氏葛天氏陰康氏
無懷氏風姓相承者十五世
炎帝神農氏
炎帝神農氏姜姓人身牛首繼風姓而立火德王斲木爲耜揉木爲耒始教耕作蜡
祭以赭鞭鞭草木嘗百草始有醫藥教人日中爲市交易而退都於陳徙曲阜傳帝
承帝臨帝則帝百帝來帝襄帝榆罔姜姓凡八世五百二十年

曾先之，字从野，庐陵（今江西吉安）人，南宋末年进士，历任多种官职，颇有政绩。宋亡，隐居不出，著有《十八史略》。

《十八史略》采撷《史记》《五代史记》等正史记载的史实，以时间为轴，以帝王为主线，全景再现从上古至南宋末年的历史变迁和兴衰。和其他官修史书不同的是，作者不单记述孤立的历史事件，同时梳理了各历史事件的前因后果，厘清了历史人物关系。作者化繁为简，将十八部中国正史凝练于一书，堪称“极简中国史”，因此至明清大为畅行，更东传日本，并且在日本产生了长久而特殊的影响。《十八史略》最早刊行于元朝，有二卷本与十卷本两种。明朝时期，二卷本仍有重刻。

长春市图书馆所藏《古今历代十八史略》二卷、纲目一卷为明初刻本。

钤：安乐堂印、王维翰、墨林。

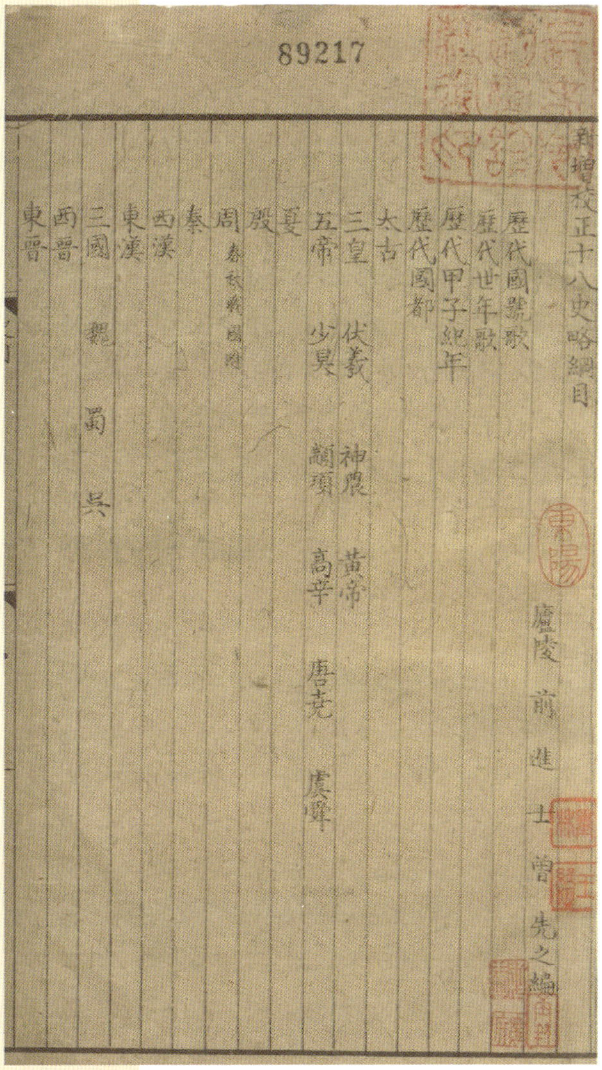
89217

新增校正十八史略綱目
廬陵 前進士 曾先之編
歷代國號歌
歷代世年歌
歷代甲子紀年
歷代國都
太古
三皇 伏羲 神農 黄帝
五帝 少昊 顓頊 高辛 唐堯 虞舜
夏
殷
周 春秋戰國附
秦
西漢
東漢
三國 魏 蜀 吳
西晉
東晉

《国家珍贵古籍名录》编号：04027

楚辞二卷

（战国）屈原（战国）宋玉（汉）贾谊等撰 明万历四十八年（1620）闵齐伋刻三色套印本 长春图书馆

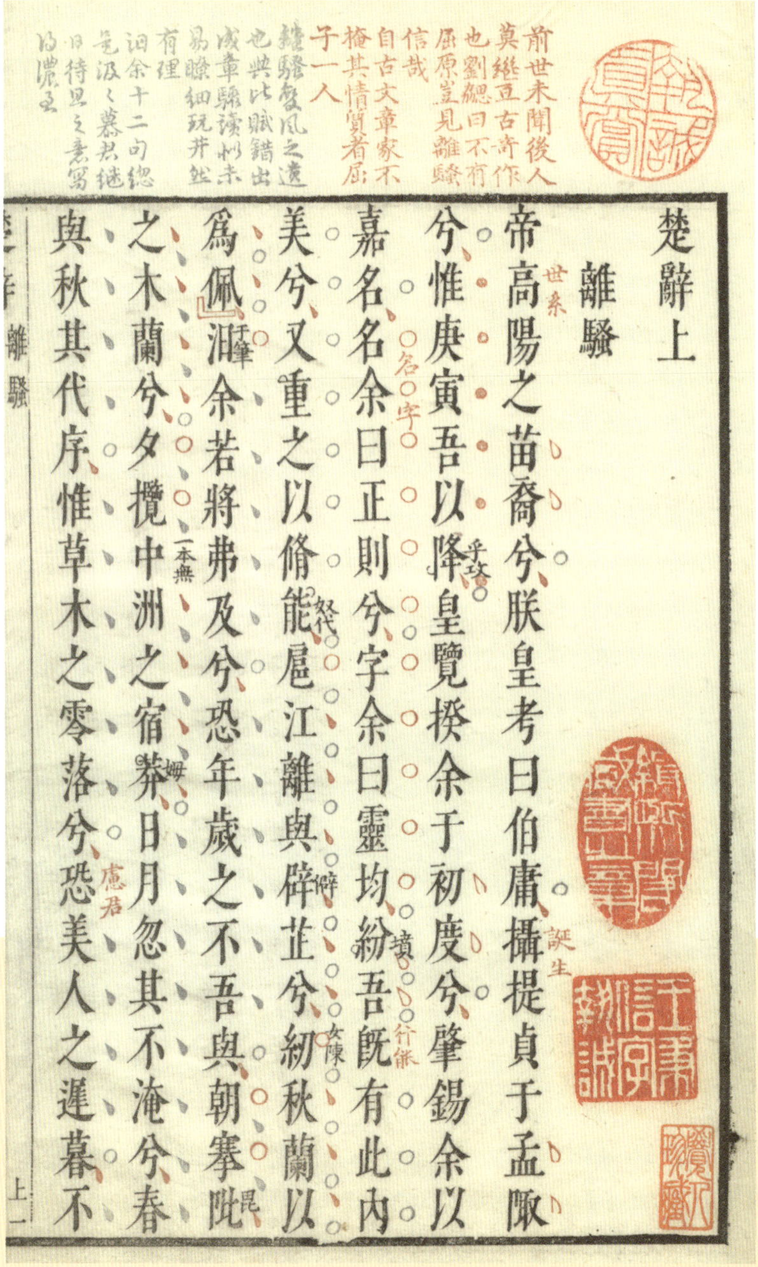
前世未聞後人莫繼亘古奇作也劉勰曰不有屈原豈見離騷信哉自古文章家不掩其情質者屈子一人

楚辭上

離騷

帝高陽之苗裔兮朕皇考曰伯庸攝提貞于孟陬兮惟庚寅吾以降皇覽揆余于初度兮肇錫余以嘉名名余曰正則兮字余曰靈均紛吾既有此内美兮又重之以脩能扈江離與辟芷兮紉秋蘭以爲佩汩余若將弗及兮恐年歲之不吾與朝搴阰之木蘭兮夕攬中洲之宿莽日月忽其不淹兮春與秋其代序惟草木之零落兮恐美人之遲暮不

楚辭 離騷 上一

《楚辞》是一种骚体诗，是以战国时楚国屈原的创作为代表的新诗体，收录屈原、宋玉、淮南小山、东方朔、王褒、刘向、王逸等人辞赋十七篇，其中又以《离骚》《天问》《招魂》《山鬼》《九歌》为主要代表作。作品运用楚地（今两湖一带）的文学样式、方言声韵，叙写楚地的山川人物、历史风情，具有浓厚的地方特色。汉代时，刘向把屈原的作品及宋玉等人“承袭屈赋”的作品编辑成集，名为《楚辞》。并成为继《诗经》以后对我国文学具有深远影响的一部诗歌总集，并且是我国第一部浪漫主义诗歌总集。

长春市图书馆所藏《楚辞》二卷为明万历四十八年（1620）闵齐伋刻三色套印本。本书由朱墨蓝三色套印，朱字为楷书，蓝字则为行草书，行间亦批注圈点，书眉批注较多，每篇后评注亦多。是书开本较大，字体格式为典型闵刻风格。

钤：觉人珍藏、闵印齐伋、遇五父。

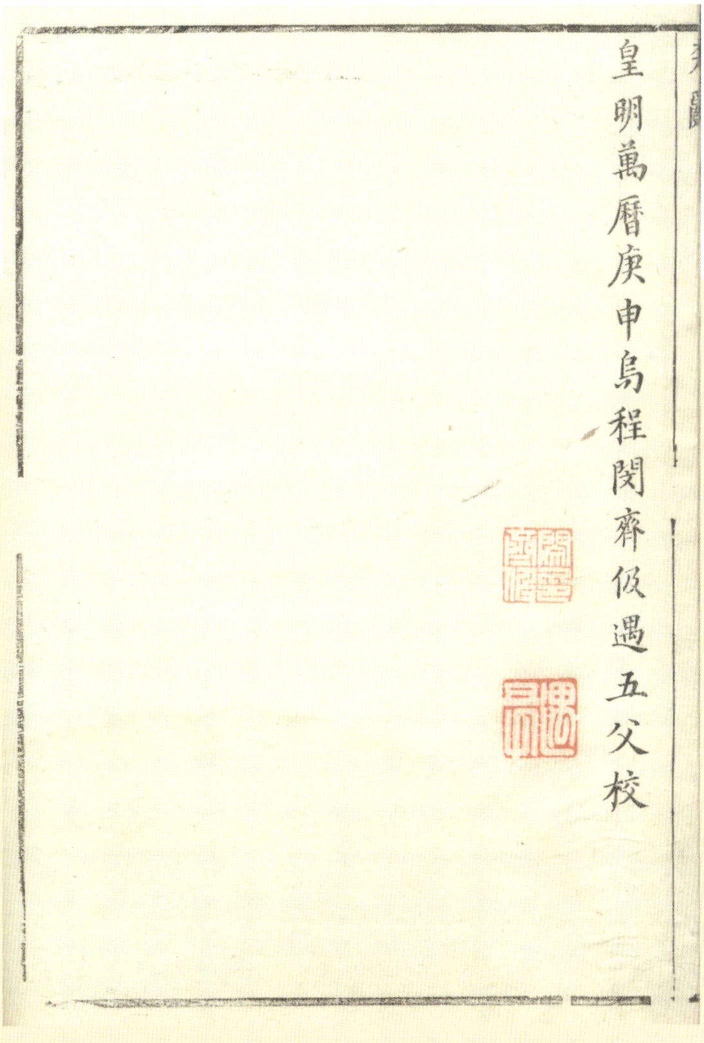

《国家珍贵古籍名录》编号：05036

初学记三十卷

（唐）徐坚等辑 明嘉靖十年（1531）安国桂坡馆刻本 吉林省社科院图书馆

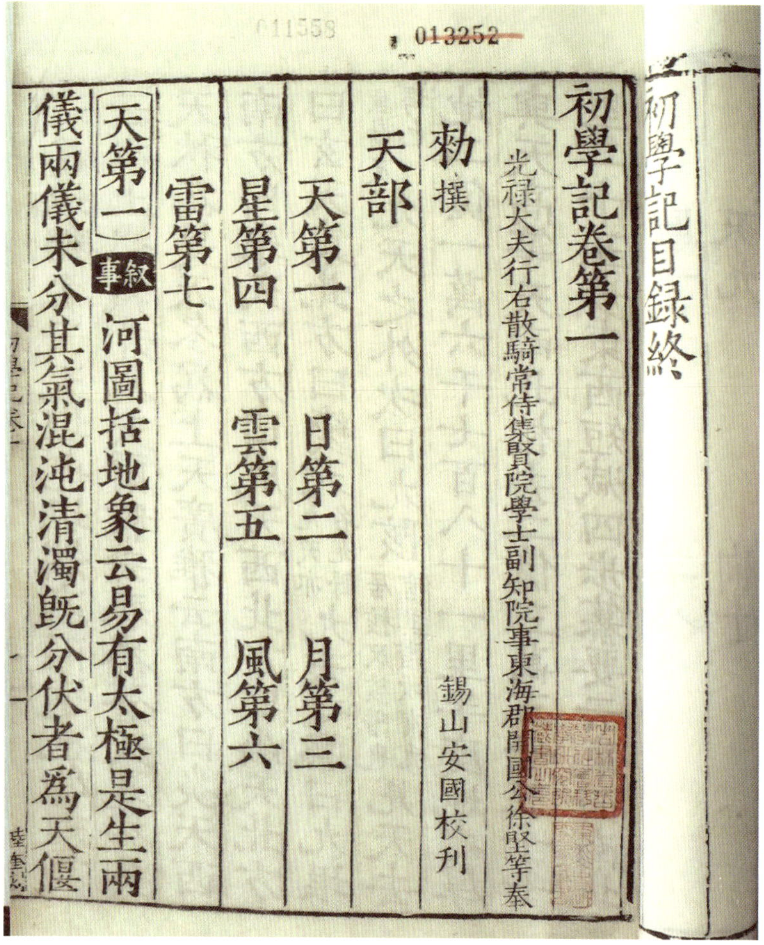
初學記目録終

初學記卷第一

光禄大夫行右散騎常侍集賢院學士副知院事東海郡開國公徐堅等奉

勑撰 錫山安國校刊

天部

天第一 日第二 月第三

星第四 雲第五 風第六

雷第七

天第一 叙事 河圖括地象云易有太極是生兩

儀兩儀未分其氣混沌清濁既分伏者爲天偃

徐坚（660—729），字元固，浙江长兴人。以文行于世，唐玄宗朝重臣。少举进士，累授太学。初官为参军，多次升迁，深得玄宗信任，奉敕修撰《则天实录》《初学记》等书籍。唐玄宗开元十七年（729）卒，赠从一品太子少保。

《初学记》是唐玄宗时官修的一部类书。共分二十三部，三百一十三个子目，每个子目先分“叙事”，其次是“事对”，最后是“赋”“诗”“颂”“讃”“箴”“铭”“论”“书”“祭文”等各体诗文。

吉林省社会科学院图书馆所藏《初学记》三十卷为明嘉靖十年（1531）安国桂坡馆刻本，刻梓精良。

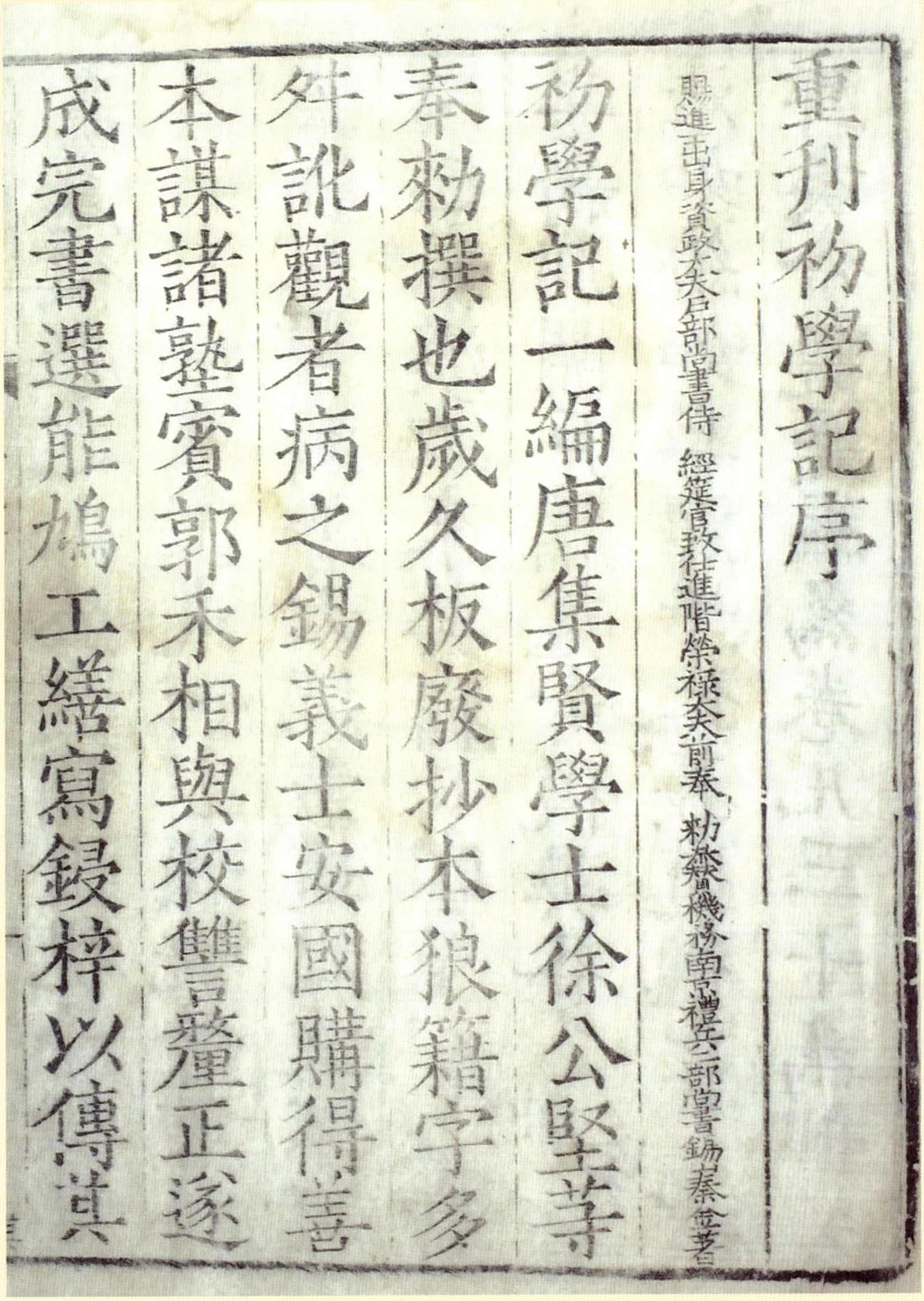
重刊初學記序

賜進士出身資政大夫戶部尚書侍經筵官致仕進階榮祿大夫前奉勅參贊機務南京禮兵二部尚書錫秦金著

初學記一編唐集賢學士徐公堅等
奉勅撰也歲久板廢抄本狼籍字多
舛訛觀者病之錫義士安國購得善
本謀諸塾賓郭禾相與校讐釐正遂
成完書選能鳩工繕寫鋟梓以傳其

《国家珍贵古籍名录》编号：08576

苑洛集二十二卷

（明）韩邦奇撰　明嘉靖三十九年（1560）刻本　吉林省社科院图书馆

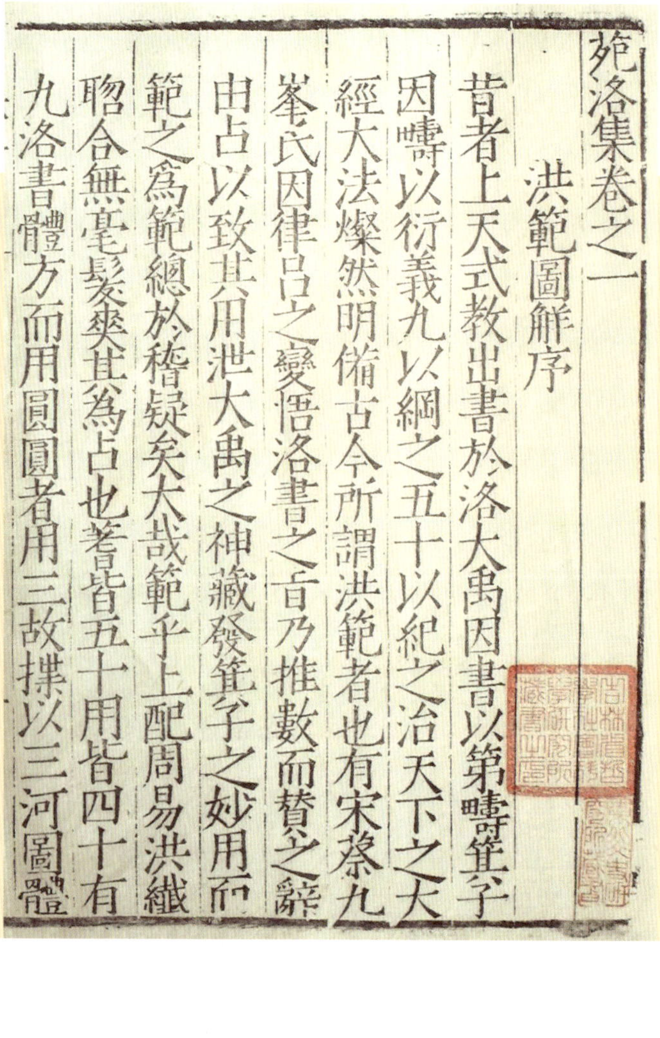
苑洛集卷之一

洪範圖解序

昔者上天式教出書於洛大禹因書以第疇箕子因疇以衍義九以綱之五十以紀之治天下之大經大法燦然明備古今所謂洪範者也有宋蔡九峯氏因律呂之變悟洛書之旨乃推數而賛之辭由占以致其用泄大禹之神藏發箕子之妙用而範之為範總於稽疑矣大哉範乎上配周易洪纖聦合無毫髮爽其為占也蓍皆五十用皆四十有九洛書體方而用圓圓者用三故揲以三河圖體

韩邦奇（1479—1555），字汝节，号苑洛，陕西大荔县人。正德三年（1508）进士，官吏部员外郎、山西参议等职，为官厉行清正，以南京兵部尚书致仕。嘉靖三十四年（1555），因关中大地震，死于非命。韩邦奇文理兼备，精通音律，著述甚富，是明代中叶一位卓越的学者、文学家与音乐理论家。著有《苑洛集》《易学启蒙意见》《性理三解》《禹贡详略》《苑洛志乐》《律吕新书直解》等。

《苑洛集》凡序二卷、记一卷、志铭三卷、表一卷、传一卷、策问一卷、诗二卷、词一卷、奏议五卷、《见闻考随录》五卷。乃嘉靖末所刊，汾阳孔天胤为之序。其内容庞杂，涉及明代中叶的政治、历史、经济、军事、理学、易学、乐论、文学、人物等诸多方面。《见闻考随录》所记朝廷典故纪闻，颇为详备。辨论经义，阐发易数，多精确可传。盖为有本之学，虽琐闻杂记，亦与空谈者异也。对于研究明代中叶历史、文化具有很高的史料价值。

吉林省社会科学院图书馆所藏此书为明嘉靖刻本，质地优良；字体硬瘦挺直、方正整齐，刊刻水平较高，当属精校精印本，文物价值与史料价值兼备。

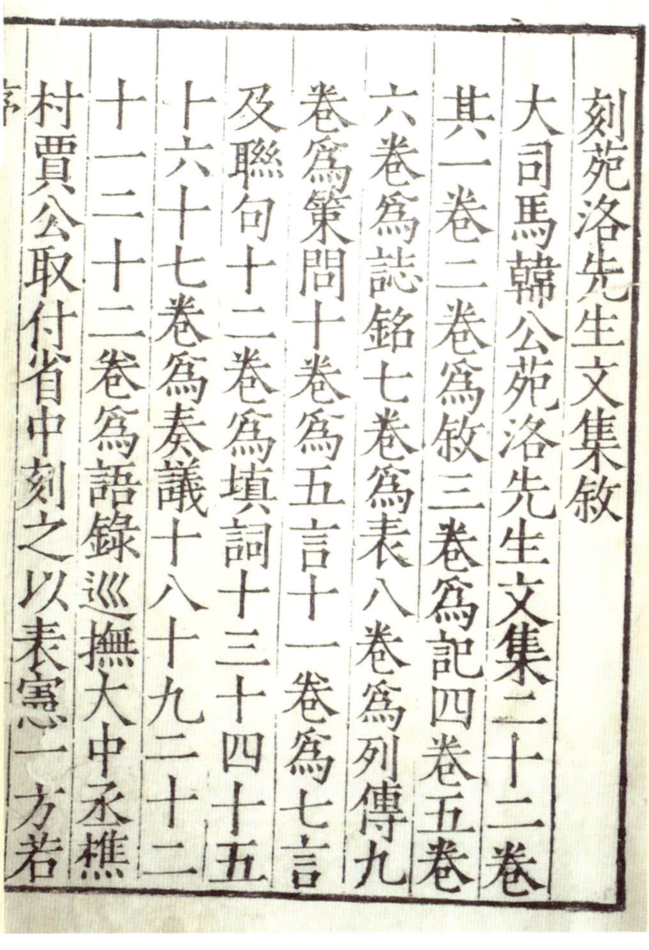
刻苑洛先生文集敘
大司馬韓公苑洛先生文集二十二卷
其一卷二卷爲敘三卷爲記四卷五卷
六卷爲誌銘七卷爲表八卷爲列傳九
卷爲策問十卷爲五言十一卷爲七言
及聯句十二卷爲填詞十三十四十五
十六十七卷爲奏議十八十九二十二
十一二十二卷爲語錄巡撫大中丞樵
村賈公取付省中刻之以表憲一方若

《国家珍贵古籍名录》编号：11967

肆

清本

附释音礼记注疏六十三卷

（汉）郑玄注（唐）孔颖达疏（唐）陆德明音义 清乾隆六十年（1795）和珅影宋刻本 吉林省图书馆

和珅（1750—1799），原名善保，字致斋，钮祜禄氏，满洲正红旗人，清代权臣。和珅有藏书处名“致斋”，曾担任《四库全书》总纂官等职，收藏颇有规模。

自宋以来，儒家经典逐渐形成经文、注文、疏文合刻的八行本和十行本两种印刷体系。而宋刻十行本又成为后世十行本经书刊刻的祖本，元刻十行本、闽本、监本、毛本、殿本、四库本皆源于此。礼记为十三经之一，刊本众多，但后世翻刻本脱漏讹误甚多。乾隆六十年，和珅据所藏南宋刘叔刚刻十行本翻刻《礼记注疏》，其跋文曰：“余得宋刻本《礼记》，前有昆山徐氏、泰兴季氏收藏图印，后有惠定宇跋，其与监本、毛本增多正误互异之处考志详明。余复以毛本对校一过，一一吻合，洵为艺林鸿宝。……爰影钞付梓，俾广流传，际万古一时之隆盛，正四百余年之残匮，为是书幸，尤当为余幸也。”和珅翻刻本很大程度上保存了宋刻十行本的原貌，且校勘精审，版本价值较高。嘉庆四年（1799），和珅革职入狱，所藏宋刻底本不知所踪，其翻刻本亦存世较少。

本馆所藏此本即和珅影宋刻本。

钤：致斋和珅、子子孙孙其永宝之、大学士章、荃孙、云轮阁、于印省吾。

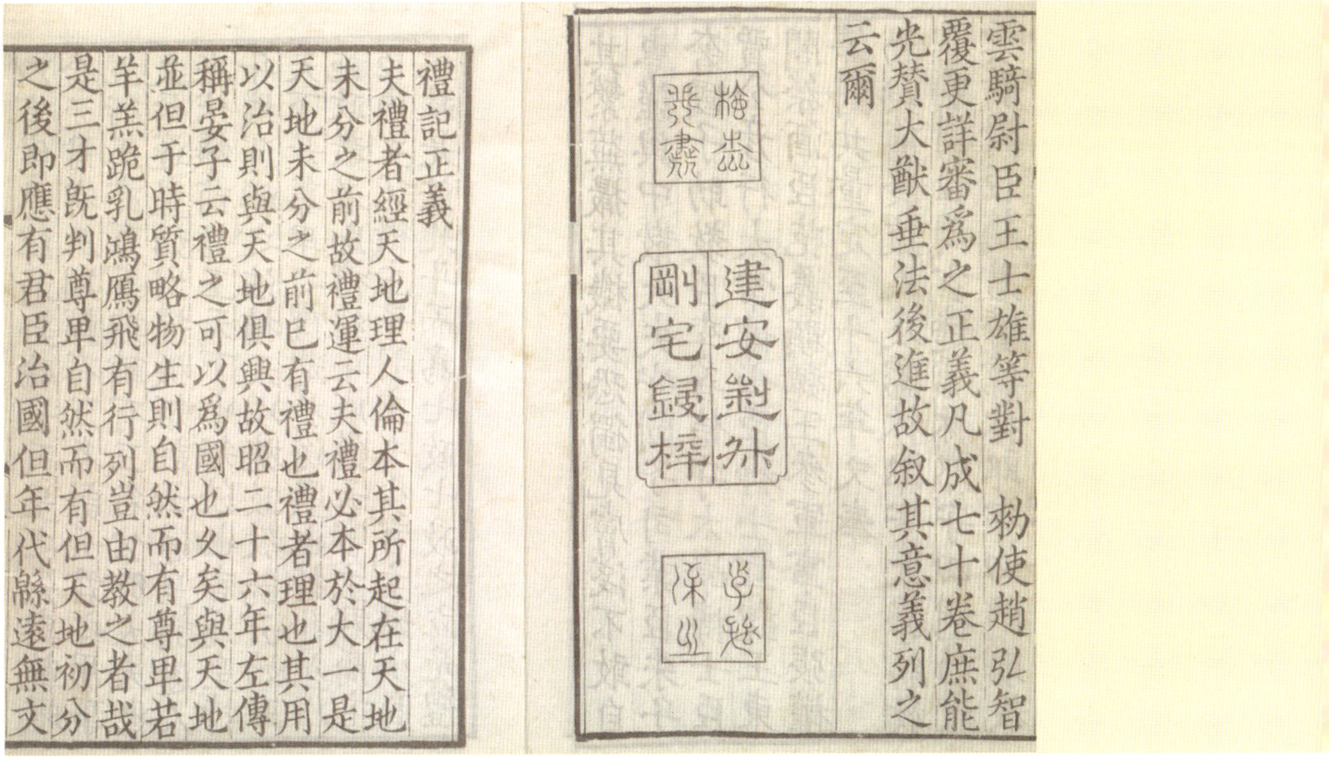

雲騎尉臣王士雄等對　敕使趙弘智
覆更詳審爲之正義凡成七十卷庶能
光賛大猷垂法後進故敘其意義列之
云爾

建安劉叔
剛宅鋟梓

禮記正義
夫禮者經天地理人倫本其所起在天地
未分之前故禮運云夫禮必本於大一是
天地未分之前已有禮也禮者理也其用
以治則與天地俱興故昭二十六年左傳
稱晏子云禮之可以爲國也久矣與天地
並但于時質略物生則自然而有尊卑若
羊羔跪乳鴻鴈飛有行列豈由教之者哉
是三才既判尊卑自然而有但天地初分
之後即應有君臣治國但年代緜遠無文

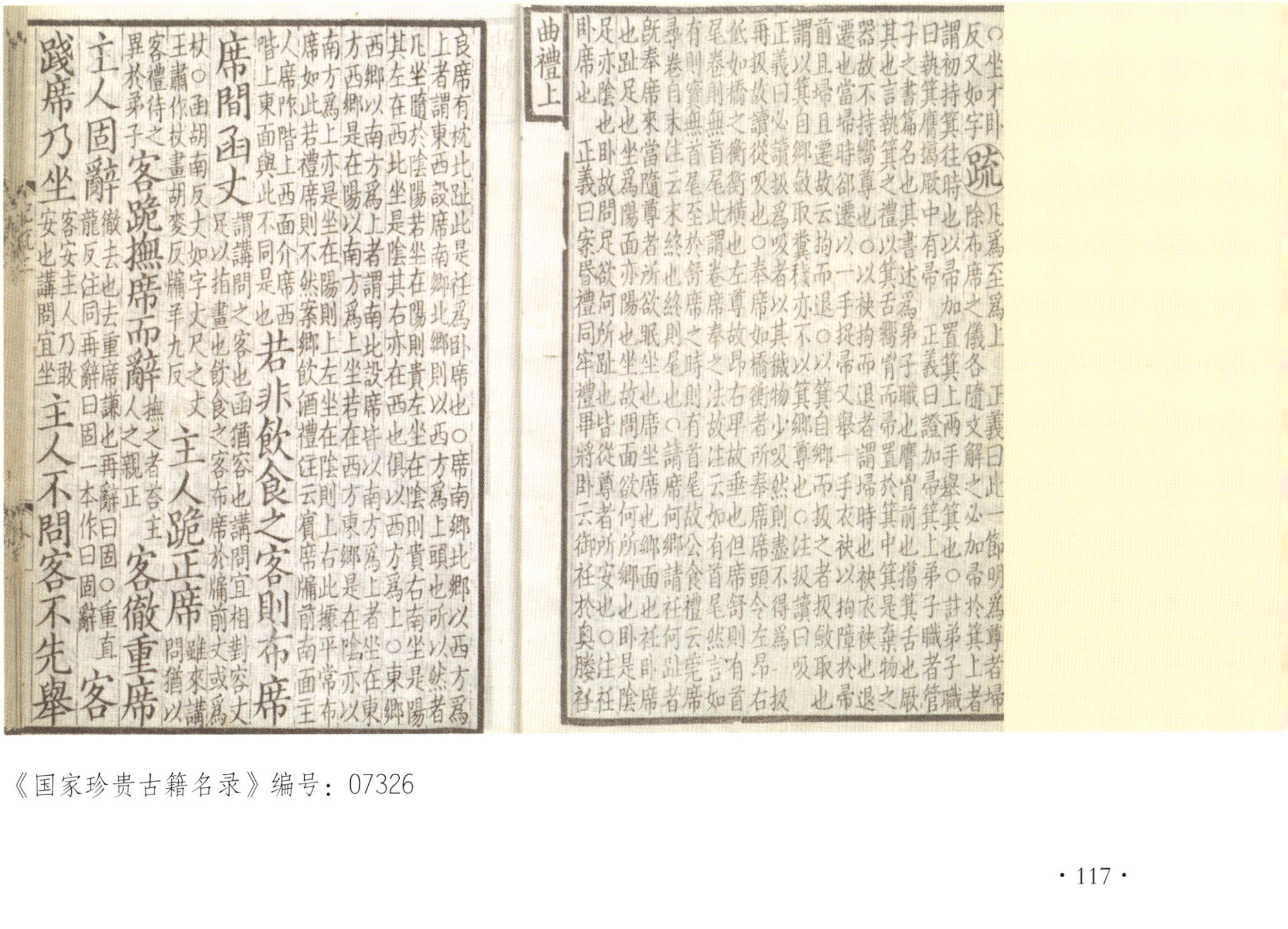

○坐才卧疏凡爲至爲上　正義曰此一節明爲尊者埽
反又如字除布席之儀各隨文解之必加帚於箕上者
謂初持箕往時也以帚加置箕上兩手舉箕也○計弟子職
日執箕膺攝厭中有帚　正義曰證加帚箕上弟子職者管
子之書篇名也其書述爲弟子職也膺肯前也攝箕舌也厭
其也言執箕之禮以箕舌饗肯而帚置於箕中箕是棄物之
器故不持嚮尊也○以袂拘而退者謂埽時也袂衣袂也退
還也當埽時卻遷以一手捉帚又舉一手衣袂以拘障於帚
前且埽且還故云拘而退○以箕自鄉而扱之者扱斂取也
謂以箕自鄉斂取糞穢亦不以箕鄉尊也○注扱讀曰吸
正義曰必讀扱爲吸者以其織物少吸然則盡不得爲扱
再扱故讀從吸也○奉席如橋衡者所奉席席頭令左昂右
低如橋之衡衡橫也左尊故昂右卑故垂也但席舒則有首
尾卷則無首尾此謂卷席奉之法故注云如有首尾然言如
有則賓無首尾至於舒席之時則有首尾故公食禮云莞席
尋卷自末注云末終也終則尾也○請席何鄉請衽何趾者
既奉席來當隨尊者所欲眠坐也席坐席也鄉面也衽卧席
也趾足也坐爲陽面亦陽也坐故問面欲何所鄉也卧是陰
足亦陰也卧故問足欲何所趾也皆從尊者所安也○注衽
卧席也　正義曰案昏禮同牢禮畢將卧云御衽於奧媵衽
曲禮上

良席有枕北趾此是衽爲卧席也○席南鄉北鄉以西方爲
上者謂東西設席南鄉北鄉則以西方爲上頭也所以然者
凡坐隨於陰陽若坐在陽則貴左坐在陰則貴右南坐是陽
其左在西北坐是陰其右亦在西也俱以西方爲上○東鄉
西鄉以南方爲上者謂南北設席皆以南方爲上者坐在東
方西鄉是在陽以南方爲上坐若在西方東鄉是在陰亦以
南方爲上坐在陽則上左坐在陰則上右此據平常布
席如此若禮席則不然案鄉飲酒禮注云賓席牖前南面主
人席阼階上西面介席西階上東面與此不同是也若非飲食之客則布席
席間函丈謂講問之客也函猶容也講問宜相對容丈足以指畫也飲食之客布席於牖前丈或爲
杖○函胡南反丈如字丈尺之丈王肅作杖畫胡麥反牖羊九反主人跪正席雖來講問猶以
客禮待之異於弟子客跪撫席而辭撫之者答主人之親正客徹重席
主人固辭徹去也去重席謙也再辭曰固○重直龍反注同再辭曰固一本作曰固辭客
踐席乃坐客安主人乃敢安也講問宜坐主人不問客不先舉

《国家珍贵古籍名录》编号：07326

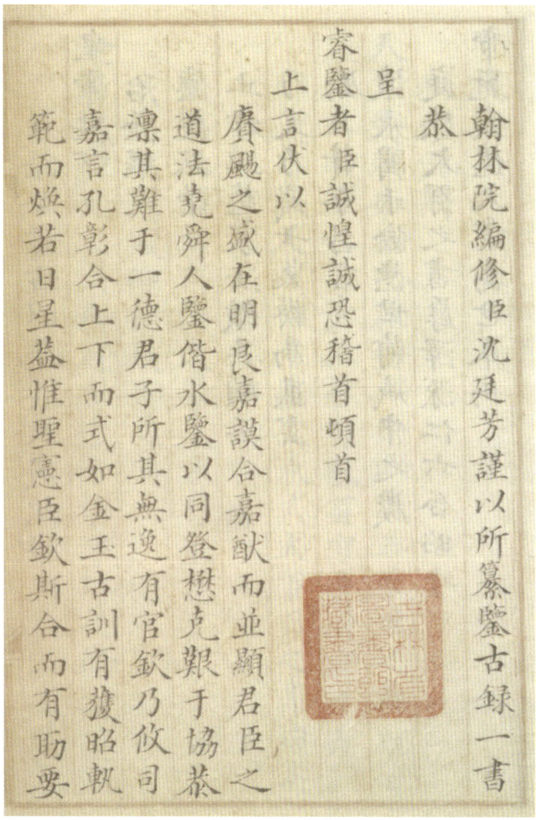

翰林院編修臣沈廷芳謹以所纂鑒古録一書
恭
呈
睿鑒者臣誠惶誠恐稽首頓首
上言伏以
賡颺之盛在明良嘉謨合嘉猷而並顯君臣之
道法堯舜人鑒偕水鑒以同登懋克艱于協恭
凜其難于一德君子所其無逸有官欽乃攸司
嘉言孔彰合上下而式如金玉古訓有獲昭軌
範而煥若日星蓋惟聖憲臣欽斯合而有助要

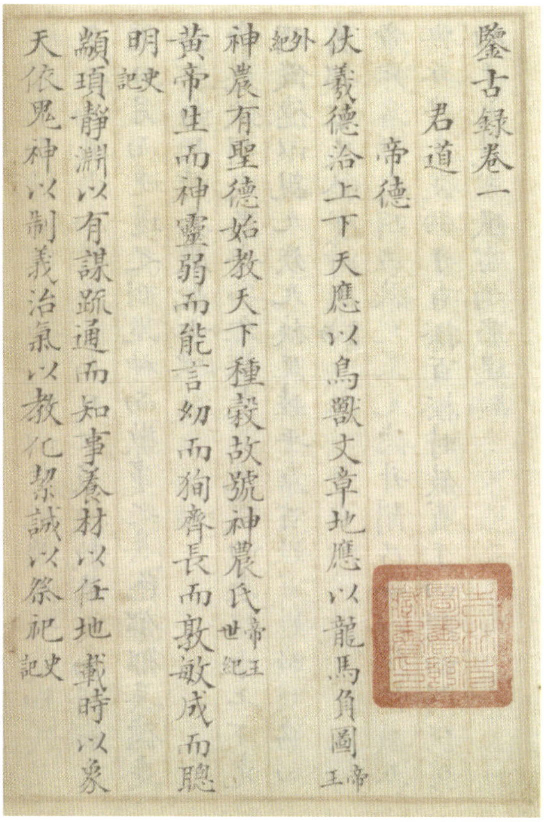

鑒古録卷一
君道
帝德
伏羲德洽上下天應以鳥獸文章地應以龍馬負圖帝王
外紀
神農有聖德始教天下種穀故號神農氏帝王世紀
黃帝生而神靈弱而能言幼而徇齊長而敦敏成而聰
明史記
顓頊靜淵以有謀疏通而知事養材以任地載時以象
天依鬼神以制義治氣以教化絜誠以祭祀史記

《国家珍贵古籍名录》编号：08567

鉴古录十六卷

（清）沈廷芳辑 清抄本 吉林省图书馆

沈廷芳（1702—1772），本姓徐，其父过继于舅沈氏，遂姓沈。字畹叔，又字荻林，号椒园，浙江仁和（今杭州）人。清桐城派学者、藏书家。乾隆元年（1736）举博学鸿词，官至山东按察使。累为鳌峰、端溪、乐仪、敬敷四书院山长。诗学查慎行，文学方苞。风流儒雅，诗笔亦同，书法在兰亭、丙舍间。

性嗜藏书，建有藏书楼名“隐拙斋”，收藏甚富，以“古柱下史”自称。后家境渐贫，藏书散失。著有《隐拙斋诗文集》《十三经注疏正字》《续经义考》《古文指授》《鉴古录》等。

此书前有乾隆五年（1740）十二月初三日翰林院编修沈廷芳上皇帝表，书中主要阐述君道和臣道。通过引用圣贤来诠释何谓君臣之道以及如何做到君臣之道。

此书为清抄本，书品尚好，红口红对鱼尾，字体端秀清新，版式舒朗，凝重端庄，古朴大方。

许鲁斋先生集六卷

（元）许衡撰 （清）张伯行辑 清康熙四十七年（1708）抄本 曾习经题识 吉林省图书馆

许衡，字仲平，号鲁斋，谥文正，怀庆河内（今河南沁阳市）人。元初大哲学家、名臣。主张知行并重，认为学之目的，应以治生为本，不为求官谋利所驱动；反对聚敛，提倡生产；主张取之有度，用之有节；重视农、工、商、贾；同时指出古今治乱的辩证关系。这些观点为元代多民族大一统王朝的建立，使程朱理学再行于世，由私学变为官学，取得正统地位，起到了极为重要的作用。

钤：秋翠斋。

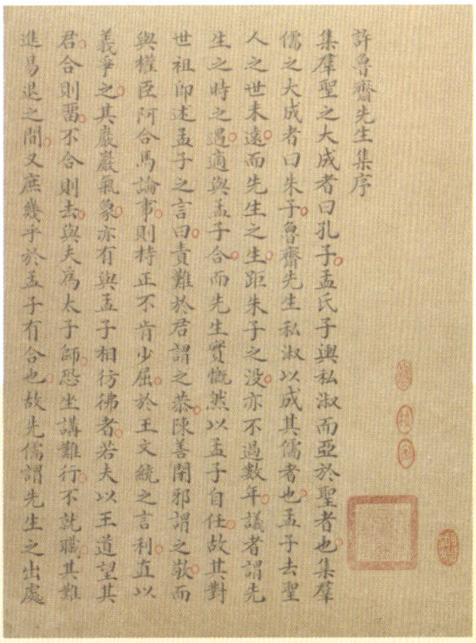

許魯齋先生集序

集群聖之大成者曰孔子孟氏子與私淑而亞於聖者也集群儒之大成者曰朱子魯齋先生私淑以成其儒者也孟子去聖人之世未遠而先生之生距朱子之没亦不過數年議者謂先生之時之遇適與孟子合而先生慨然以孟子自任故其對世祖即述孟子之言曰責難於君謂之恭陳善閉邪謂之敬而與權臣阿合馬論事則持正不肯少屈於王文統之言利直以義爭之其巖巖氣象亦有與孟子相彷彿者若夫以王道望其君合則留不合則去與夫為太子師恐生講難行不就職其難進易退之間又庶幾乎於孟子有合也故先儒謂先生之出處

《国家珍贵古籍名录》编号：08977

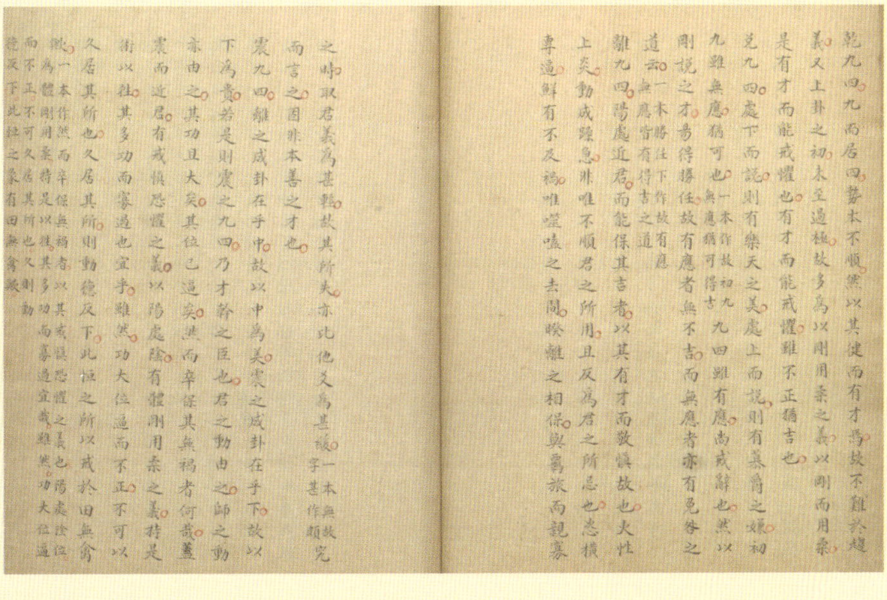

御制古稀说一卷

（清）高宗弘历撰 古稀颂一卷（清）彭元瑞撰 清乾隆内府刻本 吉林省图书馆

清高宗弘历（1711—1799），清朝第六位皇帝，入关之后的第四位皇帝，年号“乾隆”。在位期间在康熙、雍正两朝文治武功的基础上，进一步完成了多民族国家的统一，社会经济文化有了进一步发展，庙号高宗。

彭元瑞（1731—1803），字掌仍，一字辑五，号芸楣（一作云楣），江西南昌人，清代大臣、学者、楹联名家、目录学家、藏书家。乾隆二十二年（1757）进士，改庶吉士，授编修，官至工部尚书、协办大学士。元瑞博学强记，时有令誉。纪昀为《四库全书》总纂官时，彭元瑞是十个副总裁之一。与蒋士铨合称“江右两名士”，与纪昀称为“南北两才子”。彭元瑞卒于官，赠太子太保，谥文勤。

彭元瑞博学多识，精于古代器物、书画的鉴定，先后编成《秘殿珠林》《石渠宝笈》《西清古鉴》《宁寿鉴古》《天禄琳琅书目》等。诗文有《恩余堂辑稿》《经进稿》《宋四六话》《知圣道斋读书跋》等。乾隆帝六十、七十、八十寿诞时，他分别献上诗词《万福集成赞》《古稀颂》和《万寿衢歌》三百首，受到皇帝嘉奖。

乾隆四十五年（1780），高宗皇帝七秩大寿，工部尚书彭元瑞书《古稀颂九章》作进贺之礼，乾隆帝龙心大悦，随作《古稀说》一卷并合同刊印，以作赏赐功臣之用。是书系内府本，纸墨精致，品相极佳。

钤：乾隆御览之宝。

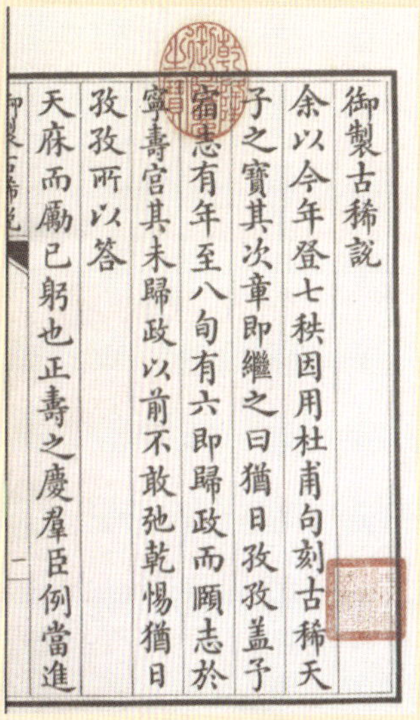
御製古稀說

余以今年登七秩因用杜甫句刻古稀天
子之寶其次章即繼之曰猶日孜孜蓋予
宿志有年至八旬有六即歸政而頤志於
寧壽宮其未歸政以前不敢弛乾惕猶日
孜孜所以答
天庥而勵己躬也正壽之慶羣臣例當進

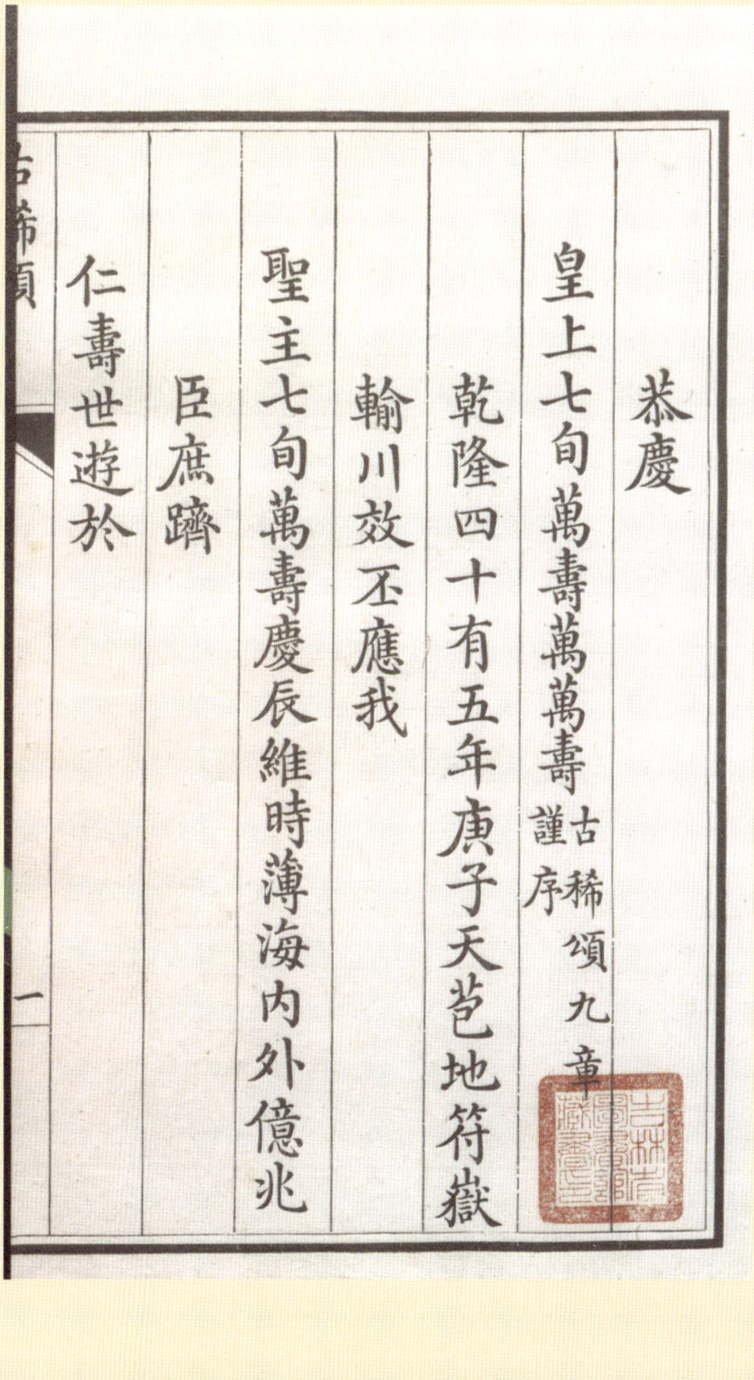
恭慶
皇上七旬萬壽萬萬壽古稀頌九章謹序
乾隆四十有五年庚子天苞地符嶽
輸川效丕應我
聖主七旬萬壽慶辰維時薄海內外億兆
臣庶躋
仁壽世遊於

《国家珍贵古籍名录》编号：09319

俨山集一百卷

（明）陆深撰 清乾隆内府写南三阁四库全书本 存九卷（三十三至三十七、四十八至五十一） 吉林省图书馆

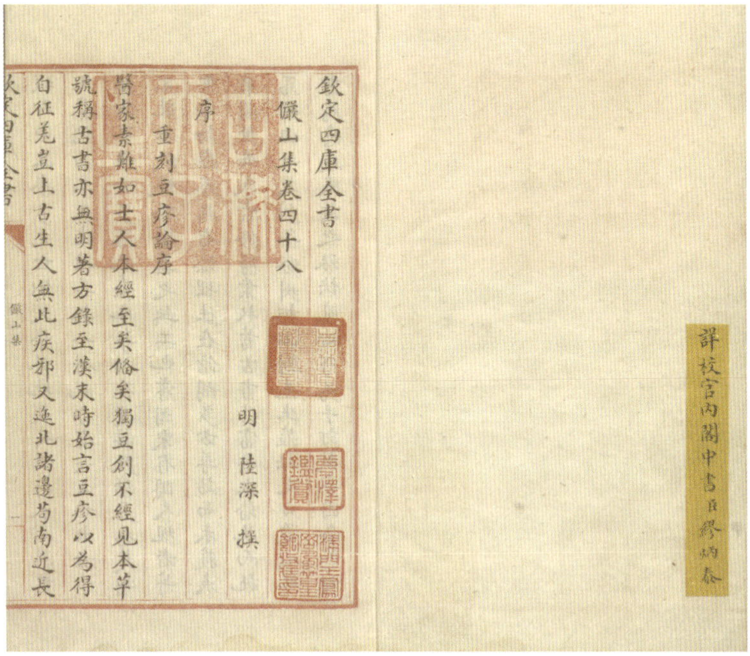

陆深（1477—1544），初名陆荣。字子渊，号俨山，明代著名文学家、学者。弘治十八年进士，官至詹事府詹事，卒谥文裕。“深少与徐祯卿相切磨，为文章。有书名，仿李邕、赵孟頫。赏鉴博雅，为词臣冠”。

《俨山集》一百卷，陆深撰，为其子陆楫所编，另有续集十卷，皆于明嘉靖二十五年（1546）刊刻成书。清乾隆四十三年（1778），总纂官纪昀以其家藏明嘉靖本《俨山集》为底本，收入四库全书，“《俨山集》一百卷续集十卷，明陆深撰。……是集有费寀、徐阶二序，文徵明后序。续集前有唐锦序，后有陆师道跋，皆其子楫所编次而刊行之。”四库馆臣认为陆深对书法与藏书都有很深的研究，且其文章也多受推崇。《四库全书总目提要》：“今观其集，虽篇章繁富，而大抵根柢学问，切近事理，非徒斗靡夸多。当正、嘉之间，七子之派盛行。而独以和平典雅为宗，毅然不失其故步，抑亦可谓有守者矣”。

本馆所藏此本《俨山集》一百卷，为四库全书的南三阁本零种，留存至今，殊为不易。

钤：古稀天子之宝、津门王凤冈凤篁馆收藏印、梦泽鉴赏、蟫隐庐秘笈印、乾隆御览之宝。

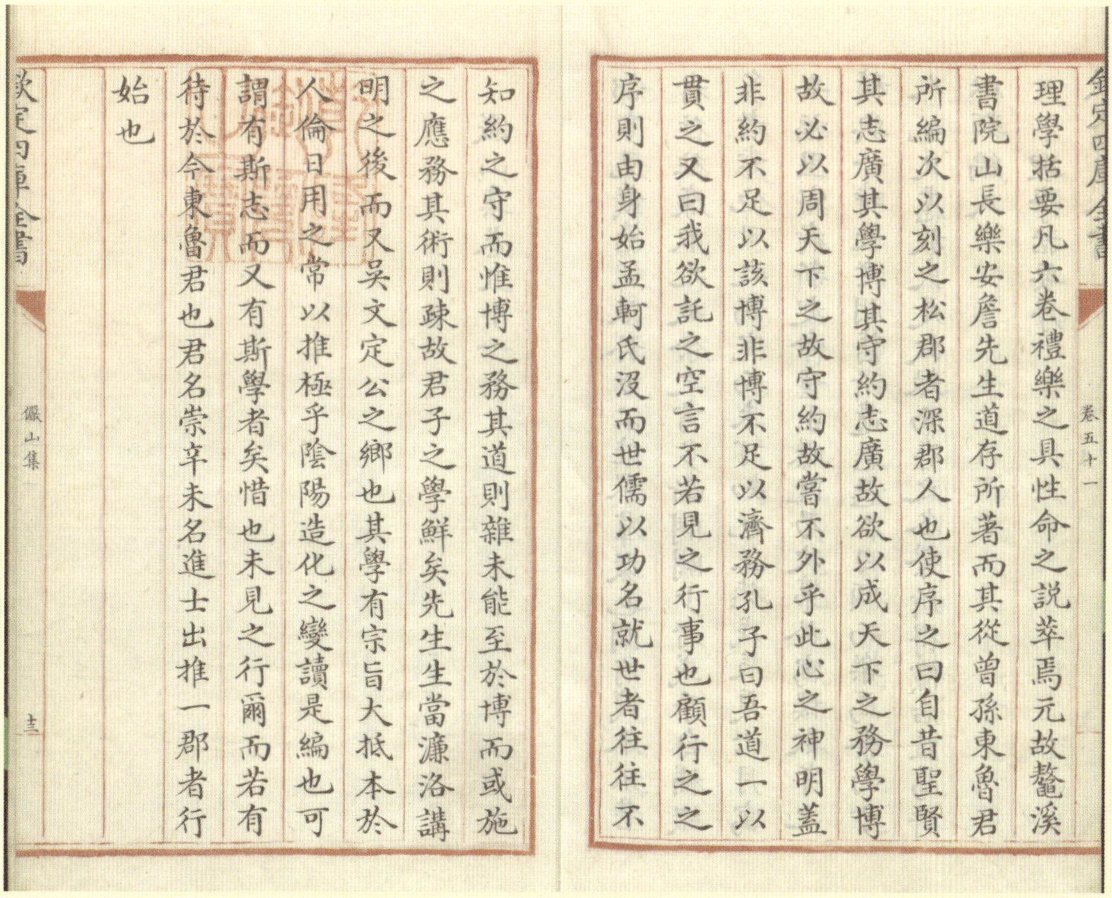
欽定四庫全書　卷五十一

理學括要凡六卷禮樂之具性命之說萃焉元故鼇溪
書院山長樂安詹先生道存所著而其從曾孫東魯君
所編次以刻之松郡者深郡人也使序之曰自昔聖賢
其志廣其學博其守約志廣故欲以成天下之務學博
故必以周天下之故守約故嘗不外乎此心之神明蓋
非約不足以該博非博不足以濟務孔子曰吾道一以
貫之又曰我欲託之空言不若見之行事也顧行之之
序則由身始孟軻氏沒而世儒以功名就世者往往不
知約之守而惟博之務其道則雜未能至於博而或施
之應務其術則疎故君子之學鮮矣先生生當濂洛講
明之後而又吴文定公之鄉也其學有宗旨大抵本於
人倫日用之常以推極乎陰陽造化之變讀是編也可
謂有斯志而又有斯學者矣惜也未見之行爾而若有
待於今東魯君也君名崇辛未名進士出推一郡者行
始也

欽定四庫全書　儼山集　十三

《国家珍贵古籍名录》编号：11964

汉魏六朝百三家集一百十八卷

（明）张溥辑 （清）杨梦符校 清乾隆内府写南三阁四库全书本

存二卷（四十一至四十二） 吉林省图书馆

此为明张溥所辑中国古代诗文总集。张溥（1602—1641），初字乾度，后字天如，号西铭。江苏太仓人。明末著名文学家，复社领袖。崇祯四年（1631）进士，授庶吉士。因文才与同乡张采齐名，合成“娄东二张”。自幼发奋读书，《明史》记有他“七录七焚”的佳话。门人私谥其号为“仁学先生”。

此集以明张燮的《七十二家集》为基础，参照冯惟讷《诗纪》和梅鼎祚《文纪》辑录而成。全书一百十八卷，收录了汉代贾谊至隋代薛道衡共一百零三人的诗文。每集编排体例，先列赋、次文、次诗、次作者传记。《四库全书总目提要》称本集“周分布局，以文隶人，以人隶代，使唐以前作者遗篇，一一略见其梗概”。集前有编者题辞，评述作者生平与创作，合起来可视为一部断代文学简史。

本集体例清楚，便于翻检，使学者能了解自汉至隋八百年间的文学概貌，是研究汉魏六朝文学及张溥文学思想的重要资料，对于历史文献的研究整理和中国古代历史与思想文化的研究有积极意义。

清吴汝纶编有《汉魏六朝百三家集选》，并有名家批注。本书现存四库全书本、清光绪五年（1875）彭懋谦信述堂刊本。馆藏此书为清乾隆内府写南三阁四库全书本，书首有黄色飞签：详校官刑部主事臣杨梦符。书末署：总校官检讨臣彭元琉编修臣胡荣校对监生臣谢扬镇。

彭元琉，清乾隆三十七年壬辰科（1772）进士，浙江学政。

谢扬镇，谢墉第三子，字组珉，乾隆丙午（1786）钦赐举人。

钤：古稀天子之宝、乾隆御览之宝。

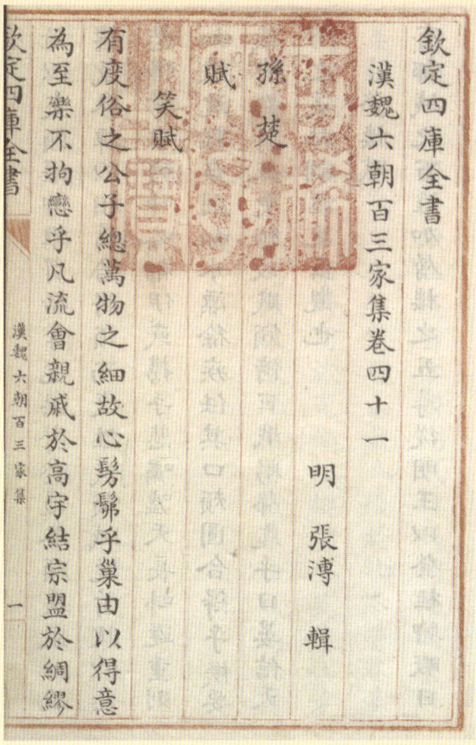
欽定四庫全書

漢魏六朝百三家集卷四十一

明 張溥 輯

孫楚

賦

笑賦

有度俗之公子總萬物之細故心勞勞乎巢由以得意
為至樂不拘戀乎凡流會親戚於高宇結宗盟於綢繆

欽定四庫全書 漢魏六朝百三家集 一

《国家珍贵古籍名录》编号：12025

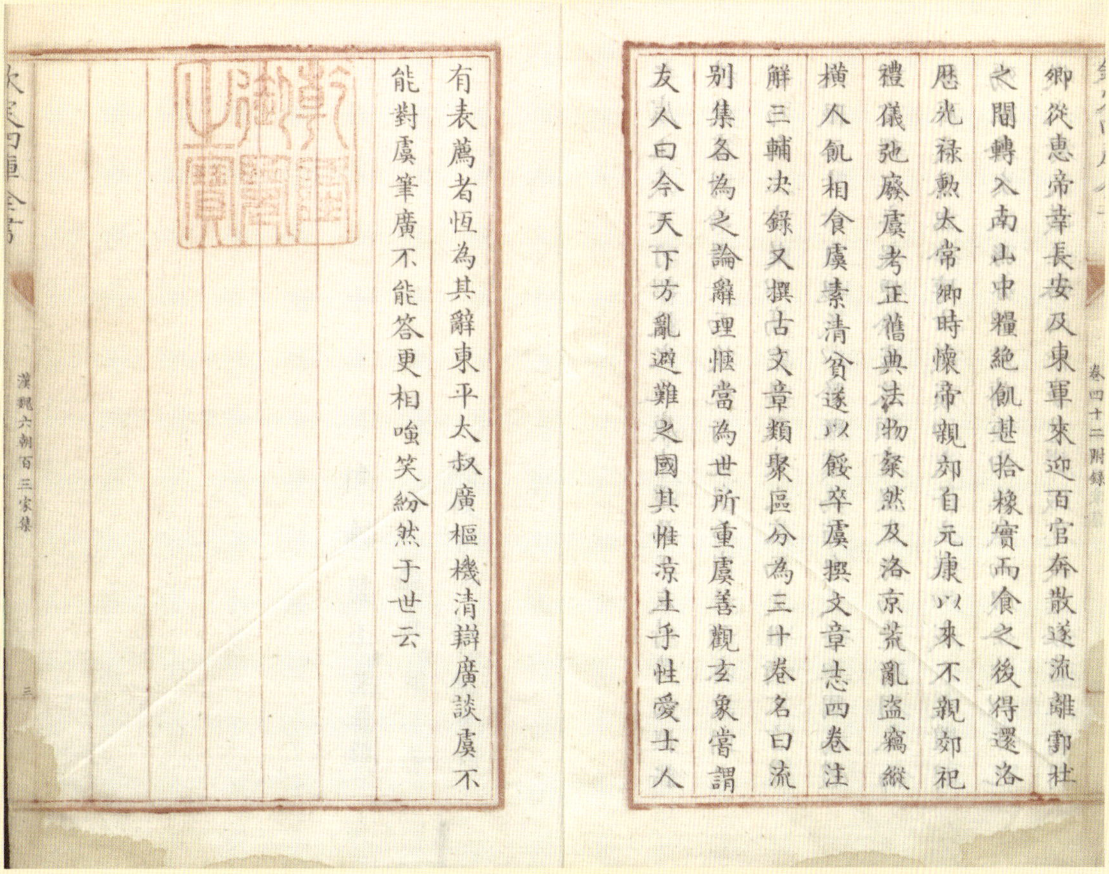
欽定四庫全書 卷四十二附錄

卿從惠帝幸長安及東軍來迎百官奔散遂流離鄠杜
之間轉入南山中糧絕飢甚拾橡實而食之後得還洛
歷光祿勳太常卿時懷帝親郊自元康以來不親郊祀
禮儀弛廢虞考正舊典法物粲然及洛京荒亂盜竊縱
橫人飢相食虞素清貧遂以餒卒虞撰文章志四卷注
解三輔決錄又撰古文章類聚區分為三十卷名曰流
別集各為之論辭理愜當為世所重虞善觀玄象嘗謂
友人曰今天下方亂避難之國其惟涼土乎性愛士人

有表薦者恆為其辭東平太叔廣樞機清辯廣談虞不
能對虞筆廣不能答更相嗤笑紛然于世云

欽定四庫全書 漢魏六朝百三家集 三

御选历代诗余一百二十卷

（清）沈辰垣 （清）王奕清等编纂 清乾隆内府写南三阁四库全书本 存一卷（八） 吉林省图书馆

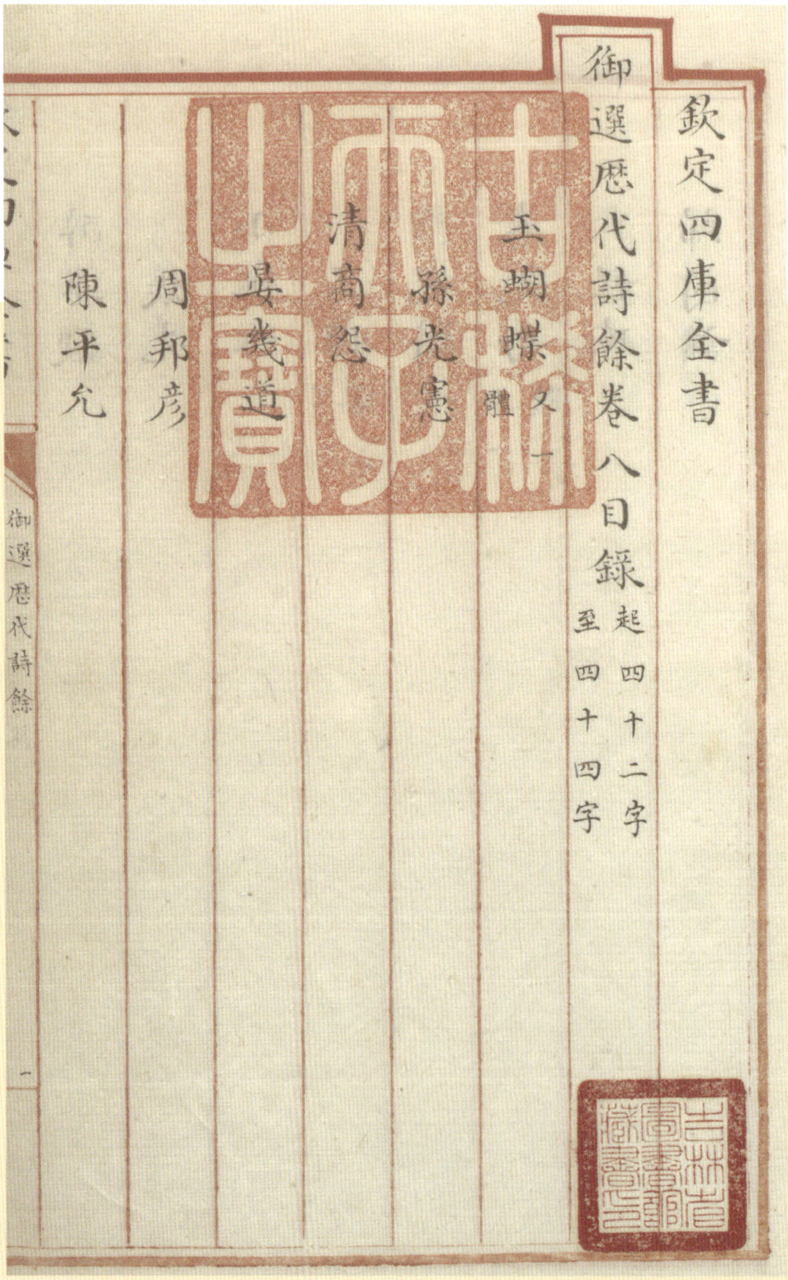

欽定四庫全書

御選歷代詩餘卷八目錄 起四十二字至四十四字

玉蝴蝶 又一體

孫光憲

清商怨

晏幾道

周邦彥

陳平允

诗余，词的别称。《御选历代诗余》，全书共一百二十卷，辑录自唐至明的词作共一千五百四十调，九千余首，分为一百卷，按词调字数多少依次递升排列。另有词人姓氏及词话各十卷，此集以花草粹编为基础扩充而成，收录比较广泛。《四库全书总目提要》云:“凡柳、周婉丽之音，苏、辛奇恣之格，兼收两派，不主一隅。旁及元人小令，渐变繁声，明代新腔不因旧谱者，苟一长可取，亦众美胥收”。

吉林省图书馆藏该本为清乾隆内府写本，为清四库全书本，上书口题“钦定四库全书”。

钤：古稀天子之宝、乾隆御览之宝。

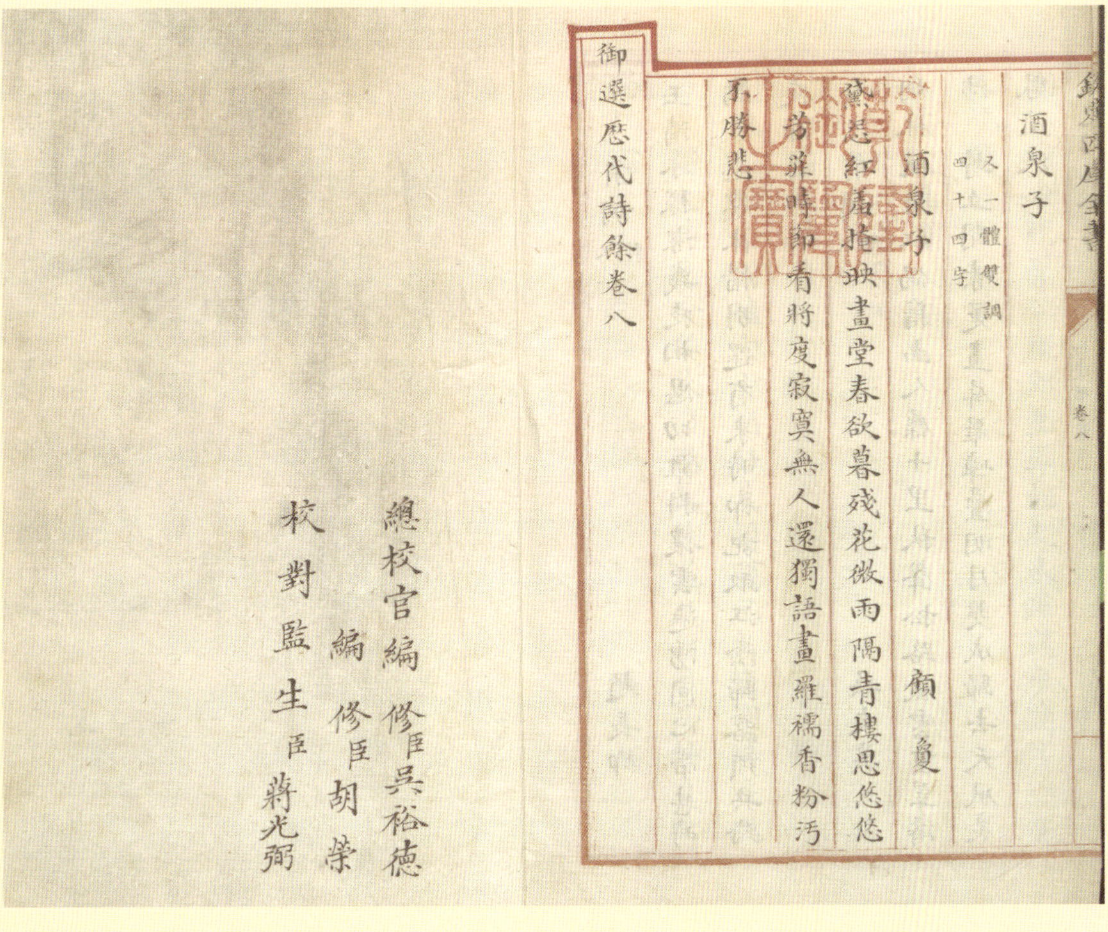
欽定四庫全書
卷八
酒泉子
又一體 雙調
四十四字
酒泉子 顧夐
黛怨紅羞掩映畫堂春欲暮殘花微雨隔青樓思悠悠
芳菲時節看將度寂寞無人還獨語畫羅襦香粉污
不勝悲
御選歷代詩餘卷八
總校官編修臣吳裕德
編修臣胡榮
校對監生臣蔣光弼

修业堂初集十八卷二集二卷

（清）翟廷珍撰 留芳斋遗稿一卷（清）翟肯堂撰 清道光二十八年（1848）翟氏泥活字印本[二集清刻本] 东北师范大学图书馆

翟廷珍，字玉山，安徽泾县人。翟肯堂，翟廷珍之子。

初集凡《文抄》八卷，《骈体》二卷，《诗抄》六卷（题《修业堂初集肄雅诗抄》），《杂著》二卷。以上均为泥活字印本。二集凡《诗抄》二卷，系刻本。初集前有“泥印镌造”“泥印检排”姓氏，初集《文抄》卷八末有“拙集春杪排印逮秋初装订未完”句，《诗抄》有道光二十八年戊申（1848）《自序》，称“生徒趣借兄西园手造泥字排印”。《杂著》之自序有“余初集诗抄排印成”句。据以上记载和此本活字排印之特征，断定此本为清代翟金生所造泥活字印本。

翟金生（1774—1857），字西园，安徽泾县人。为翟廷珍族兄。受《梦溪笔谈》启发，造大中小等规格的泥活字十万余个，排印了《泥版试印初编》《泥版试印续编》《修业堂集》《仙屏书屋初集诗录》和《水东翟氏宗谱》五种著作。《修业堂初集》流传极少，本馆所藏已影印入《中国古籍珍本丛刊·东北师范大学图书馆卷》，以广流传。

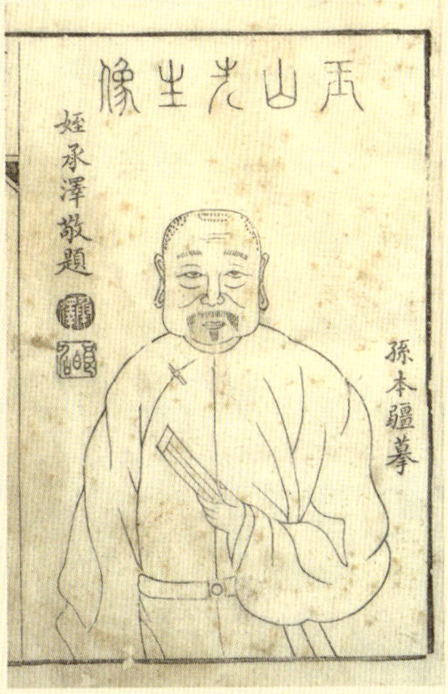

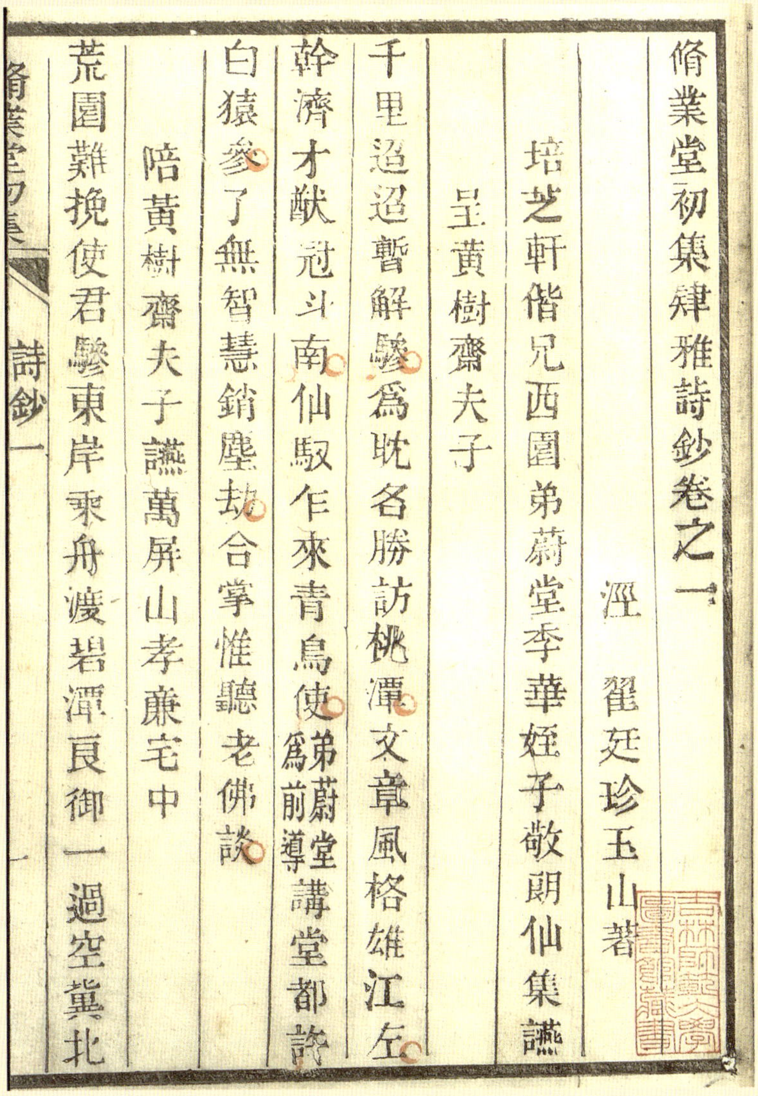

脩業堂初集肄雅詩鈔卷之一

涇　翟廷珍玉山著

培芝軒偕兄西園弟蔚堂季華姪子敬朗仙集讌

呈黃樹齋夫子

千里迢迢暫解驂爲耽名勝訪桃潭文章風格雄江左幹濟才猷冠斗南仙馭作來青鳥使（弟蔚堂爲前導）講堂都許白猿參了無智慧銷塵劫合掌惟聽老佛談

陪黃樹齋夫子讌萬屏山孝廉宅中

荒園難挽使君驂東岸乘舟渡碧潭艮御一過空冀北

脩業堂初集　詩鈔　一

《国家珍贵古籍名录》编号：09347

郘亭杂文拾一卷

（清）莫友芝撰 稿本 东北师范大学图书馆

莫友芝（1811—1871），字子偲，自号郘亭，又号紫泉、眲叟，贵州独山人。道光举人。晚清藏书家、金石学家、版本目录学家、书法家、诗人。通文字训诂之学，与郑珍并称“西南巨儒”。著有《黔诗纪略》三十二卷，《声韵考略》四卷，《过庭碎录》十二卷，《宋元旧本书经眼录》三卷、《附录》一卷，《郘亭诗抄》六卷，《郘亭遗文》八卷，《遗诗》八卷等。

此本收录莫氏序、跋、引、墓表等篇章，其中有作者手稿，清稿，修改稿，另有批校多处。且有清吴大廷、张裕钊、徐宗亮墨笔题识，更加珍贵。

钤：影山草堂、莫五友芝则心、莫友芝图书记、友芝私印。

《国家珍贵古籍名录》编号：09339

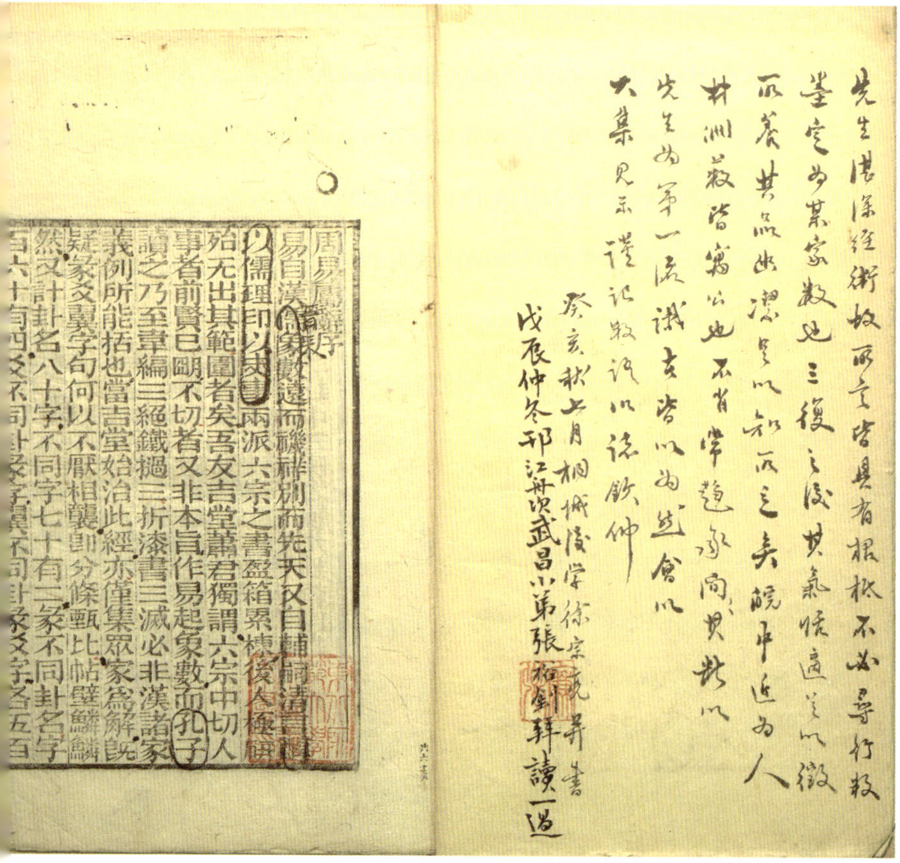

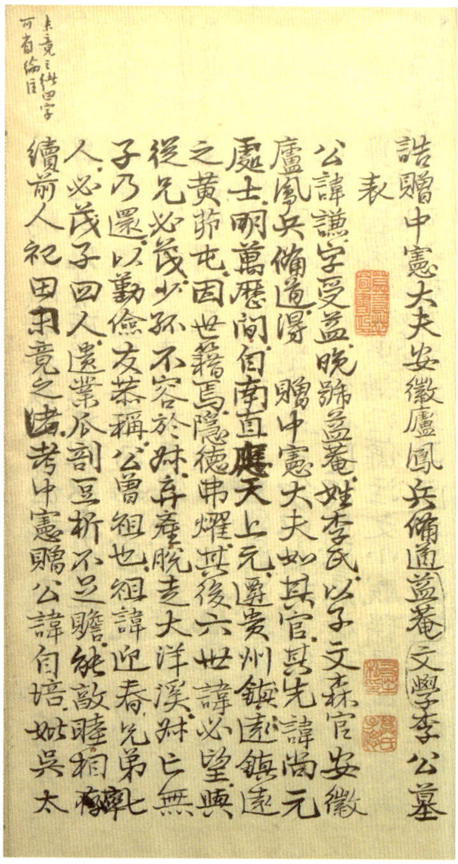

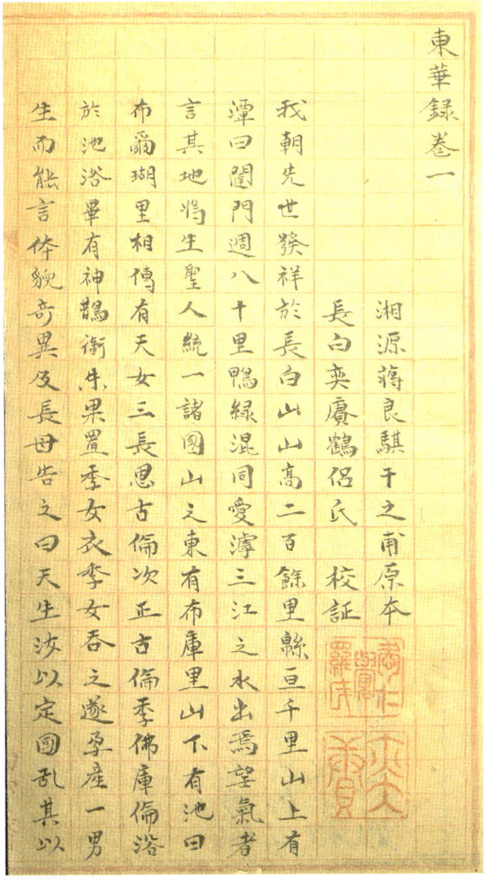

東華録卷一

湘源蔣良騏千之甫原本

長白奕賡鶴侶氏　校証

我朝先世發祥於長白山山高二百餘里綿亘千里山上有潭曰闥門週八十里鴨綠混同愛滹三江之水出焉望氣者言其地將生聖人統一諸國山之東有布庫里山下有池曰布爾瑚里相傳有天女三長恩古倫次正古倫季佛庫倫浴於池浴畢有神鵲銜朱果置季女衣季女吞之遂孕産一男生而能言体貌奇異及長母告之曰天生汝以定國亂其以

《国家珍贵古籍名录》编号：11593

东华录六卷

（清）蒋良骐撰　（清）奕赓校证　稿本　东北师范大学图书馆

蒋良骐（1723—1790），字千之，广西全州人。乾隆进士，授翰林院编修，任国史馆纂修官。良骐据《清实录》及其他文献，摘抄天命、天聪、崇德、顺治、康熙、雍正六朝史料，辑成《东华录》三十二卷。因国史馆设在东华门内，故名。

奕赓，别号爱莲居士、墨香书屋主人、鹤侣主人等，自称“天下第一废物东西”。约生活在嘉庆、道光两朝。父绵课袭封庄亲王，奕赓官侍卫。勤于著述，有《佳梦轩丛著》十一种二十一卷，含《东华录缀言》六卷、《清语人名译汉》二卷、《歌章祝词辑录》二卷、《謚法续考》一卷、《本朝王公封号附异姓公侯伯》一卷、《封谥翻清》一卷、《侍卫琐言》一卷、《补遗》一卷、《管见所及》一卷、《补遗》一卷、《寄楮备谈》一卷、《煨柮闲谈》一卷、《括谈》二卷。多关清朝掌故。此书为奕赓读蒋良骐《东华录》所作的校勘和考订，对《东华录》多所订正。稿本。

钤：奕赓、鹤侣氏墨香书屋珍藏。

重学七卷

（英国）胡威立撰 （英国）艾约瑟口译

（清）李善兰笔受 清咸丰五年（1855）韩氏读有用书斋抄本 韩应陛跋 东北师范大学图书馆

胡威立（W.Whewell，1794—1866），一作休厄尔，英国科学家、科学史家。胡威立早期研究力学，中期研究科学史和科学原理，1850年以后从事伦理学研究。

艾约瑟（Joseph Edkins，1823—1905），英国传教士和汉学家。

李善兰（1811—1882），原名李心兰，字竟芳，号秋纫，别号壬叔，浙江海宁人。中国近代著名数学家、天文学家、力学和植物学家。一生自著和与外国人合作翻译西方科学著作多部。

咸丰元年（1851），胡威立的力学著作《初等力学教程》传入中国，由艾约瑟和李善兰合译成中文，名为《重学》，于咸丰九年（1859）出版，是为第一部西方力学著作中文译本。馆藏本为云间韩氏藏书，封面有韩应陛咸丰五年（1855）夏题记，据此定为咸丰五年（1855）抄本。此书为较早传入中国的西方力学著作，抄写早于中译本的出版，又是清代上海地区著名藏书家韩应陛抄校本，弥足珍贵。

钤：应陛手校、韩绳大一名熙字价藩读书印、云间韩氏图书。

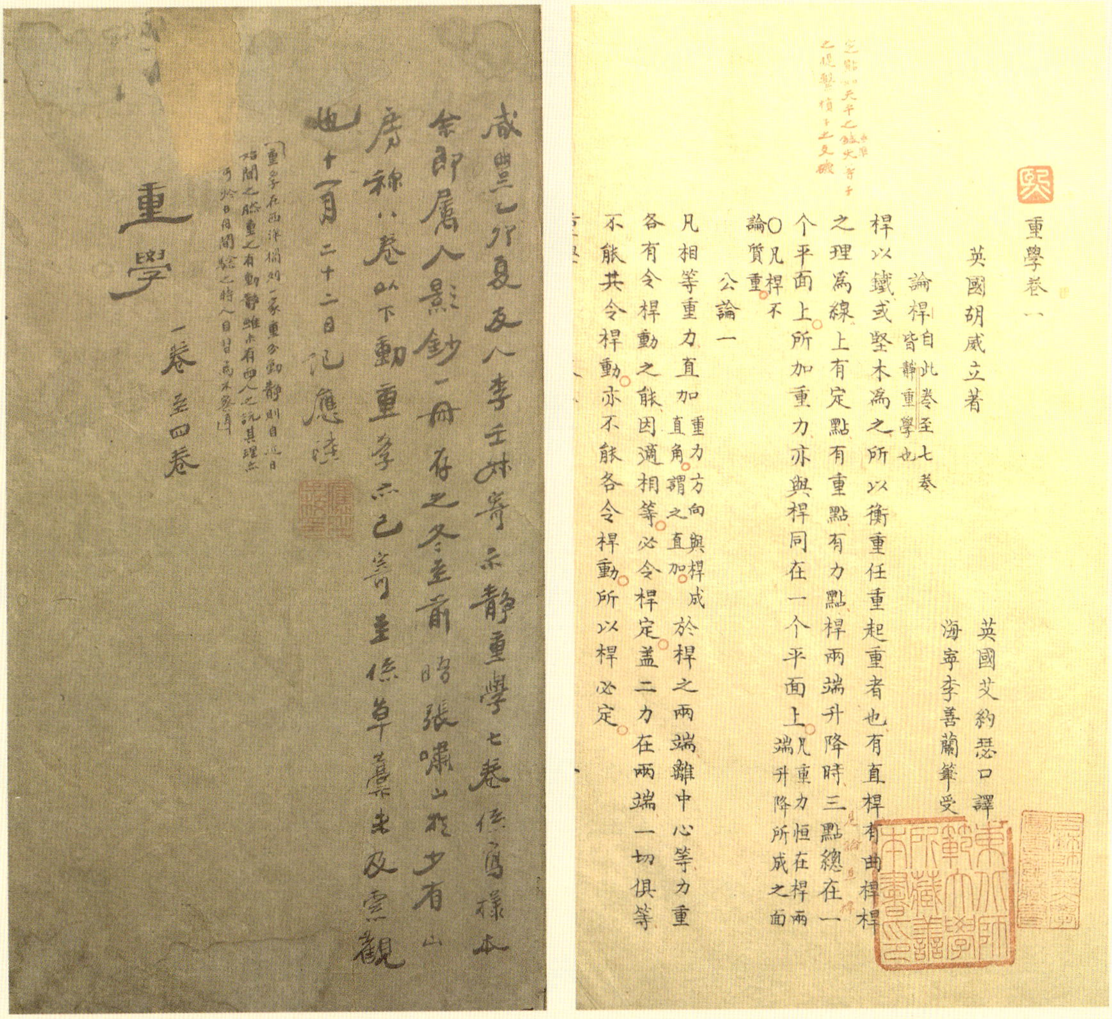

《国家珍贵古籍名录》编号：11748

周贺，字南乡（一作南卿），东洛（今河南洛阳）人。早年为僧，法名清塞，唐代诗人。工近体诗，格调清雅。

《新唐书·艺文志》《宋史·艺文志》著录《周贺诗》一卷。宋人编《唐僧弘秀集》录其诗，作《清塞诗》。《周贺诗》有宋临安陈宅书籍铺刻本，是为周贺诗单刻本，现藏国家图书馆，《四部丛刊续编》据以影印。此本为明末清初毛氏汲古阁影抄本，内容、行款格式、书末牌记与陈宅书籍铺刻本一致。毛氏汲古阁影抄本简称"毛抄"，由毛晋所创，毛晋后人继承，号称下真迹一等，版本价值极高。此本卷首钤有"西河季子之印"，为毛晋之子毛扆所属。又钤"季振宜印""沧苇""积学斋徐乃昌藏""延古堂李氏珍藏""天津刘氏研理楼藏""静远堂主""刘明阳"等印，知为此本经过泰兴季氏、南陵徐氏、天津延古堂李氏、研理楼刘氏递藏。徐乃昌《积学斋藏书记》集部别集类著录，可谓流传有序，更显珍贵。2016年此本曾参加主题为"民族记忆，精神家园"的国家珍贵古籍特展，并收录于特展图录《从典籍中汲取智慧》中。

周贺诗集一卷

（唐）周贺撰 清初毛氏汲古阁影宋抄本 东北师范大学图书馆

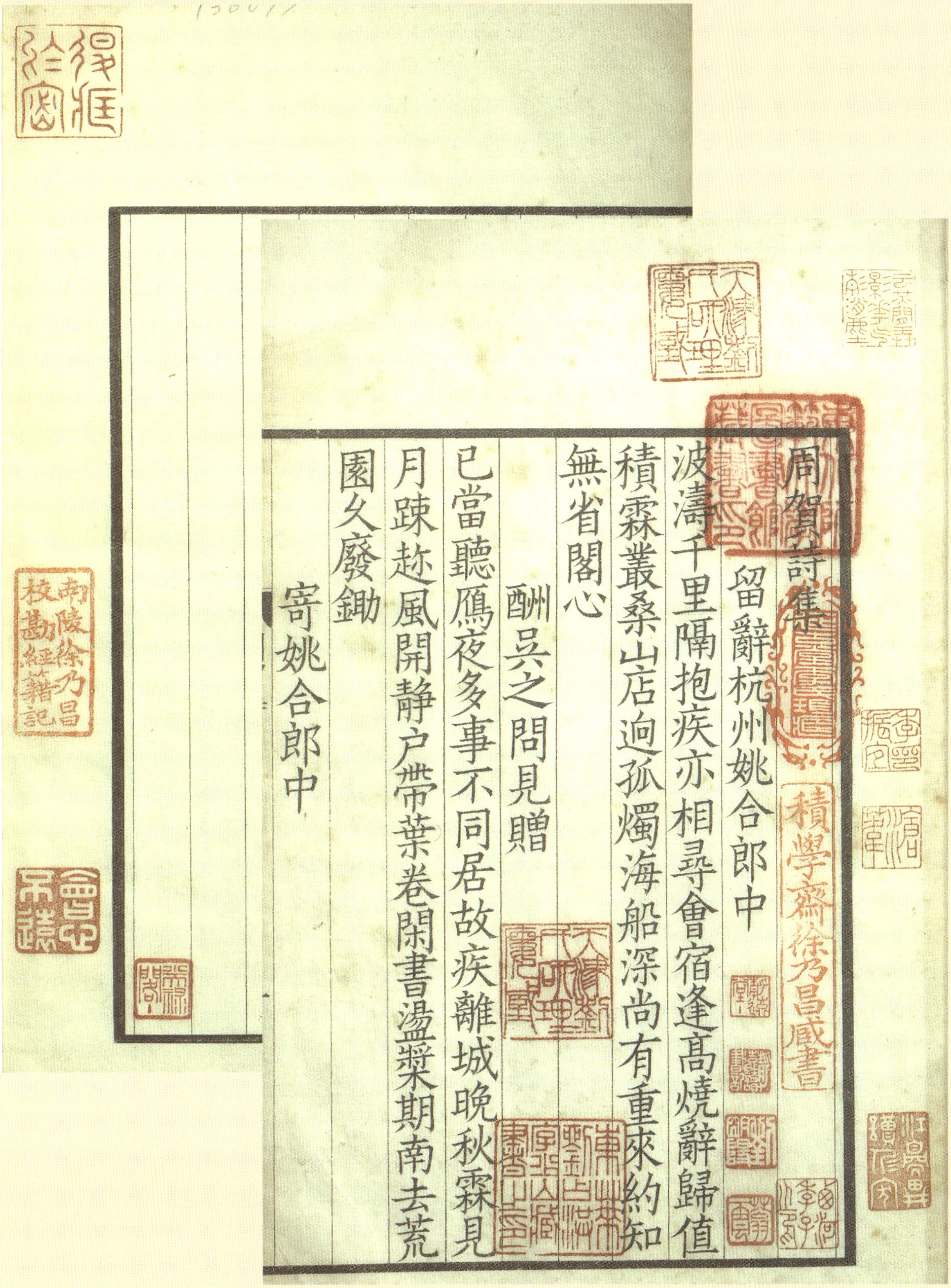

周賀詩集

留辭杭州姚合郎中

波濤千里隔抱疾亦相尋會宿逢高燒辭歸值積霖叢桑山店迥孤燭海船深尚有重來約知無省閣心

酬吳之問見贈

已當聽鴈夜多事不同居故疾離城晚秋霖見月踈趂風開靜戶帶葉卷閑書盪槳期南去荒園久廢鋤

寄姚合郎中

《国家珍贵古籍名录》编号：11856

古文渊鉴六十四卷

（清）徐乾学等编注 清康熙内府刻四色套印本 长春图书馆

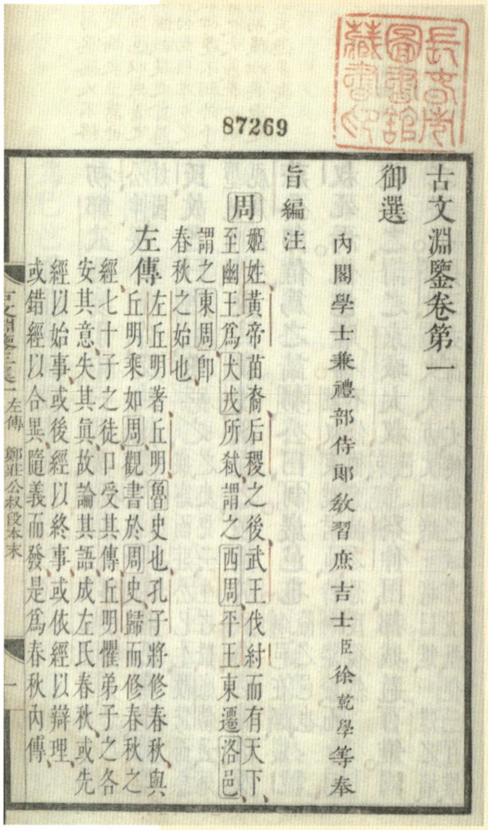
長春圖書館藏書印

87269

古文淵鑑卷第一

御選 内閣學士兼禮部侍郎敎習庶吉士臣徐乾學等奉

旨編注

周 姬姓黃帝苗裔后稷之後武王伐紂而有天下至幽王爲犬戎所弒謂之西周平王東遷洛邑謂之東周即春秋之始也

左傳 左丘明著丘明魯史也孔子將修春秋與經七十子之徒口受其傳丘明懼弟子之各安其意失其眞故論其語成左氏春秋或先經以始事或後經以終事或依經以辯理或錯經以合異隨義而發是爲春秋内傳

古文淵鑑卷一 左傳 鄭莊公叔段本末 一

《古文渊鉴》，亦名《渊鉴古文选》，是集历代散文为一书的文学总集。所录文章上起春秋，下迄于宋，包括《左传》《国语》《国策》及历代名人文集中之经典篇章数百篇。所注考证颇详，对所选文章之年代、背景以及文章之字句、内容均有夹注或批注。每卷前均有本卷目录。全书注文字体以楷书上板，刊刻谨严。翻卷之下，四色交相辉映，颇为悦目。据传，康熙皇帝对《古文渊鉴》一书倍加喜爱，“常备案头，以备温习”，并要求内外官员认真学习。故在康熙时期，除此种四色套印本外，宫中还有五色套印本、二色套印本等其他版本。

长春市图书馆藏《古文渊鉴》六十四卷为清康熙内府刻四色套印本。卷前有康熙二十四年（1685）御制序。是书旧装未衬，开化纸，四色套印，卷帙完整，品相佳，是清初内府多色套印本之精品代表。

钤：稽古右文之章、体元主人。

責其寗齊桓公弑君簒國曾無怍色何有於亂人之一鼎乎宜其說之不內也

臣杜訥曰議論警策章法遒緊在左氏集中尤見峭拔古腴之色

季良在而楚不敢伐隨宮之奇行而

是乎戒懼而不敢易紀律今滅德立違而寘其賂器
於大廟以明示百官百官象之其又何誅焉國家之
敗由官邪也官之失德寵賂章也郜鼎在廟章孰甚
焉武王克商遷九鼎於雒邑義士猶或非之而況將
昭違亂之賂器於大廟其若之何公不聽周內史聞
之曰臧孫達其有後於魯乎君違不忘諫之以德內史
周大夫官也僖伯諫觀魚其子
哀伯諫納鼎故曰有後於魯

隨季梁勸修政 桓公六年

楚武王侵隨楚芈姓其先鬻熊事周文王至成王時
封其曾孫熊繹于楚傳至熊通僭稱武

《国家珍贵古籍名录》编号：09461

春秋左传十七卷

清雍正十三年（1735）果亲王府刻四色套印本 吉林省省社科院图书馆

左丘明，姓左丘，名明，一说姓丘，名明，左乃尊称，春秋末期鲁国人。左丘明知识渊博，品德高尚，孔子言与其同耻。曰：“巧言、令色、足恭，左丘明耻之，丘亦耻之；匿怨而友其人，左丘明耻之，丘亦耻之。”太史司马迁称其为“鲁之君子”。

据说孔子作《春秋》，阐述《春秋》经最著名的有《左传》《公羊传》《谷梁传》，合称“春秋三传”。至隋代，盛行《左传》，其余二传渐衰。《左传》相传为鲁国史官左丘明所著，大约成书于战国初期。全书六十卷，以《春秋》为纲，并仿照春秋体例，按照鲁国君主的次序，记载了自鲁隐公元年至鲁悼公十四年间春秋霸主递嬗的历史，保存了许多当时社会文化、自然科学等方面的珍贵史料，在史学上占有极其重要的地位。

吉林省社会科学院图书馆所藏该书是清果亲王允礼点定的《春秋左传》，为清雍正十三年（1735）和硕果亲王府刻四色套印本，纸墨极精，印以红、绿、蓝三色标点，每卷卷端右下角均钤有“果亲王点定”方形朱印、卷末钤有“诗酒聊消万古愁”方形朱印。此书曾被选送国家珍贵古籍展。

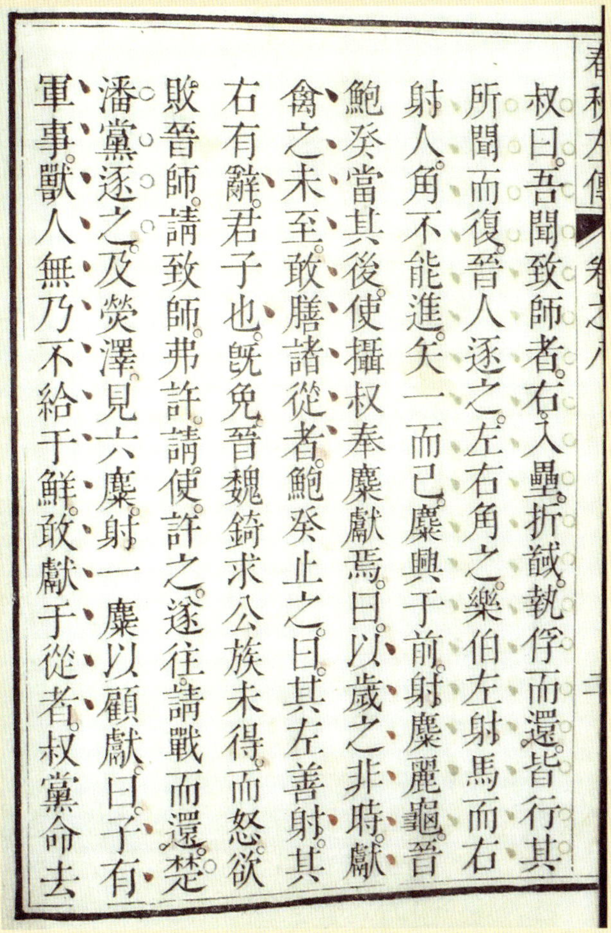

春秋左傳　卷之八

叔曰吾聞致師者右入壘折馘執俘而還皆行其所聞而復晉人逐之左右角之樂伯左射馬而右射人角不能進矢一而已麋興于前射麋麗龜晉鮑癸當其後使攝叔奉麋獻焉曰以歲之非時獻禽之未至敢膳諸從者鮑癸止之曰其左善射其右有辭君子也既免晉魏錡求公族未得而怒欲敗晉師請致師弗許請使許之遂往請戰而還楚潘黨逐之及熒澤見六麋射一麋以顧獻曰子有軍事獸人無乃不給于鮮敢獻于從者叔黨命去

《国家珍贵古籍名录》编号：07369

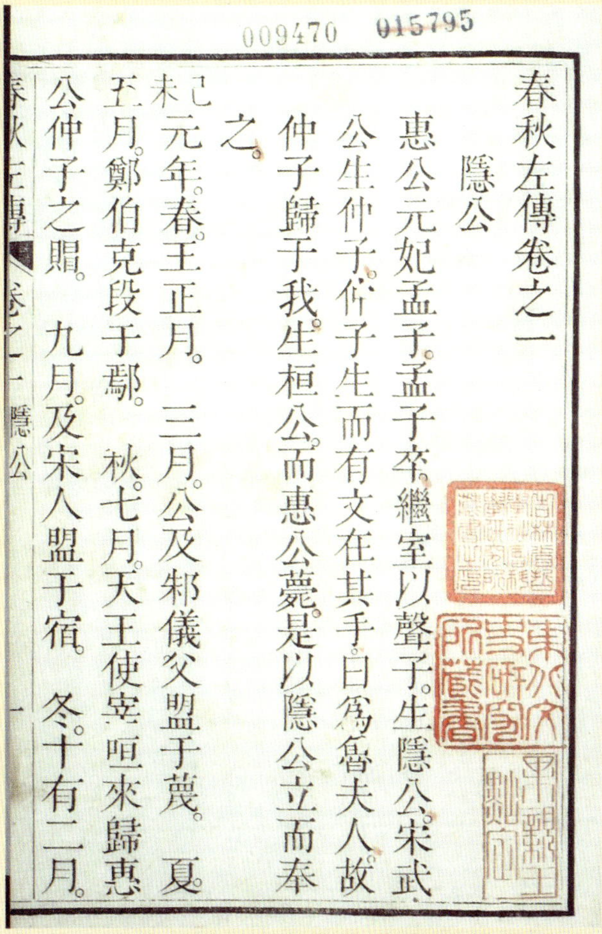

009470　015795

春秋左傳卷之一

隱公

惠公元妃孟子孟子卒繼室以聲子生隱公宋武公生仲子仲子生而有文在其手曰為魯夫人故仲子歸于我生桓公而惠公薨是以隱公立而奉之

己未　元年春王正月　三月公及邾儀父盟于蔑　夏五月鄭伯克段于鄢　秋七月天王使宰咺來歸惠公仲子之賵　九月及宋人盟于宿　冬十有二月

春秋左傳　卷之一　隱公　一

伍 中医古籍

2016年习近平总书记提出：中医药是中华文明瑰宝，是5000多年文明的结晶，在全民健康中应该更好发挥作用。中医药文献作为中医药历代发展的见证与重要载体，也逐渐受到人们的高度重视。

中医药古籍文献是指辛亥革命（1911年）之前历朝的中医药学写本、刻本、拓本等，是祖国传统医学的重要组成部分，上起周秦，下至清代，历时两千余年。自《黄帝内经》以来，诸多中医药学理论医著，反映了中医药学独特的理论体系；《本草经》问世以后，代不乏书，至明代以李时珍的《本草纲目》为著名；西晋王叔和《脉经》的问世，标志着中医诊断学专著已经形成，此后又继续有所发展；方剂学方面仅从明代朱橚等所编《普济方》来看，已有61739方之多，此后又增加了许多；在临床方面，内、外、妇、儿、五官、针灸、推拿等各个学科，都有较系统的论述和专著若干种。

中医药古籍，不仅有重要的史学价值，而且还有很高的实用价值。2015年屠呦呦获得诺贝尔医学奖，屠呦呦团队从《肘后备急方》中“青蒿一握，以水二升渍，搅取汁，尽取之”中得到启发，获得了抗疟效果显著的青蒿素提取物。

神农本草经疏三十卷

（明）缪希雍著 明天启五年（1625）毛氏绿君亭刻本 长春中医药大学图书馆

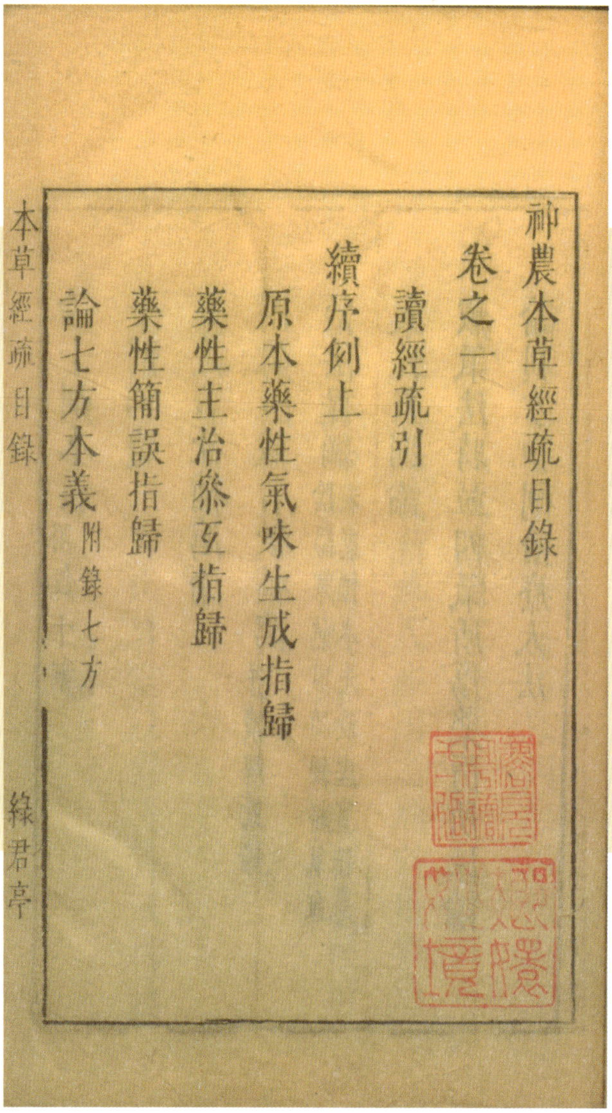

神農本草經疏目錄
卷之一
讀經疏引
續序例上
原本藥性氣味生成指歸
藥性主治參互指歸
藥性簡誤指歸
論七方本義 附錄七方
本草經疏目錄
綠君亭

缪希雍（1546—1627），明代著名中医学家，字仲淳，号慕台，海虞（今江苏常熟）人。幼年丧父，家境贫苦。十七岁患疟疾，自阅医书，遍检方书而自己治愈。遂立志从医，终成一代名医，身负岐黄绝技，救人无数。缪氏不但于医经医方无不精通，而且于本草之学尤有心得。

《神农本草经疏》初刻于明天启四年（1624），是明代临床用药专著。全书三十卷，前两卷为总论，有药学专论三十三篇，阐述临床用药原则，提出著名的治吐血三要，每多新见。各论二十八卷，载药四百九十五种（多取《神农本草经》《名医别录》之药）。各药分

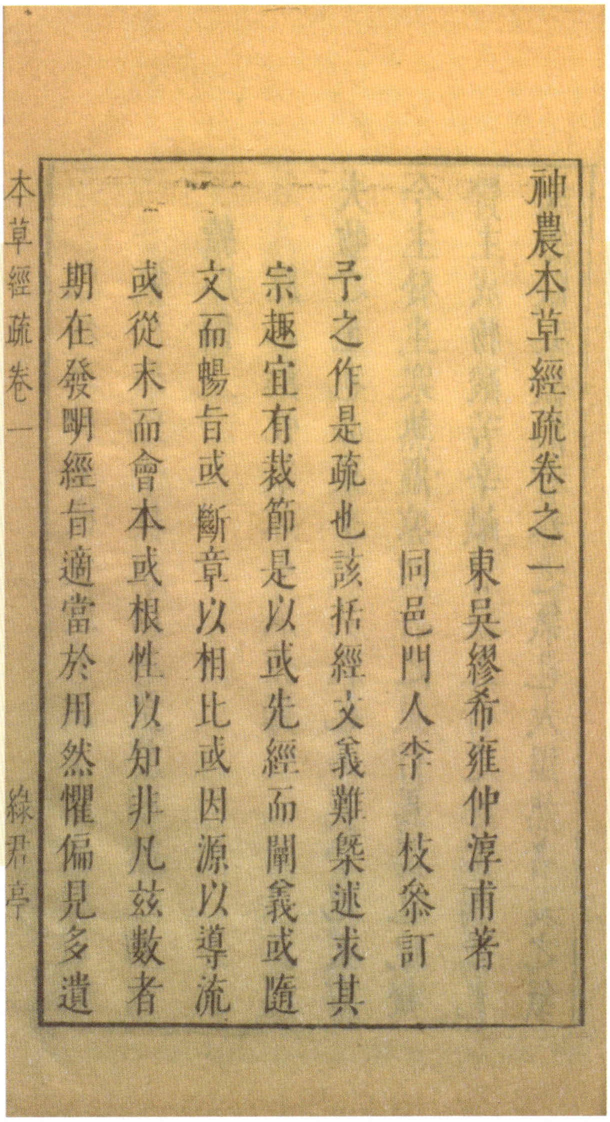
神農本草經疏卷之一
東吳繆希雍仲淳甫著
同邑門人李　枝參訂
子之作是疏也該括經文義難槩述求其
宗趣宜有裁節是以或先經而闡義或隨
文而暢旨或斷章以相比或因源以導流
或從末而會本或根性以知非凡兹數者
期在發明經旨適當於用然懼偏見多遺
本草經疏卷一　綠君亭

三项：“疏”，阐发药性功治之理；“主治参互”，列述配伍及实用方；“简误”，提示用药易混误之处。《神农本草经疏》重在阐述临床用药之理，多结合作者丰富的用药经验，有“《经疏》出而《本草》亡”之说。其独到之处，对明末以后中医临床药学发展产生了巨大影响。

长春中医药大学图书馆所藏三十卷《本草经疏》，又名《神农本草经疏》，明天启五年（1625）毛晋绿君亭藏版。版面清朗，字体方正。

钤：琅嬛妙境、麐（麟）见亭读弌过。

外科启玄十二卷

（明）申拱宸校正 明万历三十二年（1604）刻本 长春中医药大学图书馆

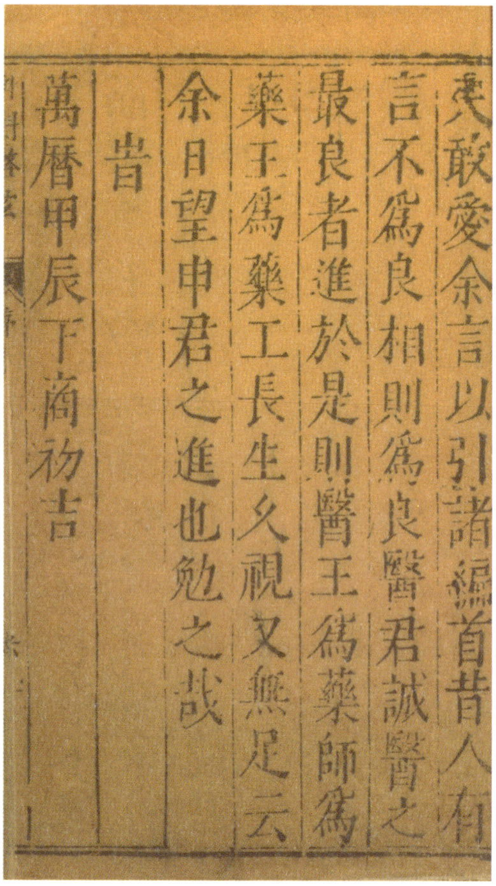

弗敢愛余言以引諸編首昔人有
言不爲良相則爲良醫君誠醫之
最良者進於是則醫王爲藥師爲
藥王爲藥工長生久視又無足云
余日望申君之進也勉之哉
旹
萬曆甲辰下澣初吉

申斗垣，名拱宸，字子极，别号斗垣，明万历年间长洲名医，精通养生及外科。是一位比较激进的外科医师，他对华佗剖腹手术未能流传深表惋惜，并力求自己能启外科之玄妙，并以外科病手术治疗每获奇效而闻名。倡导“以利刀去之”或“以利刀割去，银烙匙烧红一烙止血”等外科手术，切除筋瘤和血瘤。他虽生于晚明，但其书对清代外科之发展多有影响。

《外科启玄》一书，凡一百二十余论，述病种证治二百三十余，析为十二卷。是在《外科精要》《外科精义》及《外科理例》的基础上进一步充实而成，该书的特点是强调因人制宜，强调外治法。卷一至卷三总论外科疾患的病因、病机、诊断要点等。卷四至卷九对常见的外科病证一百九十余种逐一分述，且每证均绘有图形，内容完备。卷十专论痘疹。卷十一专论痈疽发背之治。卷十二据病分门类，详列方药及针刺、外治等法。《外科启玄》一书中另有赛火针法和点疮法为申氏所创，且经试验，确有实效。该书现存明刻本四种。

长春中医药大学图书馆所藏十二卷《外科启玄》，明万历刻本，为省珍贵古籍。

申斗垣校正外科啓玄卷之一

明瘡瘍標本論

夫瘡瘍者乃瘡之總名也瘡者傷也肌肉腐壞痛痒苦楚傷爛而成故名曰瘡也瘡之一字所包者廣矣雖有癰疽疔癤瘰癧疥癬疳毒痘疹等分其名亦止大槩而言也又云外科者外之一字言瘡雖生於肌膚之外而其根本原集于臟腑之內經云營氣不從逆于肉理乃生諸瘡毒是也當察其瘡生于何經部位則知何經先病為本次則察其有何苦楚兼現何經症候則為標既明其標本治之亦然對症主治內

华先生中藏经八卷

（汉）华佗撰 （明）吴勉学 鲍士奇同校

明刻本 长春中医药大学图书馆

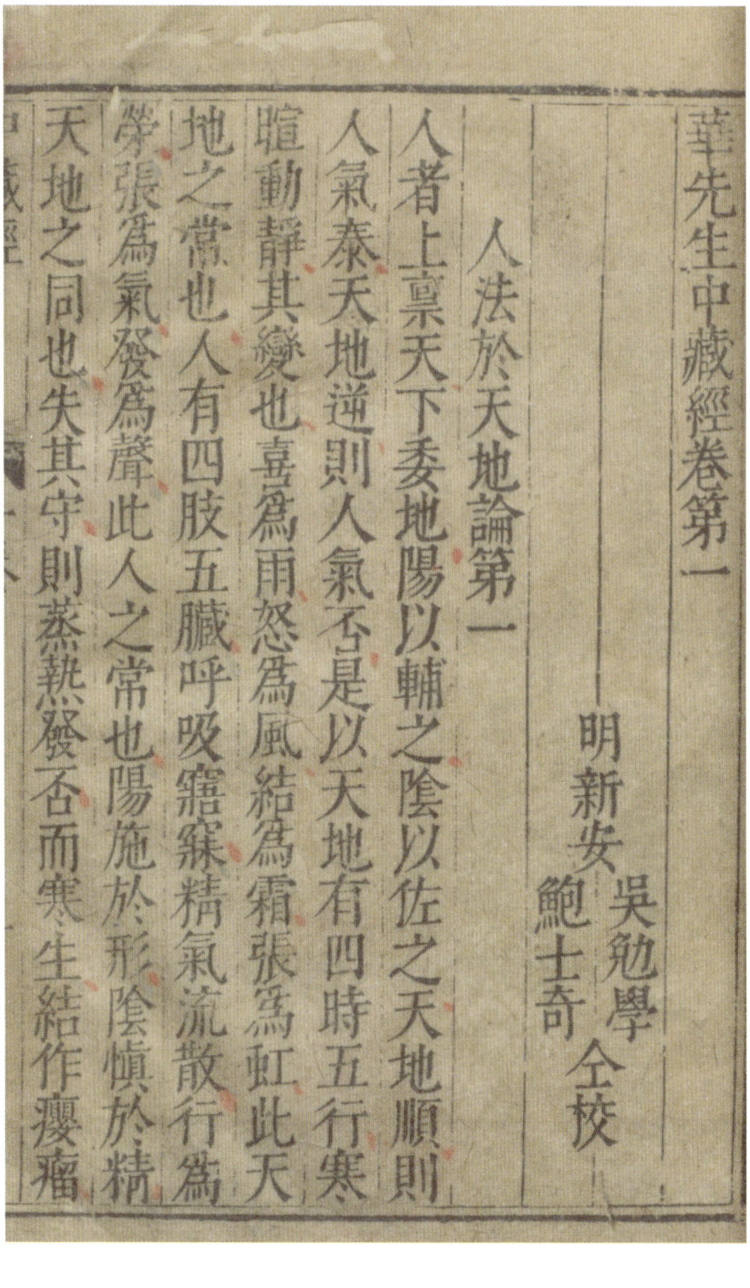

華先生中藏經卷第一

明新安 吴勉學

鮑士奇 仝校

人法於天地論第一

人者上稟天下委地陽以輔之陰以佐之天地順則人氣泰天地逆則人氣否是以天地有四時五行寒暄動靜其變也喜爲雨怒爲風結爲霜張爲虹此天地之常也人有四肢五臟呼吸寤寐精氣流散行爲榮張爲氣發爲聲此人之常也陽施於形陰慎於精天地之同也失其守則蒸熱發否而寒生結作癭瘤

中藏經

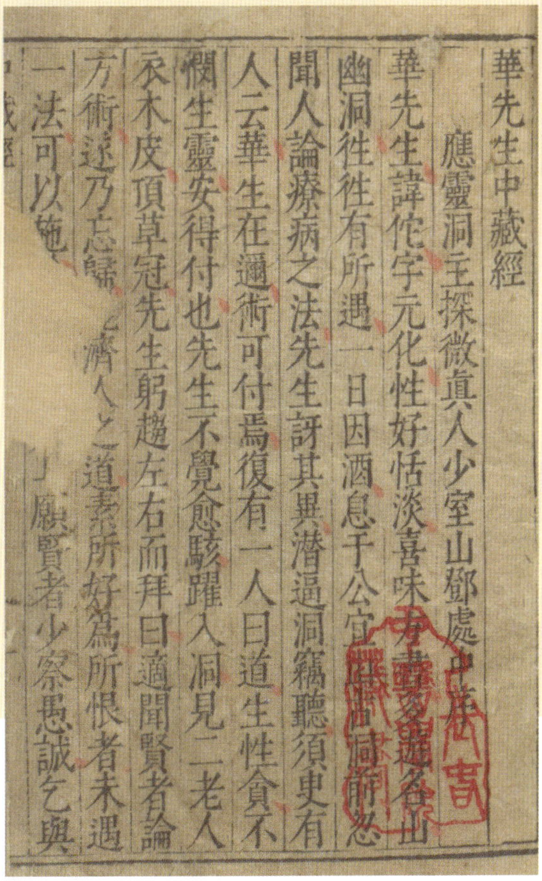
華先生中藏經
應靈洞主探微真人少室山鄧處中撰
華先生諱佗字元化性好恬淡喜味方書多遊名山
幽洞往往有所遇一日因酒息于公宜山古洞前忽
聞人論療病之法先生訝其異潛逼洞竊聽須臾有
人云華生在邇術可付焉復有一人曰道生性貪不
憫生靈安得付也先生不覺愈駭躍入洞見二老人
衣木皮頂草冠先生躬趨左右而拜曰適聞賢者論
方術遂乃忘歸[illegible]濟人之道素所好爲所恨者未遇
一法可以施[illegible]願賢者少察愚誠乞與
中藏經

《吉林省珍贵古籍名录图录》编号：0678

华佗（约公元145—公元208），先生讳佗，字元化，一名旉，沛国谯县人，东汉末著名医学家。华佗与董奉、张仲景并称为“建安三神医”。少时曾在外游学，行医足迹遍及安徽、河南、山东、江苏等地，钻研医术而不求仕途。他医术全面，尤其擅长外科，精于手术，并精通内、妇、儿、针灸各科。华佗被后人称为“外科圣手”“外科鼻祖”“神医华佗”。又以“华佗再世”“元化重生”称誉有杰出医术的医师。

《中藏经》秉承《内经》天人相应、顺应自然，以阴阳为总纲的思想，发展了阴阳学说，倡导重阳论。全书前半部属基础理论范畴，后半部为临床证治内容。医论部分共四十九篇，联系脏腑生成和病理以分析证候和脉象，并论各个脏腑的虚实寒热，生死逆顺之法。所述病证包括阴厥、劳伤、中风偏枯、脚弱、水肿、痹证、痞证、瘕积聚等内容。临床部分则介绍各科治疗方药及主治病证。所列诸方大多配伍严密，服法交代清楚。不少方剂类似经方，方论亦有精义，为后世临床家所珍视。此书有多种刊本，现存最早为明《医统正脉》本，另有明清多种刊本及和刻本等。

长春中医药大学所藏《中藏经》，明万历年间刊刻。

伤寒图歌活人指掌五卷

（元）吴恕撰 明致和堂刻本 长春中医药大学图书馆

吴恕，字如心，号蒙斋，钱塘（今浙江杭州）人，元代医家。家道贫寒，售风药于市，因治愈采风使之风疾而医名大振，征至京师，授太医院御医。于《伤寒论》素有深研，乃著成《伤寒活人指掌图》，现存。其徒熊宗立又续编增补，更名《类编伤寒活人书括指掌图论》。

《伤寒图歌活人指掌》，一名《伤寒活人指掌》。五卷，一作三卷，元代吴恕撰于元至元三年（1337）。宋代李知先曾于乾道二年（1166）将《南阳活人书》中伤寒诸证编成歌括，书名《活人书括》。吴氏在《活人书括》基础上融汇《伤寒论》《南阳活人书》等前人著作，增辑若干图表编纂而成此书。论述证治颇详，本书后经吴氏门人熊宗立续编为十卷本，改名《类编伤寒活人书括指掌图论》，内容有所补充。现存几种明刻本、清刻本，又见《医要集览》。

长春中医药大学所藏五卷《伤寒图歌活人指掌》，明刻，版面清朗、字体方正，刻印极精。省内孤本。

吳蒙齋先生著

傷寒圖歌活人指掌

致和堂梓

《吉林省珍贵古籍名录图录》编号：0680

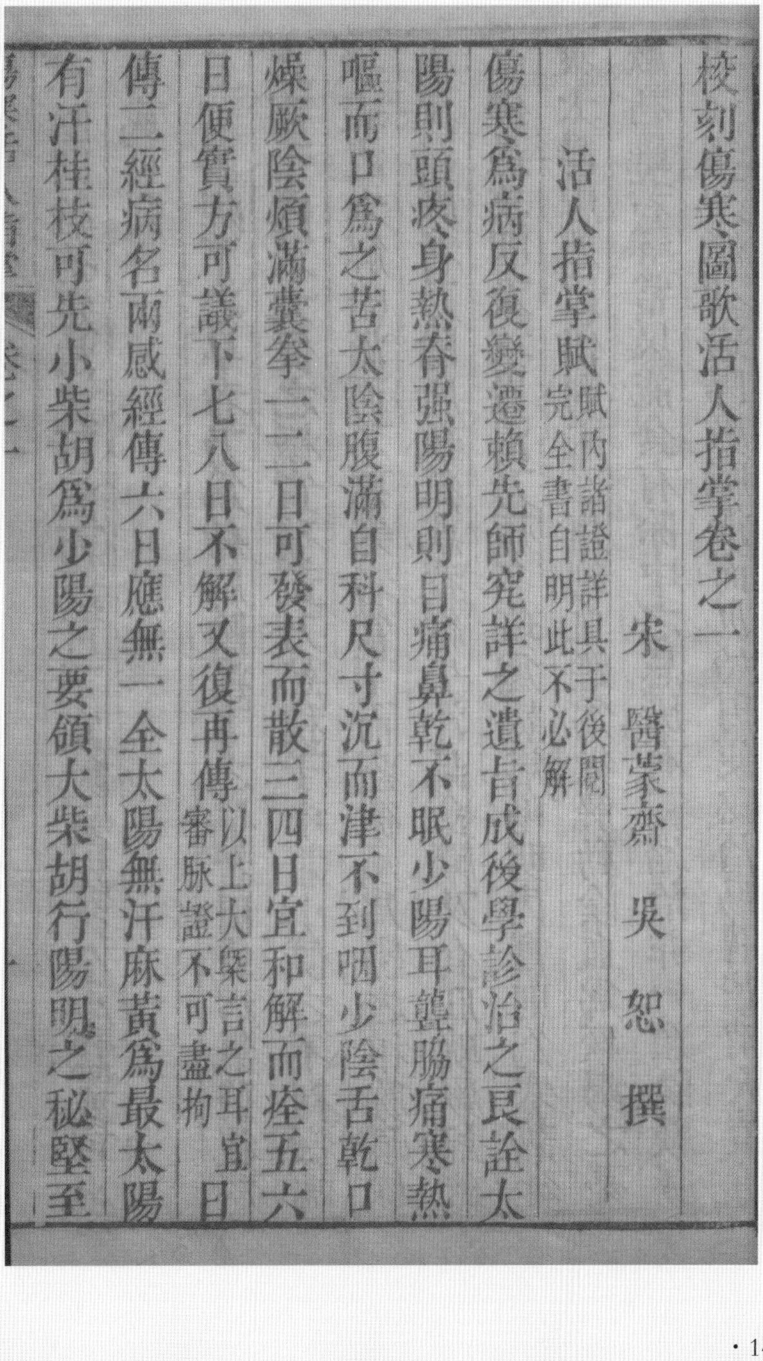

校刻傷寒圖歌活人指掌卷之一

宋　醫蒙齋　吳　恕　撰

活人指掌賦　賦內諸證詳具于後閱完全書自明此不必解

傷寒爲病反復變遷賴先師究詳之遺旨成後學診治之良詮太陽則頭疼身熱脊強陽明則目痛鼻乾不眠少陽耳聾脇痛寒熱嘔而口爲之苦太陰腹滿自利尺寸沉而津不到咽少陰舌乾口燥厥陰煩滿囊拳一二日可發表而散三四日宜和解而痊五六日便實方可議下七八日不解又復再傳以上大槩言之耳宜審脉證不可盡拘日傳二經病名兩感經傳六日應無一全太陽無汗麻黃爲最太陽有汗桂枝可先小柴胡爲少陽之要領大柴胡行陽明之秘堅至

傷寒活人指掌　卷之一

古今医学捷要六书六卷

（明）徐春甫著 明刻本 长春中医药大学图书馆

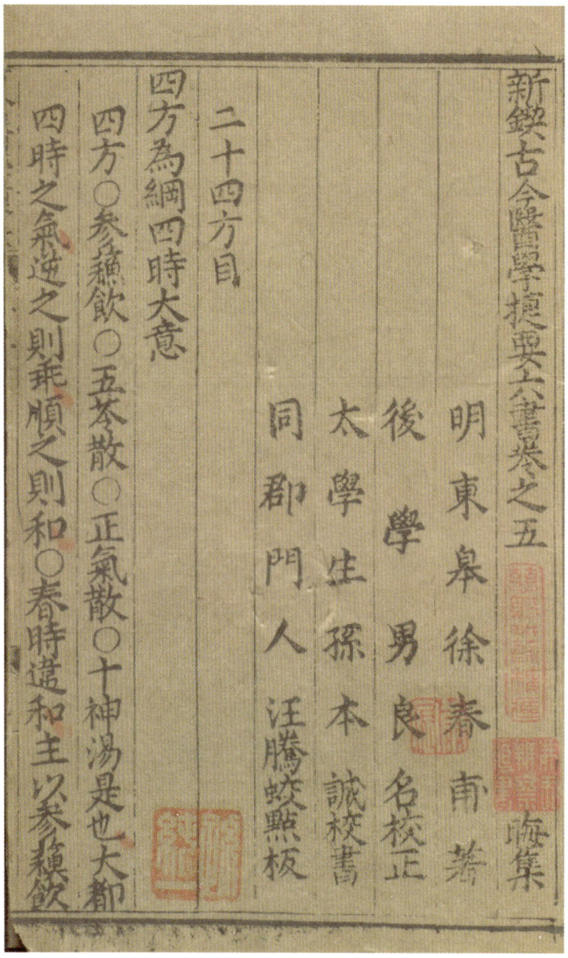
新鍥古今醫學捷要六書卷之五 晦集
明 東皋 徐春甫 著
後學 男 良 名校正
太學生 孫 本 誠校書
同郡門人 汪騰蛟 翻板
二十四方目
四方為綱四時大意
四方○参耆飲○五苓散○正氣散○十神湯是也大都
四時之氣逆之則乖順之則和○春時達和主以参耆飲

《吉林省珍贵古籍名录图录》编号：0681

徐春甫（1520—1596），甫一作圃，字汝元，号东皋，又号思敏、思鹤。祁门（今安徽歙县）人，出身于诗书之家，父、祖俱业儒。早年攻举业，因苦学失养，体弱多疾，遂改攻医，师事当地医家汪宦。徐氏著有《古今医统大全》一百卷，《医门捷径》六卷。徐氏是新安医派最为重要的医家之一。他不仅在京师担任太医院吏目，还是我国民间医药学术团体“一体堂宅仁医会”的发起人和创办者，对推动医学发展，开展学术交流起着一定作用。

该书六卷内容分别为卷之一阴集“内经正脉”、卷之二阳集“四要纲领发微”、卷之三风集“病机药性歌赋”、卷之四雨集“诸症要方歌括”、卷之五晦集“二十四方”、卷之六明集“评秘济世三十六方”。

长春中医药大学图书馆所藏《古今医学捷要六书》六卷为明刻。徐春甫作为明代著名医家，曾在三十六岁时编撰巨著《古今医统大全》，流传后世。本书又名《医学入门捷径六书》，亦为其代表作之一。

黄帝内经素问注证发微九卷

（明）马莳撰　明刻本　长春中医药大学图书馆

马莳，字仲化，又字玄台，后人为避康熙讳，改为元台，会稽（今浙江绍兴）人，明代著名医家。约生于15世纪，卒于16世纪。曾任太医院正文，他认为《黄帝内经》应分为《素问》九卷，《灵枢经》九卷，所以他在太医院职任期间，对《素问》和《灵枢经》重新分卷并加以注释。著有《黄帝内经素问注证发微》《黄帝内经灵枢注证发微》二书。清雍正《浙江通志》称之为“医学津梁”。

《黄帝内经素问注证发微》一书刊于神宗万历十四年（1586），收《素问》八十一篇，合为九卷，于原文词义、医理逐篇逐段加以注解，在阐发经文精微、补苴唐人王冰注释罅漏诸方面，贡献颇大，是继王冰以后第二注家，为《素问》主要注本之一。

长春中医药大学图书馆藏《黄帝内经素问注证发微》九卷为明刻。

钤：晓云、涑上张氏、森氏、问津馆。

《吉林省珍贵古籍名录图录》编号：0683

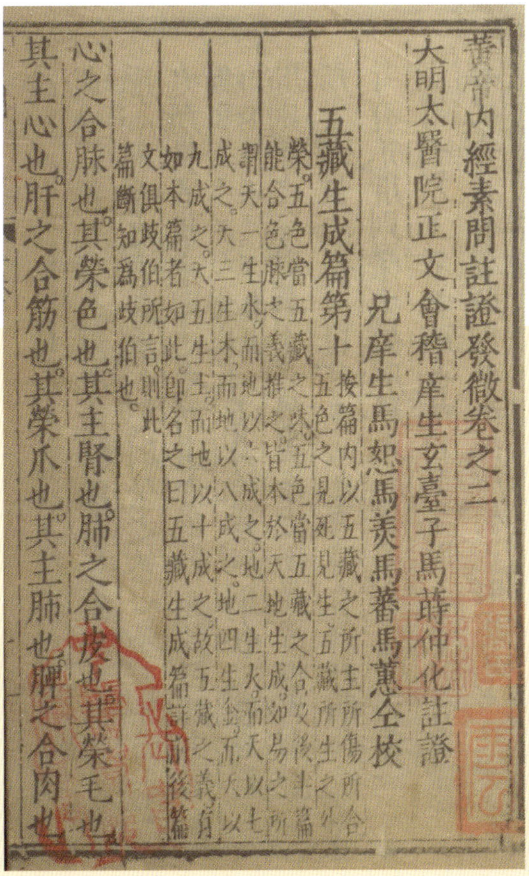

黄帝内經素問註證發微卷之二
大明太醫院正文會稽庠生玄臺子馬蒔仲化註證
兄庠生馬昶馬羡馬蕃馬蕙仝校
五藏生成篇第十　按篇内以五藏之所主所傷所合五色之見死見生五藏所生之外榮五色當五藏之味五色當五藏之合及後半篇能合色脉之義推之皆本於天地生成如易之所謂天一生水而地以六成之地二生火而天以七成之天三生木而地以八成之地四生金而天以九成之天五生土而地以十成之故五藏之義有如本篇者如此即名之曰五藏生成篇詳前後篇文俱岐伯所言則此篇斷知為岐伯也
心之合脉也其榮色也其主腎也肺之合皮也其榮毛也其主心也肝之合筋也其榮爪也其主肺也脾之合肉也

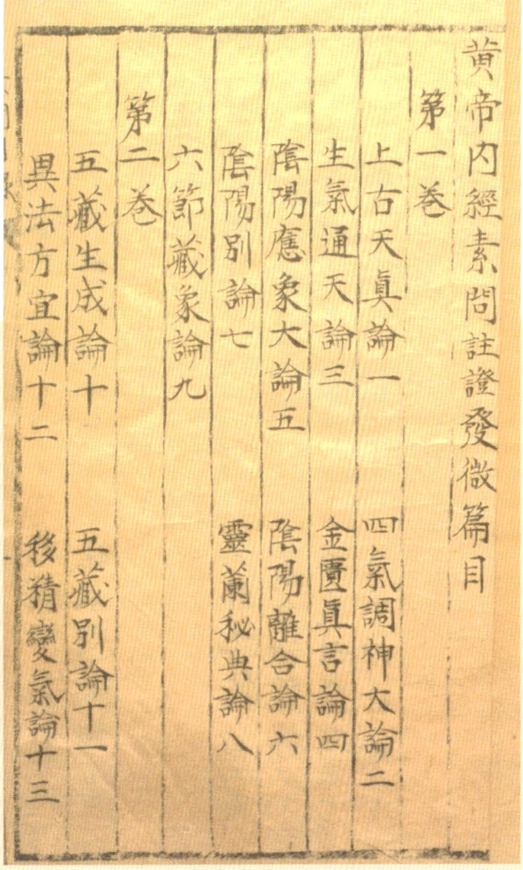

黄帝内經素問註證發微篇目
第一卷
上古天真論一　四氣調神大論二
生氣通天論三　金匱真言論四
陰陽應象大論五　陰陽離合論六
陰陽別論七　靈蘭秘典論八
六節藏象論九
第二卷
五藏生成論十　五藏別論十一
異法方宜論十二　移精變氣論十三

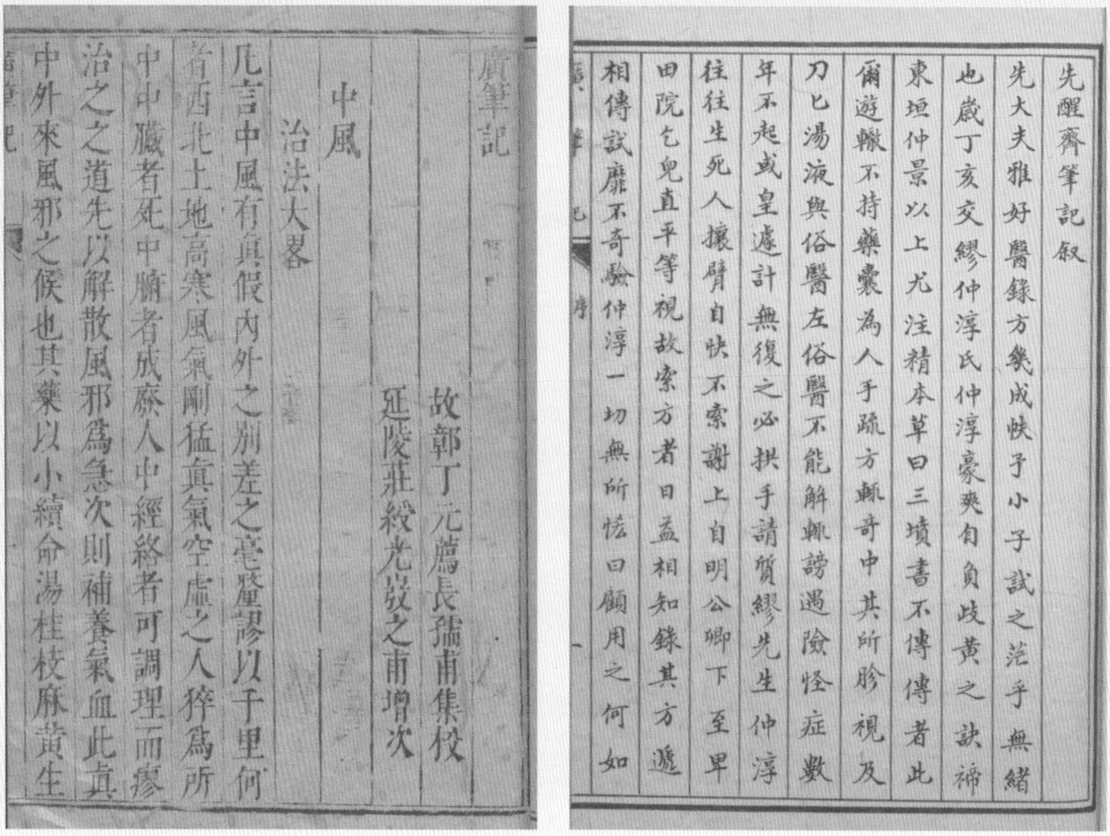
先醒齋筆記叙

先大夫雅好醫錄方幾成帙予小子試之茫乎無緒也歲丁亥交繆仲淳氏仲淳豪爽自負岐黃之訣禘東垣仲景以上尤注精本草曰三墳書不傳傳者此爾遊轍不持藥囊為人手疏方輒奇中其所診視及刀匕湯液與俗醫左俗醫不能解輒謗遇險怪症數年不起或皇遽計無復之必拱手請質繆先生仲淳往往生死人攘臂自快不索謝上自明公卿下至里田院乞兒直平等視故索方者日益相知錄其方遂相傳試靡不奇驗仲淳一切無所恡曰顧用之何如

廣筆記

故鄣丁元薦長孺甫集校

延陵莊繼光斂之甫增次

中風

治法大畧

凡言中風有真假內外之別差之毫釐謬以千里何者西北土地高寒風氣剛猛真氣空虛之人猝為所中中臟者死中腑者成廢人中經絡者可調理而瘳治之之道先以解散風邪為急次則補養氣血此真中外來風邪之候也其藥以小續命湯桂枝麻黃生

《吉林省珍贵古籍名录图录》编号：0686

先醒斋医学广笔记四卷

（明）缪希雍撰 明刻本 长春中医药大学图书馆

缪希雍（1546—1627），字仲醇，号慕台，常熟人。明代名医。父早殁，幼年孤苦。十七岁患疟疾，自阅医书，得方治愈。遂立志从医，搜求医方，研究药道，博涉各种医书，尤精本草之学，著《本草经疏》《本草单方》等书。缪希雍医德高尚，医术精湛，行医以“生死人，攘臂自决，不索谢”。时人搜集其医案，成《先醒斋广笔记》行世。

《先醒斋医学广笔记》是综合性医书，简称《医学广笔记》。初名《先醒斋笔记》，乃丁元荐取缪氏所搜集临症所用诸方刊行于世，后经缪氏本人增订改用今名。前三卷介绍作者临床心得及其验案、效方，并能从中总结一些病症的治疗规律和大法，卷四列述常用药及其炮炙大法等。本书语言简练、蕴义深刻，反映了缪氏的医疗经验和学术思想。

长春中医药大学所藏《先醒斋医学广笔记》四卷，明刻本。全书后附海上单方。

钤：仇即吾印。

医药镜

（明）王肯堂等著 明崇祯十四年（1641）刻本 存五卷（医镜一至三、药镜一至二） 长春中医药大学图书馆

王肯堂（1549—1613），字宇泰，一字损仲，号损庵，自号念西居士，江苏金坛人。明万历七年（1579），王肯堂乡试中举；万历十七年（1589）中进士；万历二十年（1592）授检讨，因上书抗御倭寇事，被诬以“浮躁”降职，引疾归；万历三十四年（1606）又补为南京行人司副；万历四十年（1612）转任福建参政。蒋仪，明代医家，字仪用，浙江嘉善人。

《医药镜》为医学丛书，刊于崇祯十四年（1641）。蒋仪师从王肯堂弟子张玄瑛习医，并得王氏《医镜》原编，辑订后刊行于世。此书内容涉内、外、妇、儿各科，简明扼要，甚便乡里医药之需。又仿《医镜》著《药镜》，收载药物按温、热、平、寒四部分类，并各以骈文括其主治，附拾遗、疏原、滋生三赋以补充遗漏。全书共计述药五百五十五味。崇祯十四年（1641）蒋氏曾将《医镜》《药镜》二书合刊成《医药镜》。

长春中医药大学所藏《医药镜》为明刻。

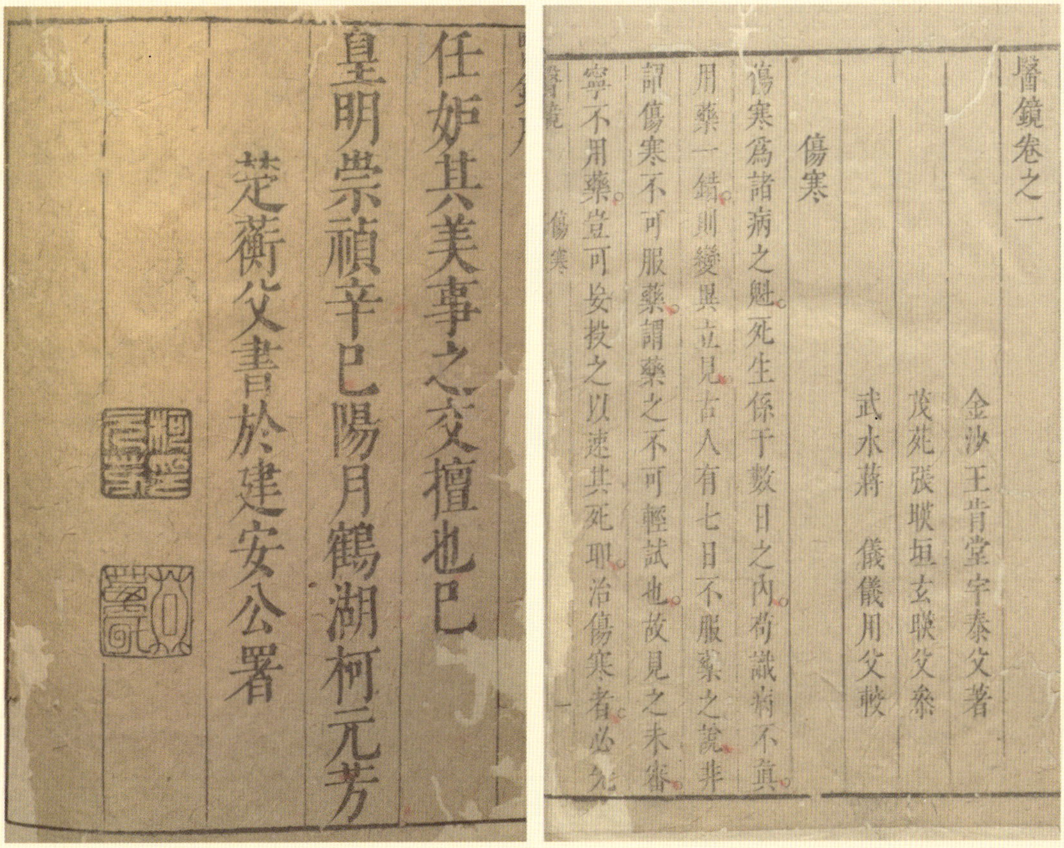
任妒其美事之交擅也已
皇明崇禎辛巳陽月鶴湖柯元芳
芝蘅父書於建安公署

醫鏡卷之一
金沙王肯堂宇泰父著
茂苑張玹玧玄瑛父叅
武水蔣 儀儀用父校
傷寒
傷寒爲諸病之魁死生係于數日之內苟識病不眞
用藥一錯則變異立見古人有七日不服藥之說非
謂傷寒不可服藥謂藥之不可輕試也故見之未審
寧不用藥豈可妄投之以速其死耶治傷寒者必先

《吉林省珍贵古籍名录图录》编号：0689

千金翼方三十卷

（唐）孙思邈撰 明刻本 长春中医药大学图书馆

孙思邈（581—682），京兆华原（今陕西省铜川市）人，唐代医药学家、道士。孙思邈终身不仕，隐于山林。亲自采制药物，为人治病。他搜集民间验方、秘方，总结临床经验及前代医学理论，为医学和药物学做出重要贡献。后世尊其为“药王”。孙思邈一生勤奋好学，知识广博，深通庄、老学说，知佛家经典，阅历非常丰富，唐初著名文学家孟诜、卢照邻等人对他皆以师尊之礼相待。

孙思邈是中国唐代乃至世界史上伟大的医学家和药物学家，其医学巨著《千金方》是我国历史上第一部临床医学百科全书，被国外学者推崇为“人类之至宝”。《千金翼方》三十卷，是孙思邈晚年著作，系对《千金要方》的全面补充。全书分一百八十九门，合方、论、法二千九百余首，内容涉及本草、妇人、伤寒、小儿、养性、补益、中风、杂病、疮痈、色脉以及针灸等各个方面，尤以治疗伤寒、中风、杂病和疮痈最见疗效。书中收载的八百余种药物当中，有二百余种详细介绍了有关药物的采集和炮制等相关知识。尤其值得一提的是，书中将晋唐时期已经散失到民间的《伤寒论》条文收录其中，单独构成九、十两卷，成为唐代仅有的《伤寒论》研究性著作，对于《伤寒论》条文的保存和流传起到了积极的推动作用。《千金翼方》是我国历史上最重要的中医药典籍之一。

长春中医药大学图书馆所藏三十卷《千金翼方》为明刻。

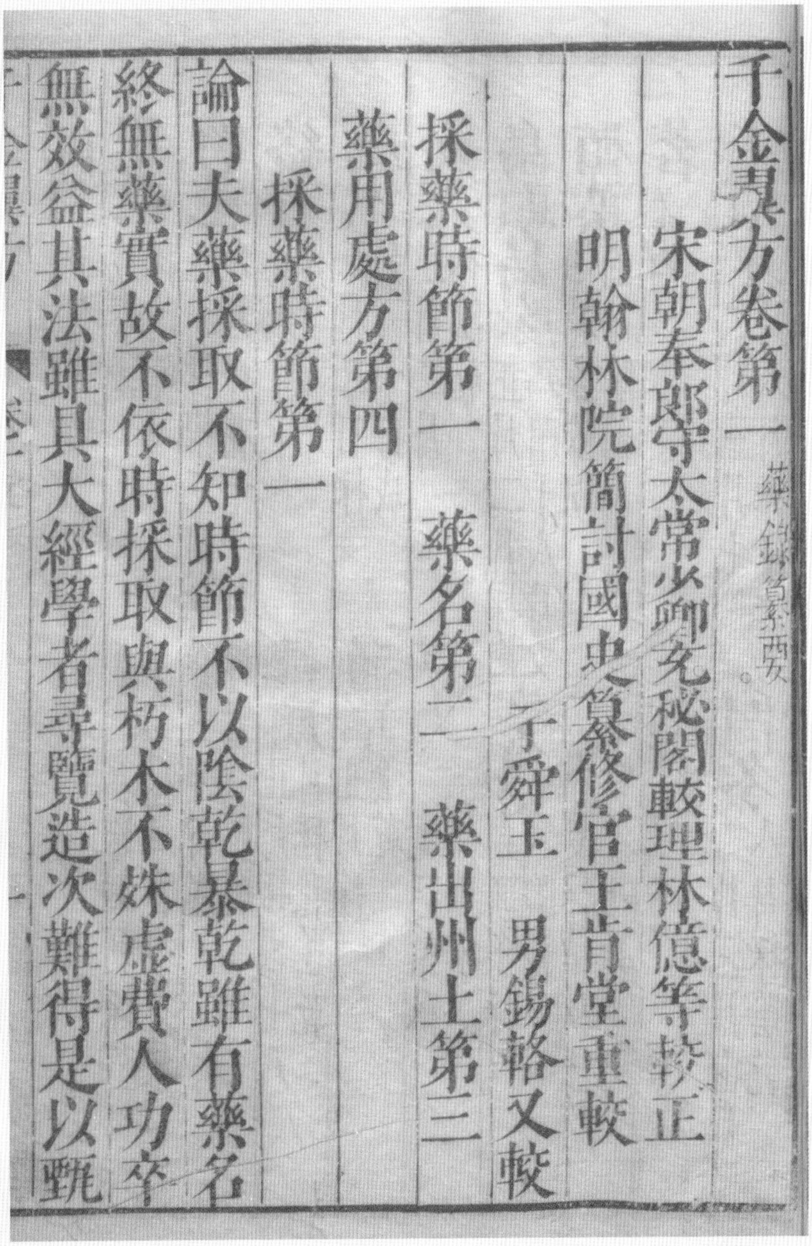

千金翼方卷第一　藥錄纂要
宋朝奉郎守太常少卿充秘閣較理林億等較正
明翰林院簡討國史纂修官王肯堂重較
于舜玉　男錫輅又較
採藥時節第一　藥名第二　藥出州土第三
藥用處方第四
採藥時節第一
論曰夫藥採取不知時節不以陰乾暴乾雖有藥名
終無藥實故不依時採取與朽木不殊虛費人功卒
無效益其法雖具大經學者尋覽造次難得是以甄

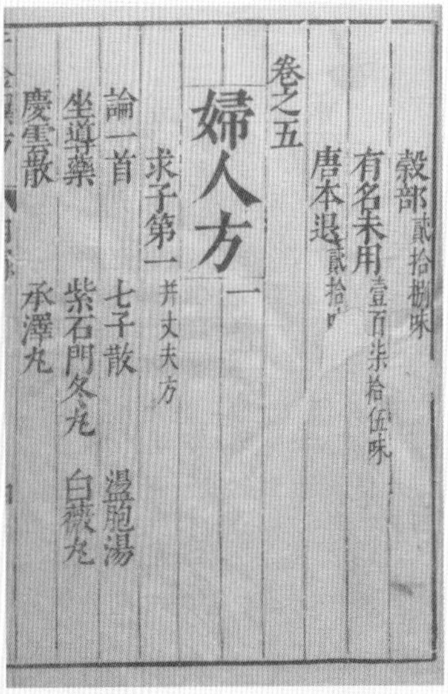

穀部貳拾捌味
有名未用壹百柒拾伍味
唐本退貳拾
卷之五
婦人方一
求子第一并丈夫方
論一首　七子散　盪胞湯
坐導藥　紫石門冬丸　白薇丸
慶雲散　承澤丸

《吉林省珍贵古籍名录图录》编号：0695

陆 朝文古籍

谚文简介

谚文，是朝鲜语的表音文字。它是一种参考借鉴汉字方体形态的方块拼音文字，与汉语拼音体系一样是表音文字。

公元3世纪左右汉字传入朝鲜，并逐渐成为其书写文字，贵族阶层采用汉字的音和意进行记录，即“吏读文”。但是由于封建社会等级观念的影响，学习和使用汉字的一直是贵族和官吏，普通人很难接触到，统治阶级为了便于普通老百姓能贯彻自己的统治政策，认为有必要发明一种易于人民掌握的表音文字。明朝时期，朝鲜学者曾几十次前来中国进行关于音律学的学习，1446年10月9日，世宗李祹正式公布新创制的文字，诏书称为“训民正音”，意即教百姓以正确字音。正式名称为“谚文”（非正式文字）。

谚文因识读和书写简单，多在没有受过正规教育的人群中使用，而当时的官员贵族和正式书籍文本仍然使用汉文，因此谚文在数世纪间未能成为主流文字，只起辅助作用（就如汉语拼音体系对汉字起辅助作用）。

四书谚解

（宋）朱熹辑 庚辰朝鲜内阁刻本

延边图书馆藏该本，内容完整，汉文与谚文字体清晰，汉文原意表达清晰，具有保存民族文化遗产和传承民族文化的双重价值。

钤：罗九极信。

诗经谚解二十卷

庚辰朝鲜内阁刻本

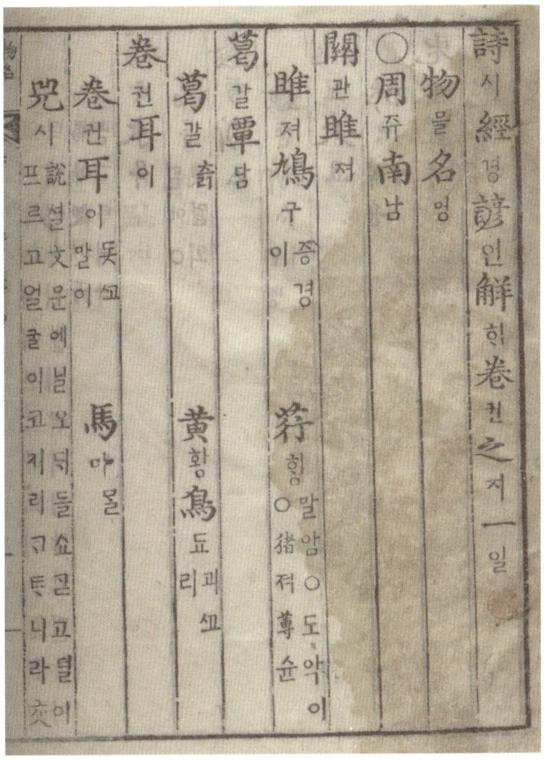

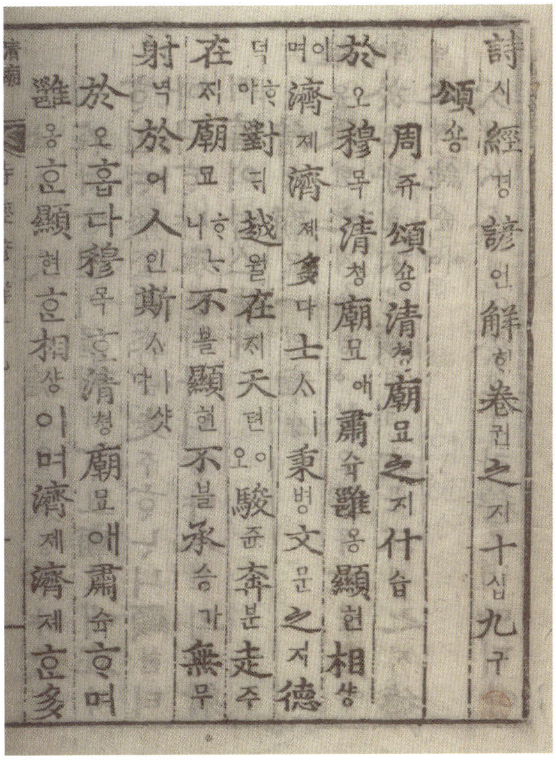

《诗经》谚解是用朝鲜语夹杂汉字来注释《诗经》，其初级阶段有口诀、释义两种形式：“口诀”指的是在《诗经》原文的主语、谓语、宾语等句法成分的地方，加入表达主谓宾等功能的朝鲜语助词。“释义”不对《诗经》全文做朝鲜语的翻译，而是对一些存在不同的口诀、谚解的地方加以解释。

钤：罗九极信。

御制小学谚解六卷

大正二年新旧书林印本

《小学》一书在朝鲜的蒙学教育中具有重要的地位，士人们谨遵以小学为大学之阶梯的朱子教学次序，在各种书院的院规中，往往将《小学》列为入学必读书目。

钤：姜卫渊信。

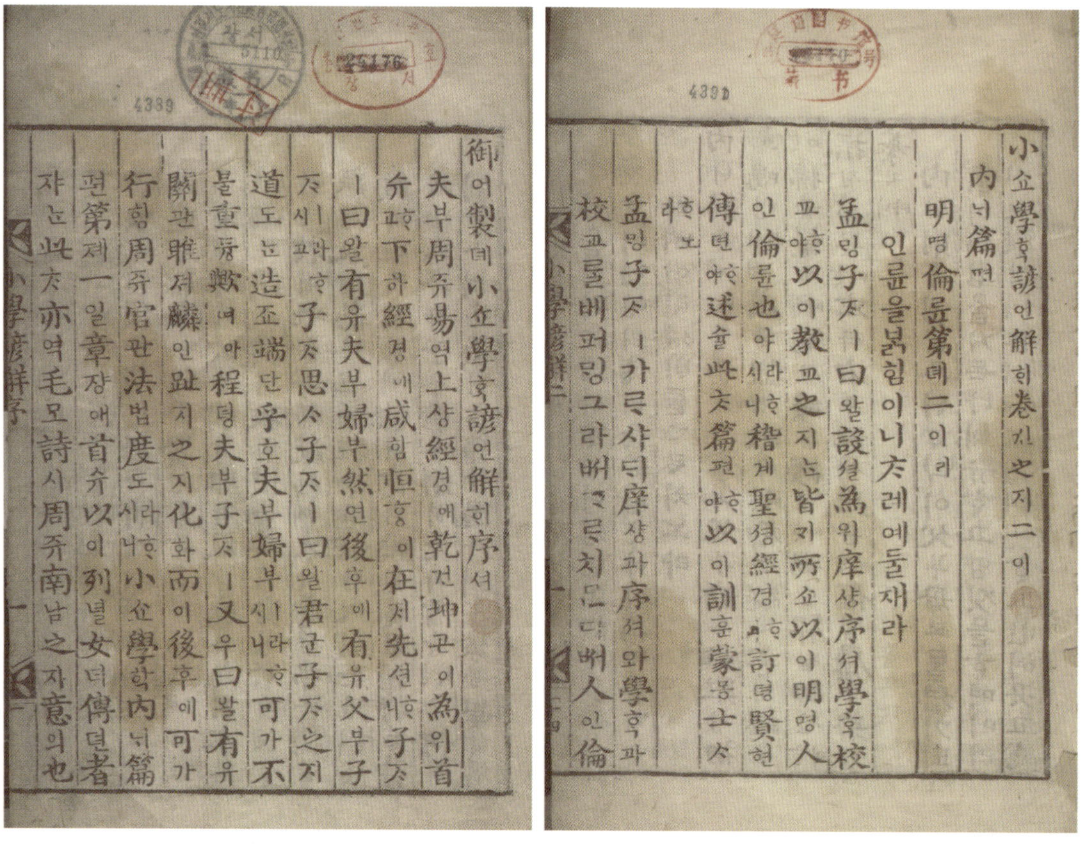

御어製뎨小쇼學ᄒᆞᆨ諺언解ᄒᆡ序셔
夫부周쥬易역上샹經경에乾건坤곤이爲위首
슈ᄒᆞ고下하經경에咸함恒ᄒᆞᆼ이在ᄌᆡ先션ᄒᆞ니子ᄌᆞ
ㅣ曰왈有유夫부婦부然연後후에有유父부子ᄌᆞ
ㅣ시고라ᄒᆞ子ᄌᆞ思ᄉᆞ子ᄌᆞㅣ曰왈君군子ᄌᆞ之지
道도ᄂᆞᆫ造조端단乎호夫부婦부ㅣ시니라ᄒᆞ니可가不
불重즁歟여아程뎡夫부子ᄌᆞㅣ又우曰왈有유
關관雎져麟린趾지之지化화而이後후에可가
行ᄒᆡᆼ周쥬官관法법度도ㅣ시라ᄒᆞ니小쇼學ᄒᆞᆨ內ᄂᆡ篇
편第뎨一일章쟝애首슈以이列녈女녀傳뎐者
쟈ᄂᆞᆫ此ᄎᆞ亦역毛모詩시周쥬南남之지意의也

小學諺解序 一

小쇼學ᄒᆞᆨ諺언解ᄒᆡ卷권之지二이
內ᄂᆡ篇편
明명倫륜第뎨二이라
인륜을ᄇᆞᆰ힘이니차례예둘재라
孟ᄆᆡᆼ子ᄌᆞㅣ曰왈設셜爲위庠샹序셔學ᄒᆞᆨ校
교ᄒᆞ야以이敎교之지ᄂᆞᆫ皆ᄀᆡ所소以이明명人
인倫륜也야ㅣ시니라ᄒᆞ니稽계聖셩經경ᄒᆞ며訂뎡賢현
傳뎐ᄒᆞ야述술此ᄎᆞ篇편ᄒᆞ야以이訓훈蒙몽士ᄉᆞ
ᄒᆞ노라
孟ᄆᆡᆼ子ᄌᆞㅣ가ᄅᆞ샤ᄃᆡ庠샹과序셔와學ᄒᆞᆨ과
校교ᄅᆞᆯ베퍼밍ᄀᆞ라ᄡᅥᄀᆞᄅᆞ치믄다ᄡᅥ人인倫

小學諺解二

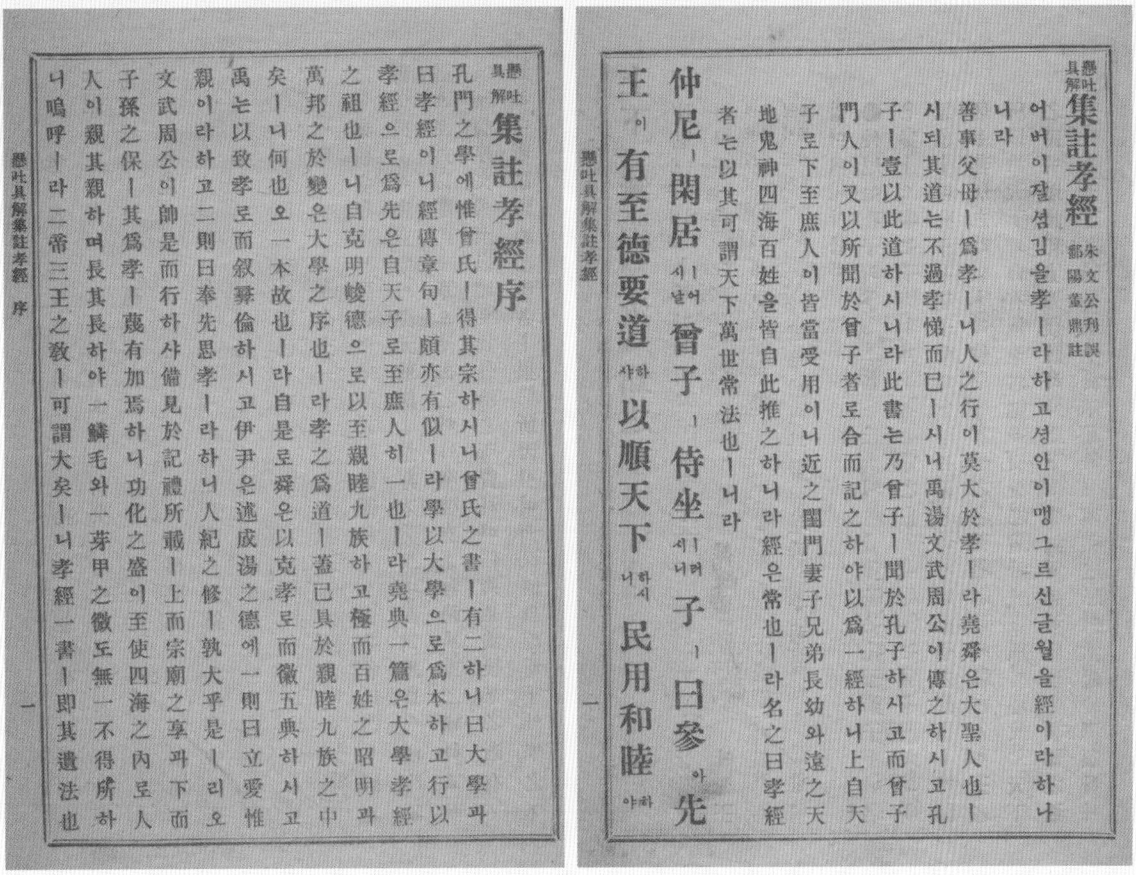
懸吐具解集註孝經序

孔門之學에惟曾氏ㅣ得其宗하시니曾氏之書ㅣ有二하니曰大學과曰孝經이니經傳章句ㅣ頗亦有似ㅣ라學以大學으로爲本하고行以孝經으로爲先은自天子로至庶人히一也ㅣ라堯典一篇은大學孝經之祖也ㅣ니自克明峻德으로以至親睦九族하고極而百姓之昭明과萬邦之於變은大學之序也ㅣ라孝之爲道ㅣ蓋已具於親睦九族之中矣ㅣ니何也오一本故也ㅣ라自是로舜은以克孝로而徽五典하시고禹는以致孝로而叙彝倫하시고伊尹은述成湯之德에一則曰立愛惟親이라하고二則曰奉先思孝ㅣ라하니人紀之修ㅣ孰大乎是ㅣ리오文武周公이師是而行하샤備見於記禮所藏ㅣ上而宗廟之享과下而子孫之保ㅣ其爲孝ㅣ蔑有加焉하니功化之盛이至使四海之內로人人이親其親하며長其長하야一鱗毛와一芽甲之微도無一不得所하니嗚呼ㅣ라二帝三王之敎ㅣ可謂大矣ㅣ니孝經一書ㅣ即其遺法也

懸吐具解集註孝經　序　一

懸吐具解集註孝經　朱文公刊誤　鄱陽董鼎註

어버이잘셤김을孝ㅣ라하고셩인이맹그르신글월을經이라하나니라

善事父母ㅣ爲孝ㅣ니人之行이莫大於孝ㅣ라堯舜은大聖人也ㅣ시되其道는不過孝悌而已ㅣ시니禹湯文武周公이傳之하시고孔子ㅣ壹以此道하시니라此書는乃曾子ㅣ聞於孔子하시고而曾子門人이又以所聞於曾子者로合而記之하야以爲一經하니上自天子로下至庶人이皆當受用이니近之閨門妻子兄弟長幼와遠之天地鬼神四海百姓을皆自此推之하니라經은常也ㅣ라名之曰孝經者는以其可謂天下萬世常法也ㅣ니라

仲尼ㅣ閑居ㅣ어시날 曾子ㅣ侍坐ㅣ러시니 子ㅣ曰參아 先王이有至德要道하사 以順天下하시니 民用和睦하야

懸吐具解集註孝經　一

悬吐具解集注孝经一卷

大正十四年朝鲜图书株式会社印本

悬吐，解除束缚，开放解说；具解，完备，完全的解释；集注，汇辑或综合诸家对同一古籍音义的注释。因此该书是一部综合了诸家对《孝经》音义注释的文献。

结　语

中华民族具有5000多年连绵不断的文明历史，创造了博大精深的中华文化，为人类文明进步做出了不可磨灭的贡献。习近平总书记指出："每一种文明都延续着一个国家和民族的精神血脉，既需要薪火相传、代代守护，更需要与时俱进、勇于创新。"

保护好、传承好、利用好珍贵典籍文献，使之传诸久远，嘉惠学林，泽被后代，是历史赋予我们的责任和使命。本展览通过展示中华古籍中的精粹，让观众充分感受古代典籍的魅力，引导观众走进博大精深的传统文化宝库，推动全民关注古籍保护事业。让我们从优秀典籍中汲取历史智慧，筑牢文化自信的根基，共创中华民族伟大复兴的美好未来。

沧海遗珠，华章再现。册府千华，文脉永传！